中共朔州市委党校 编

英雄地

—— 走近右玉播绿人

山西出版传媒集团　山西人民出版社

图书在版编目（CIP）数据

英雄地：走近右玉播绿人 / 中共朔州市委党校编.—太原：山西人民出版社，2019.11

ISBN 978-7-203-11106-1

Ⅰ.①英… Ⅱ.①中… Ⅲ.①社会主义精神文明建设—研究—右玉县 Ⅳ.①D648

中国版本图书馆 CIP 数据核字（2019）第 203084 号

英雄地：走近右玉播绿人

编　　者：中共朔州市委党校
责任编辑：秦继华　　高　雷
复　　审：刘小玲
终　　审：阎卫斌
装帧设计：谢　成

出　版　者：山西出版传媒集团·山西人民出版社
地　　址：太原市建设南路 21 号
邮　　编：030012
发行营销：0351-4922220　4955996　4956039　4922127（传真）
天猫官网：https://sxrmcbs.tmall.com　电话：0351-4922159
E-mail　：sxskcb@163.com　发行部
　　　　　sxskcb@126.com　总编室
网　　址：www.sxskcb.com

经　销　者：山西出版传媒集团·山西人民出版社
承　印　厂：山西科林印刷有限公司

开　　本：787mm×1092mm　1/16
印　　张：21.5
字　　数：300 千字
印　　数：1—3000 册
版　　次：2019 年 11 月　第 1 版
印　　次：2019 年 11 月　第 1 次印刷
书　　号：ISBN 978-7-203-11106-1
定　　价：48.00 元

如有印装质量问题请与本社联系调换

编审委员会

主　　　任：崔　巍
常务副主任：李世唐
副　主　任：王晓荣　　武　斌　　李鹏举
　　　　　　吴佐元　　雷海斌　　康　瑶
成　　　员：薛平花　　李泽林

编辑组

主　　编：李世唐
编　　辑：王宝国　　张　冬

合作单位

山西省作家协会
朔州市李林英雄文化研究会

中共朔州市委党校　编

右玉肩膀（中共右玉县委宣传部供图）

序

人民群众是历史的创造者

习近平总书记在视察山西重要讲话中指出:"右玉精神是宝贵财富,一定要大力学习和弘扬。"中华人民共和国成立70年来,右玉历任县委、县政府和人民群众迎难而上防风治沙,久久为功植树造林,孕育了弥足珍贵的右玉精神,铸就了我党执政兴国的宝贵财富,有力地证明了习近平生态文明思想的真理属性,生动诠释了"人民群众是历史的创造者"的科学论断。

右玉精神是在朔州大地上,由以右玉人民为中心的朔州人民创造的。我们作为右玉精神的产生地,应当怎样学习和弘扬右玉精神呢?关于十几任县委书记一任接着一任干的正确的政绩观,我们已经做了深入挖掘,但这显然是不够的。为了认真学习贯彻习近平总书记视察山西重要讲话精神和关于右玉精神的重要批示精神,我们应把右玉精神放在学习和坚持马克思主义立场、观点和方法的高度上,放在其产生地的深厚的人民群众基础上进行研究。

习近平总书记在党的十九大报告中指出:"人民是历史的创造者,是决定党和国家前途命运的根本力量。"人民群众是历史的创造者,这是马克思主义唯物史观的基本原理。毛泽东同志在《论联合政府》一文中讲道:"人民,只有人民,才是创造历史的真正动力。"我们经过对右玉精神实地的具有泥土气息的研究,发现马克思主义经典作家和党的不同时代的领袖对社会发展提出惊人一致的"人民性"论断。在新的历史时期,随着人民群众实践内容及形式的新变化和科学理论的新发展,在理论和实践上需要深化对人民群众是历史创造者原理的理解和论证。这是右玉精神产生的内在逻辑,也是我们研究和弘扬右玉精神的方向所在。

英雄地——走近右玉播绿人

在举国同庆中华人民共和国成立70周年之际,这部为右玉绿化"小人物"立传的、挖掘右玉精神人民性、历史性、文化性本质的《英雄地——走近右玉播绿人》正在收官并即将面世。读过这部书稿,结合我们几年来的思考,发现如下几点新意。

第一,社会物质财富究竟是谁创造的?是怎么创造的?

中华人民共和国成立之初的右玉仍然面临生存困境。为了捍卫、保障自己的生存环境从而求得必需的生活资料,右玉人民群众大搞植树造林,以树挡风保护家园,70年不松懈,创造了"塞上绿洲"的业绩,不仅改善和提高了农牧业生产条件和水平,而且赢得了绿色本身带来的财富。本书除了展现右玉本土人民创造的物质财富以外,更有余晓兰、谢富华等被右玉吸引而来的外埠人士在右玉创造的可观的绿色财富。有了外来加盟,就有了精神的更大抱团效应,就有了文化的更深的递进力量,所创造的财富超越物质的累积,而直指宜居小城镇建设和全域旅游的推进。这说明,人民群众从自己的需求出发创造物质财富的行动是主动的、积极的,而且是具有外延性的。它凝结为"右玉现象",极具研究和借鉴价值。

以往我们常说右玉处在毛乌素沙漠风口,本书的绪篇以周密的立论告诉我们,右玉处在"胡焕庸线"边沿,具有生存的刚性约束。在这样的条件下,右玉人民群众创造物质财富的能力就得到更强有力的说明。也就是说,人民群众的创造力是无限的,人民群众是世界物质财富的创造者,无论何时,我们都要尊重人民群众的力量和智慧。

第二,社会精神财富是谁创造的?它与物质财富是什么关系?

右玉人民创造的"塞上绿洲"的物质成就,同时是右玉精神这一精神成果的载体。本书着重挖掘了右玉的文化历史与地域人文,阐述了右玉精神人民性、历史性、文化性的"三性"内涵。告诉读者,右玉人民在创造物质财富的伟大实践中,带入了属于他们自己的文明渊源与精神源流,此其一。本书为"小人物"立传,在讲述他们大力绿化的同时,还着墨于他们独特的行为习惯,着墨于他们独特的精神气质,成功地表现了右玉人民在创造丰富的物质财富的同时是怎样创造了独特的精神财富,此其二。在本书的绪篇和专访中还着重表现了右玉转型到文化旅游时代以来精神文化的对外输出,这又说明精神文化的成果是外向的,属于更大的社会范围,甚至是属于全人类的。这使读者能充分感受到两个财富的张力,此其三。由此三层,我们看到，物质财富的创造实践与精神财富的创造过程是互为表里、融为一体的。

第三，两个财富的积累和发展将带来什么更大的效应？

本书从右玉人对"胡焕庸线"的普遍性制约的突破，回答了李克强总理"胡焕庸线怎么破"之问，将右玉发生的变化直指社会变革。而决定这场变革的主要力量，正是人民群众。这不但说明人民群众是推动社会变革的主力军和决定力量，而且他们创造两个财富的过程与社会变革具有内在逻辑关系。

第四，何为"人民群众"？界定这一概念的意义何在？

从上述三点可以确定，人民群众是历史的主体，人民群众才是历史的创造者。这是没有疑义的。但是，仔细研究本书的框架设立和篇章特点，我们就会发现，本书从人民性、历史性、文化性三个层面更好地解决了一个更根本的上层建筑问题："何为'人民群众'？"本书从记述右玉民众登门向县委书记进言的故事，再到对该县委书记的专访，告诉读者一个等式："群众+干部=人民"。为什么是这样的呢？本书本着群众拥护干部的忠勇基点和干部尊重群众的政治基点，在历届右玉县委恒定一条为民心、坚定一条绿化志的光辉政治条件下，成就了两个财富的创造，也完成了对"人民群众"这样一个简单而又深刻的概念的研究。这一概念明确后，历史的创造者是谁的问题就迎刃而解了。

第五，如何定义"英雄"？我们应当如何回答"为了谁""依靠谁""我是谁"的问题？

习近平总书记强调："要牢记群众是真正的英雄，任何时候都不能忘记为了谁、依靠谁、我是谁，真正同人民结合起来。"一个有希望的民族不能没有英雄，一个有前途的国家不能没有先锋。本书挖掘了右玉这块土地上的精神文化源流，正视右玉精神的文化性、英雄文化的精神性，提出并回答了树木与土地的关系，建立了右玉精神的英雄文化定位。

马克思主义唯物史观认为，时势造英雄，但时势只能通过人民群众这个中介，通过人民群众的民心所向这个机制，才能造就英雄人物。本书告诉我们，右玉人民就是中华民族的英雄群体，是中国人民实现民族复兴伟大"中国梦"的先锋。这是我们依靠人民群众的文化旨归和最高理由。本书在发掘出右玉精神人民性本质及其英雄文化属性后，基本完成了从精神进入文化、从文化回归精神的完满过程，水到渠成地提炼了右玉精神的最新文本。这样的文本提炼，是我们以右玉为实验基地而为人民服务伟大实践的一个总结，也是我们今后为更大范围的人民服务的理论促进、文化创新。

本书关于人民性的探掘和英雄文化的定位，使我们对右玉精神的研究上升到美学意境。这是又一视角下的一件好事、大事。本书的面世，意味着右玉精神直指人民群众创造历史、推动社会变革的深层次转化，是值得各领域人士借鉴和发扬的。我们希望大家运用这本书中表现出来的右玉现象和右玉精神转化律，来决胜全面建成小康社会，创造朔州市在新时代的更大成就。

本书编委会

2019 年 7 月 24 日

目 录
Catalogue

序

人民群众是历史的创造者／本书编委会／001

"三性"篇

精神之树　文化之土

　　——绪篇：探源右玉精神的人民性、历史性、文化性／王宝国／003

人民不远　庙堂不"高"

　　——记小道沟村姚守业／谢连繁　王泽民　王宝国／024

历史不远　熔炉长熏

　　——记右玉县政协原主席王德功／李金山／040

文化不远　"玉林"永远

　　——记右玉县文联主席郭虎／指尖／047

英雄地 ── 走近右玉播绿人

英雄篇

县级离休　家乡绿化
　　——记中华人民共和国成立初期造林英雄杨家后山村杨雍／李金山／063

干粮一包　护林万亩
　　——记旺家窑村王昌文／孙莱芙／073

牙齿掉光　成林千亩
　　——记老墙框村王占峰／郑福娥／078

万木之父　一乡之福
　　——记曹家村曹国权／指　尖／092

病老犹行　匍匐而行
　　——记滴水沿村曹拴女／静　子／104

妻死夫继　绿化不休
　　——记北辛窑村王文华、张秀莲夫妇／郑福娥／119

森林卫士　双拐英雄
　　——记乔家窑村陈富／王彩蜜／132

种树遗传　造林宿命
　　——记马头山村李云生／王泽民／144

育苗育人　威远女杰
　　——记威远城村王月兰／柳　敏／165

红了沙棘　绿了西口
　　——记杨家山村曹满／王彩蜜／177

目 录

头雁篇

树根人根　根深威远

　　——记威远城村毛永宽／郭　虎／197

青丝白发　黄沙绿洲

　　——记黄沙洼边头水泉村王明花／李金山／220

爱村爱树　引种回村

　　——记北辛窑村尹小秃／孙莱芙／233

"前线"英雄　右玉"硬煤"

　　——记杀虎口景区原负责人王建／郭　虎／238

凤来篇

重返右玉　泪流满面

　　——记右玉县知青水保队／张宏世／247

指挥千军　谋划万顷

　　——记右玉县林场原场长胡应岗／张宏世／260

云南少女　右玉英雄

　　——记南崔家窑村余晓兰／李金山／273

打拼塞上　根植右玉

　　——记金源林生态农业科技园区董事长谢富华／指　尖／286

专访篇

尊重群众　尊重规律

　　——关于右玉精神"人民性"的人物专访／赵向东　王宝国／301

文本篇

后皇嘉树　梗其有理

　　——尾篇：兼拟右玉精神文本／王宝国／319

附录篇

旧时右玉风沙记／孙莱芙／327

右玉绿化赋／榭　瑄／330

后记／本书编辑组／332

「三性」篇

右玉县文联供图

精神之树　文化之土

绪篇：探源右玉精神的人民性、历史性、文化性

王宝国

想有乔木，想看好花，一定要有好土；没有土，便没有花木了；所以土实在较花木还重要。花木非有土不可，正同拿破仑非有好兵不可一样。

——鲁迅《坟·未有天才之前》

右玉，十余万人一片长城高地，有性格，生文化。

右玉，六十余年一场生态大业，创奇迹，出精神。

右玉，举世瞩目。所有由外而入的惊叹、由上而观的指向，都与右玉自身散发的光芒相融，有一种实质性的切中。这是我们所有人对一个巨大宝藏都应欣喜的。但是，就右玉的立体、丰厚、深远，显然同一镜筒所进行的同一聚焦是不够的。作为与右玉呼吸着同一片空气、感知着右玉体温、看见了右玉心灵的人，本书选题组同人皆惯于热处着眼、冷处行文。

内外之间的通透，上下之间的洞见，唯读者慧眼是瞩。

一、"胡焕庸线"上的"刚性"

民国 24 年（1935），时任中央大学地理系主任的我国人文地理学奠基人胡焕庸先生在研究中国人口分布问题时拟画出一条东北到西南的地理分界线：

英雄地 —— 走近右玉播绿人

> 今试自黑龙江之瑷珲，向西南作一直线，至云南之腾冲为止，分全国为东南与西北两部，则此东南部之面积，计四百万方公里，约占全国总面积之百分之三十六；西北部之面积，计七百万方公里（系当年之疆域——笔者注），约占全国总面积之百分之六十四，惟人口之分布，则东南部计四万四千万，约占总人口之百分之九十六，西北部之人口，仅一千八百万，约占全国总人口之百分之四，其多寡之悬殊，有如此者。①

为了纪念胡焕庸对于这条重要的地理界线的发现之功，美国俄亥俄州立大学田心源教授将其称为"胡焕庸线"。②"胡焕庸线"的价值和地位受到后世学界不断的肯定。2009年，"胡焕庸线"被评定为中国地理百年大发现之一。它以一线对中国疆域进行区划，其主要贡献不仅在于揭示了中国人口分布的空间异质特征，更重要的在于反映了人地关系。原文将地形、雨量、人口的分布作比较，指出三者"具有十分密切之关系"。中国西北山地多、降水少而人口稀疏，东南则平原多、降水多而人口密集，"胡焕庸线"本质上反映了中国人口与自然地理的高度空间耦合。③

中国科学院地理科学与资源研究所研究员、著名经济地理学家陆大道认为，"胡焕庸线"的稳定性将长期存在。2014年底，李克强总理参观人居科学研究展时，高度关注"胡焕庸线"，并提出了"胡焕庸线"能否突破的问题。据此，陆大道主持了一场"关于'胡焕庸线能否突破'的学术争鸣"，④17位学者发表观点，兹列三人之说。

中国地理学会人文地理专业委员会主任方创琳认为，"胡焕庸线"不仅是一条人口分布界线，更多的是在这条线的背后有着多条自然地理界线的刚性约束，如这条线同时大致上是地势第一级阶梯和第二级阶梯的分界线、大致上是400毫米等降水量线及干旱与半干旱地区分界线，等等，这些自然地理界线是自古至今人类活动

---

① 胡焕庸：《中国人口之分布》，载《地理学报》1935年第2期。
② 唐博：《胡焕庸与神秘的"胡焕庸线"》，载《地图》2011年第4期。
③ 戚伟、刘盛和、赵美风：《"胡焕庸线"的稳定性及其两侧人口集疏模式差异》，载《地理学报》第70卷第4期（2015年4月）。
④ 载《地理研究》2016年第5期（第35卷）。

无法逾越的刚性约束界限。由于这种自然结构和自然规律无法改变，由此带来的人口、城市与经济发展空间格局只能顺应自然规律而无法突破自然规律大规模布局人口经济社会活动。

北京大学城市与环境学院城市与经济地理系主任曹广忠认为，"胡焕庸线"是中国人口分布特征的标志线和人地关系的综合反映。人口分布格局源于地理基础条件的差异，有深刻的人地关系内涵。地理条件通过对生活和生产条件的影响而直接和间接地影响人口分布，形成了中国人口分布疏密不均的空间格局。随着技术进步，自然地理条件对人口分布的约束在一定程度上有所减弱，直接表现是产业结构和布局可以有所变化，但生活条件和人居环境依然受到地理条件的重要影响。

中国科学院地理科学与资源研究所对外合作处处长、博士生导师邓祥征认为，"胡焕庸线"两侧自然地理条件和资源禀赋差异明显，这些各具特色的条件促成了各地迥然而异的环境容量。从某种意义上说，环境容量是环境对人类（经济）活动提出的限度，环境容量概念改变人类认知世界的视角。

右玉县境域恰在"胡焕庸线"上，属于"西北半壁"区域，风沙肆虐。40年前的右玉民谣云："一年一场风，从春刮到冬。"又道："十山九秃头，风沙遍地游；辛苦下了种，风来籽种丢。"

史志中的右玉之风，如魔如怪，异象频频：

> 元至正十八年（1358）……二月辛丑夜，大同路黑气蔽西方，有声如雷，少顷东北方火云交射，中天遍地俱有火，空中闻兵戈之声。

> 明嘉靖八年（1529）正月，右卫刮起大风，霾昼晦如夜。

> 1962年5月1日至17日，白天连刮六级以上大风，夜间温度下降到零下5至7度，土地重新封冻。[①]

[①] 三条分别见于右玉县志编纂委员会：《右玉县志》，北京：中华书局，1999年，第9、10、53页。

英雄地 —— 走近右玉播绿人

第 10 任中共朔州市委书记撰文称：地处晋西北黄土高原上的右玉县，历史上风沙肆虐，长期以穷闻名，50 年前甚至被来此考察的外国专家断言"不适合人类居住"。[①]右玉的土地上居住着"右玉人类"，他们以自己独特的态度、信念、力量来坚守、护卫、改造自己的家园。

以树挡风并求取经济的尝试是比较早的：民国 2 年（1913），右玉县知事屠文彬向省府递交了《呈报右玉设立工厂种植树株请立案由》，并附《劝种树株浅说》……屠知事呈文布劝的信念，来自他发现的一个重要典型：草沟堡村民郑君培植的各种树株不下 10 万，并且该村由于树木多而收成更好，秋莜麦在别处每亩打两三斗，而该处可打至五六斗。屠知事呈文布劝的同时，先在北关城壕种树 6000 株，提倡、规劝百姓大力种树，并且希望口外 12 县人民一律仿办。屠知事由此获得两点重要

访问郑氏后人郑兴（霍生财摄影）

---

① 田喜荣：《绿色铺就希望路》，载《求是》2009 年第 5 期。

认识：一是科学与经济，种树多则含蓄水气，易致甘霖；成材后砍旧植新，得价不少，为民间大大利源；二是县情与政策，种树为右玉人民生计所刻不容缓者，拟由地方公款项下酌提钱六百千，在北关城壕种树。①今天，笔者到草沟堡村获得郑君之侄孙郑兴的口述："我家祖上是晋南洪洞县人，祖宗兄弟二人相卜行医、踢拳卖艺，一路北上，定居草沟堡。那时候我家落脚的西院那地方没一棵树，黄风太大，白天种下去的山药蛋，一夜大风，第二天露明摆在地面。叔爷爷郑君是落地草沟堡第二代的最小者。一家人落地没房子住，死了总得有个木匣子吧？远处的木料买不起，老祖宗就叮嘱儿子们自己种树盖房。兄弟俩种的那个树啊，两个人都抱不住。"郑家植树，成为远近之人的样板，加上县知事的推动，周边百姓逐渐意识到种树不仅能够卖钱，更能够防风固沙……于是，树木随着人们的植树意识蔓延到整个草沟堡，并进一步扩大，直抵县太爷的衙署。

中华人民共和国成立后，右玉县委、县政府与民间心同气合，中国生态奇迹创造于此。有研究者撰文述云：右玉人民经过60年的艰苦奋斗，使全县森林覆盖率由0.3%提升到53%，90%以上的沙化土地得到治理，赢得"塞上绿洲"的美誉。②"塞上绿洲"之誉，不仅仅指向自然生态。……披荆斩棘、历尽磨难，过了一山再登一峰，进了一沟再越一壑，右玉人民把右玉打造成了中国魅力小城、国家4A级旅游景区、联合国最佳宜居生态县、中国深呼吸小城……以举办中国·右玉生态健身旅游节、西口风情生态旅游文化节等为牵引，推动右玉生态旅游业连年攀升。③据右玉县政府办公室主任冀全喜提供的数据：2018年来右玉旅游总人数达290万人次，同比增长32.4%；实现旅游收入26.9亿元，同比增长28.2%。

今天的右玉，森林覆盖率已高达53%，远超西北其他地区。由于纬度和海拔较高，右玉成了避暑胜地。近年来，右玉县政府着力打造宜居小镇，旨在吸引中部和南方

---

① 孙莱芙：《典藏右玉》，太原：山西人民出版社，2008年，第421页。
② 姚芳：《锐意进取 真抓实干——论右玉精神》，载《吉林广播电视大学学报》2015年第5期（总第161期）。
③ 皇雪平：《建设绿水青山 收获金山银山——右玉精神"久久为功"政绩观给我们的启示》，载《先锋队》2016年第28期。

地区人口来避暑。基于此,还大力推进生态文化旅游资源,以举办西口风情生态旅游文化节为契机,打造边塞风情、生态体验、消夏避暑等特色品牌。据了解,近几年来,每年都有很多国内外知名艺术家和国内高校艺术院系师生长住右玉,进行艺术创作,形成了国内艺术界独有的"右玉现象"。为此,右玉县正式推出了"中国油画写生季",并在右卫古镇建设艺术粮仓,推动文化旅游产品从单纯观光、休闲、度假向艺术品创作转变。据悉,2016年7月21日,右玉县右卫艺术粮仓已正式揭牌,"开仓纳粮"。①

在陆大道主持的争鸣中,作为特约召集人,中国科学院地理科学与资源研究所区域可持续发展模拟研究室副主任、硕士生导师陈明星总结说:李克强总理之问是"有解的",这里的"有解"并不是真正意义上打破"胡焕庸线"两边的人口分布悬殊差异格局,而是"如何在中西部地区推进新型城镇化,让西部地区老百姓在家门口就地城镇化,分享到城镇化和现代化的发展成果"。②而右玉生态成就基础上的新台阶,恰恰在"城镇"的层面。

在毛乌素沙漠风口有多个邻县(区、旗),唯有骑在"胡焕庸线"上的右玉,打破了人们认知世界的视角,对于人地关系内涵和环境容量,让人们看到了令人吃惊的颠覆。右玉不但冲破了自然地理界线的刚性约束,而且爆发出冲破刚性的刚性。

二、自善无县以来

右玉县自古为北方要塞,从已发现的石器和陶片来看,远在旧石器晚期就有人类繁衍。殷商时期属朔方。周代为少数民族居住,属冀州。春秋时期属楼烦。战国时期属赵国代地,为雁门郡治所。秦置善无县,仍为雁门郡郡治……雍正三年(1725)……置朔平府,府、县同治右玉城。民国元年(1912)五月,

---

① 谭冉:《朔北小镇:打造塞上绿洲》,载《经济》2016年第33期。
② 载《地理研究》第35卷 第5期(2016年5月)。
③ 右玉县志编纂委员会:《右玉县志》,北京:中华书局,1999年,第94页。

废府留县，归雁门道。③

雁门郡地处秦汉王朝的北部边陲，北接蒙古大草原，毗邻塞外游牧民族，是中原王朝的北方防御门户和京师屏障，①它历经秦汉346年，曾与国家和民族的命运息息相关。

山西右玉杀虎口位于山西与内蒙古交界处，自古以来便是沟通南北的主要通道。我国古代政权为了抵御北方民族的南下，在这一地区长期经营，带动了区域行政

善无古城遗址（选自《右玉文化图志》）

---

①杨丽：《秦汉时期雁门郡的交通及其军事战略价值》，载《内蒙古社会科学（汉文版）》2013年第4期。

②李孝聪：《孔道与平台：杀虎口在历史上的地位与作用》，载《山西大学学报（哲学社会科学版）》2007年第2期。

机构的设置和经济发展。②在秦汉以后的漫长历史中，右玉一直鼎边而立，政经文武影响至深，其地位之重，从未稍减，到明清两代更显重要。始建于明成化年间的宝宁寺（现存大殿二椽），原存唐代吴道子等画家所绘"水陆神祯"画绢136轴（现存山西省博物院），乃我国现存明清以前绘画艺术珍品之一。建制于清雍正三年（1725）的朔平府存在了188年，它管过四县一厅一州，是一座朝廷关注的府治大城、举国注目的商业大埠：位于山西省右玉县城①北10公里古长城边的杀虎口，因其独特的地理位置和明清时期晋商大量频繁的商贸活动，成为山西境内连接中原和蒙古进出口贸易的一大关税口岸。它是民族之间化干戈为玉帛的重要关隘，到清代更是蒙汉民族友好交往、互通有无的历史见证。按照规定，"商人运载货物，例须直赴杀胡口输税，不许绕避别处私走"……每天过往杀虎口的流动人口成百上千，车马货物更是络绎不绝，一派车水马龙的繁盛局面。②

杀虎口是"走西口"的主要通道和重要现场，每天过往杀虎口的流动人口，便是平民求生与晋商拓展共同"走西口"的人流。右玉人从这样的历史中走来，他们"庙堂"见过、"江湖"闯过，大气与公性繁滋于血液，担当与韧力禀赋在骨头。经时间的酵变，这些精神气质蕴积成随时可以爆发的无限能量。

三、长城下，古道边

"在右玉能看到好多堡连环，像杀虎堡、破虎堡、威坪堡、云石堡，它们之间形成了层层封闭、环环相扣的防御体系。"山西省右玉县政协原主席王德功说。右玉县境内有北魏长城8公里、明长城87公里、明代古堡100多座、烽火墩台2000多座，驰名中外的万里长城横亘东西，万里茶道纵贯南北，两条大动脉在此交汇。县城西南的铁山堡始建于1559年，碑题铁塞金汤……王德功说，战国时期胡服骑射的赵武灵王曾在此地修城进军，成为七雄之一。③

---

①今右玉县右卫镇——本文作者注。
②高春平：《千年风雨杀虎口》，载《中国文化报》2009年3月1日。
③刘翔霄：《山西：千年长城古堡正走向没落》，载《中国长城博物馆》2014年合订本。

可以想见，在两条大动脉交汇处，英雄过往，风云激荡。右玉人被造物主布局于这非凡的形胜格局中，一直都在接受着开阔的胸襟拉伸和高远的视线调焦。同时，这里又是一个非凡的历史现场，右玉人作为参与者和见证者，一直都在热身运动中，由此带来文明早熟和精神康健；他们早已是民族胎记的自觉默认者、地方命运的自觉担当者，他们的豪迈，与生俱来。

那么，这样的形胜格局从哪里来？其历史现场与右玉是何缘分？史志里的右玉长城关隘，既述位置又言特点，展现出一份唯右玉坐拥的天造地设：

> 外边①自鸦角山②迤北为朔平边，中出之隘为杀虎口，在朔平府右玉县北二十里，古定襄道也，为宣、大以西，宁、朔以北，归绥以南之首冲……《方舆纪要》：杀虎堡，在大同右卫西北。明嘉靖二十三年置，万历三年增修，周二里。堡逼近边墙，兔毛河直通塞外，川原平衍，便于长驱。古道沟、新水口俱极冲……《朔平府志》：右玉县长城，共长一百七十八里四分。③

自古形胜关乎风尚与精神，长城伟岸，一种雄浑，一种昂扬，一种静穆——立在家门前，右玉人早出晚归，一俯一仰，汲其气而受其魂，其磅礴大气，其浑厚沉雄，是胎盘里就养成的。以恢迂而言，这是长城文化；以平捷说来，是边塞精神。

> 右玉，以其厚重雄奇的地理形胜，为朔州北大门。/右玉，以其塞外明珠的生态环境，为朔州后花园。/右玉，又是长城之乡朔州的长城博物馆。/……右玉长城最早修建于北魏，经明代五次加修加建，达到全长178.4里。论朔州必言长城，说长城先观右玉。右玉，外长城之下第一县，自古雄关处处，而今生态连环。山水更形其胜，风物尤堪纪陈。/……杀虎口，一个几千年军事杀伐之口，一个数百年商贸繁华之口，一个民间血泪"走西口"之口。地理形胜

---

① 意为外长城——本文作者注。
② 现名丫角山，位于内蒙古清水河县北堡乡口子上村东，为大同镇与山西镇长城分界。
③〔清〕王轩、杨笃等：《山西通志》，太原：三晋出版社，2015年，第2365—2366页。

视角下的杀虎口，是外长城经右玉段最是雄伟、最是粗犷之一关。它以中原与大漠之间的交通枢纽和军事关隘的身份和文化内涵，最具阳刚气息，最富朔州精神。①

右玉高地（孙莱芙供图）

四、文教自觉，文明自信，文化自尊

政治文明与商业文明必然带来地方文化的生成与进步。据可考的有明以来文教史，右玉人和客籍于此的官员都秉持着一份文教自觉和文化自信。

令人艳羡的民国时期右玉籍三大人才群——黄埔军校人才群（7人以上）、留学海外人才群（6人以上）、升入国内高等学府人才群（300人以上），是设于右玉的省级学校的斐然成果。民国8年（1919）春，山西省立第七中学在右玉成立……先后招收14个班，每班40人左右，毕业11个班。民国26年（1937）9月，日军侵占右玉，学校停办。②

积极争取办成这件大好事的人，是世称"梁大先生"的右玉人梁济。梁济奔走

---

① 郭健、刘英魁主编：《朔州文化图志》，北京：光明日报出版社，2013年，第61页。
② 右玉县志编纂委员会：《右玉县志》，北京：中华书局，1999年，第16页。

创办省立七中的初衷，与5年前邀集同人创办右玉图书馆的右玉绅士王作辅一样，是出于一个右玉人和一个知识分子的人文自觉。王作辅创办的右玉图书馆收藏古今图书千余种，又于商务印书馆订购众多新书。馆内书目齐全，为省内少有。①值得注意的是，右玉图书馆馆址朔平中学堂是前清玉林书院。不能不说，梁济、王作辅等民国以来一代右玉知识分子及其成果，都是玉林书院文教之承续。

清道光十七年（1837），朔平府知府张集馨首倡捐廉300两，每年再捐30两，并函商各属，一体量捐……觅得公廨一所，重新构造，半载落成，名之曰玉林书院。书院为一座宏伟而讲究的建筑。大门横额"玉林书院"……门对即用"昆山片玉，桂林一枝"八字。讲堂对"灵秀蕴山川，看此间岭复溪回，定生人物；科名关德行，愿多士金贞玉粹，不仅文章"。又有自制碑文一通，大书深刻，立石讲堂，《建立玉林书院碑记》备述建院宗旨："朔郡自雍正三年，经诺中丞奏改郡县，设立学校，迄今百余年，圣化涵濡，人才蔚起，而合郡书院缺然。士子虽欲问道，而就正无由。其富而有力者，尚可负笈远游；其贫而不自给者，未免废书长叹！官斯土者，责不容宽；且屡奉温纶，通谕各直省地方，建立书院，培植人才，此日之秀髦，即他年之桢榦，不特增光荣于乡里，亦且有裨益于国家也……"②

张集馨碑文中特别指出，夫读书当先立品，德行为本，文艺为末。这是对今天右玉人的精神气质的直接垂注。

至咸丰年间捐款整修时，玉林书院一度更名为"恒阳书院"，同治十二年（1873）重修复名。从张集馨创建到日军拆毁，玉林书院前后经历整整100年，育人育才，泉涌于右玉和雁北大地。

玉林书院的前身，是清乾隆廿七年（1762）创建的江林书院（亦称"华林书院"）。而右玉文教自清至民国弦歌不辍，乃薪承于前明。明朝当局筑成右卫城（清雍正三年后的右玉县署所在地）的第七年，右玉文教始兴。明宣德元年（1426），大同巡抚在右卫城西街设置卫学（即官学），以育军生。具有深远意义的是，在以培养军生为目标的卫学兴建14年后的明正统五年至十一年（1440—1446），李

---

① 右玉县志编纂委员会：《右玉县志》，北京：中华书局，1999年，第15页。
② 张集馨：《道咸宦海见闻录》，北京：中华书局，1981年，第31—32页。

左修、夏瑜等11名进士出身的官员先后谪戍威远卫，并逐次担任了右卫卫学、怀仁县学的教职。他们在为右卫、左卫、怀仁等地培养了一大批人才的同时，显立大功，于景泰初，解除处罚，回到原籍。①

在李左修等人被贬而来之前三年，即明正统二年（1437），广西按察使司副使李立被贬到威远卫（今进士湾村）……威远卫守将开明而目光远大，没有让他们真去戍边，而是起用他们担任威远卫学的教授。这些贬官进士们带来文化福祉，他们任教的威远卫学成就斐然——正统十年（1445），右卫籍学生孙祥、大同籍学生郭纪等人乡试中举；次年四月孙祥进京应试登榜，成为右玉第一位进士；郭纪于景泰二年（1451）中进士。短短10年就培养出进士2人、举人4人、秀才廪生多人。威远卫学由于学道浓厚，在清雍正三年（1725）撤卫归入右玉县后，被升格为朔平府学，成为日后的玉林书院的基础。②

山西省立第七中学二班毕业照（孙莱芙供图）

---

① 右玉县志编纂委员会：《右玉县志》，北京：中华书局，1999年，第9—10页。
② 郭健、刘英魁主编：《朔州文化图志》，北京：光明日报出版社，2013年，第519页。

威远剪纸老艺人胡莲女（郭虎供图）

把放眼历史的视线收回来凝视当下，在玉林书院的书香旧苑，今天诞生了一所包含三个"部落"的玉林书画院，本文第一节引文中提到的右卫艺术粮仓便是其第三部落。参观者在这里叹曰：朔州①是个小地方，右卫是个大地方。这不能不说是690年来文教自觉与文明自信所培植而成的不能自蠲的文化自尊。

这种文化自尊流布于右玉社会，形成自我属性的文明语系。《大清一统志》称朔平府民勤耕作，士耻奔竞。右玉，人习战斗，忠勇素具。②嘉靖间孤城被围，卒以保全。至于发解登科，父子相继，文风称盛。今世际太平，大兵驻防，商贾辐辏，奢靡相尚。近更府县，气象焕然一新。若敦本务实，渐被教化，则士习以端，而庶富可保矣。③

---

① 省管地级，辖右玉在内六县区——本文作者注。
②［清］王轩、杨笃等：《山西通志》，太原：三晋出版社，2015年，第4678页。
③ 刘仕铭：《朔平府志·卷三·风俗》，北京：中华书局，1994年，第133页。

英雄地——走近右玉播绿人

对于右玉共性,后来的右玉人自我概括有两条:

性格温顺,不思越轨
淳朴厚道,耿直重情。①

可见,"敦本务实、渐被教化"没有落空。今天的时代背景下有人撰文论之,可为上述两条的注脚和词义延伸:

> 右玉人厚道、勤劳、节俭、顽强、忠勇、豪爽的文化传统和民俗风情,汇成了特别有利于奋力拼搏、和谐共进的文化和社会风气,我们把它拧成一股绳,就叫作右玉精神……右玉的绿色文化是勤劳勇敢朴实善良的右玉人用心血和汗水浇灌而成的,今天,这种绿色精神已经延伸到右玉人日常行为的方方面面。②

五、树木与土地

> 综观天下古今,懦夫以家为天下,英雄以天下为家……右玉人自觉地把社会之事、把公益之事放在自己的睡梦中,植入自家人的细碎的语系中……事情一旦成了文化,那力量岂止移山填海,岂止排山倒海。③

选题组同人在"塞上绿洲"的树木间深呼吸,也汲取了另外一株大树的强劲气息——这株大树的名字叫"右玉精神"。

选题组同人踏在右玉的土地上,也踏在另外一块土地的厚重泥土上——这块土地的名字叫"英雄文化"。

右玉上上下下做起事来都像是拼命,要么不干,既然干了,那就不达目

---

① 右玉县志编纂委员会:《右玉县志》,北京:中华书局,1999年,第707页。
② 姜楠:《论"右玉精神"的形成》,载《朔州日报》2008年10月28日。
③ 郭健、刘英魁主编:《朔州文化图志》,北京:光明日报出版社,2013年,第274页。

誓不罢休，有时甚至透着几分狂气。右玉是国家级贫困县，虽然没有钱，却要办大事、办成事……右玉领导有一种共识——宁叫脱皮掉肉，绝不甘居人后。右玉的中层干部有句名言——有钱谁办不了事？没有钱办成事那才叫本事！右玉的老百姓也不甘示弱——没个三八两下，敢上沙场打仗？①

我们在右玉的"树木"与"土地"之间发现，提出文化的时候，不能忽略了精神；提出精神的时候，也不能罔顾文化。没有一棵树可以从生成之地拔起来移植到云彩里。我们从右玉精神研探英雄文化，进行"我注六经"；从英雄文化解释右玉精神，开启"六经注我"。

如果你对此意见拿不准主意，请询之于下列人物，他们的公性，他们的忠烈，他们的义勇，他们不散的英魂，长存于世世代代右玉的香烟供奉中。②

（1）清正刚烈的库狄祖孙

北齐善无县（今右玉）的库狄干（鲜卑族），性情耿直，沉默寡言，武艺高强，身经百战而以功居太保、太傅、太宰。库狄干勤于政务，廉洁高尚。其孙库狄士文先袭章武郡王，后升任贝州刺史，被授开府仪同三司，而为官尤为清廉，死后留有三子，生计维艰。

（2）明清两朝代，英雄麻家将

在晋蒙民间和全国回民心目中，"麻总兵"及其麻家将悉乃世代敬仰之英雄。"麻总兵"指的是明朝右卫人麻贵。万历廿五年（1597），他以备倭总兵官兼提督之职进军朝鲜援朝抗倭，打得"倭奴盘踞七年，自蔚山大战败绩，不敢远出樵采"。麻氏一门从军有职者凡32人，世称"麻家将"，贯穿明清两朝五代，其业绩远超北宋杨家将。而后世传扬，麻弱于杨，盖因麻家将曾忠明而抗清，以故清当局对麻之策为用麻而抑麻。

---

① 姜楠：《论"右玉精神"的形成》，载《朔州日报》2008年10月28日。
② 本节人物简述，除"李瑾"一条，均缩编于右玉县志编纂委员会：《右玉县志·人物》，北京：中华书局，1999年。郭健、刘英魁主编：《朔州文化图志·第六单元》，北京：光明日报出版社，2013年。

（3）义将忠臣，壮烈李瑾

李瑾，右玉人。勇而多谋。嘉靖（1522—1566）①中，为中路参将。敌人犯西路，驰兵往救，或以非汛地，沮之。瑾曰："比肩事主，何分彼此。"既至，奋勇力战，杀获无算。后以总兵镇大同，操行清洁。士卒中有得首功者，亲为露布，上其事；或战死，设坛亲祭之；伤者，亦亲敷药。而于追杀失期，及烽堠失警者，则用法不少贷。以故废将朱振得阴构其间，叛卒王福胜等遂于夜半聚众焚总兵府。瑾闻变，持弓矢登门射之，至天明矢尽，知不免，因解胄投地曰："我大将，讵可死贼手？"遂仗刀自杀……②

（4）死忠尽节何廷魁

何廷魁（？—1621），明大同威远卫③人，明万历廿九年（1601）进士，曾历任归德、卫辉、河南、黎平知府，辽阳副使等职。金兵攻辽阳，经略袁应泰主张投降，何反对；金兵攻急，何请兵迎击，袁拒而不允；辽阳陷落，何负印率妾氏及仆从共8人投井而殉节。

（5）廉官文友郭传芳

郭传芳（1619—1681），明威远卫人。于富平知县任上率兵大破叛军，因功升任达州刺史。病逝后，家贫无以为殓。历十余年后，其子及仆从方迁葬于家乡。郭传芳博文广识，与名士傅山、李颙等为至交。著有《匡庐文采》《蜀搓涂史》《行役草诗集》等。

（6）抗恶官护乡民的王安义

王安义（1875—1938），右玉杀虎口人。幼读诗书，长为游侠。民国29年（1930），右玉县县长石钧欺上压下，搜刮民财，自制衡器，盘剥民众。王安义砸其"官斛"，揭其隐恶，控其累罪，为民除害。后参加抗日，战死沙场。

（7）急公好义的教育家梁济

梁济（1882—1928），字伯舆，世称"梁大先生"，右玉城内人。由右玉恒阳书院走进山西大学堂西斋，走进英国威尔士大学，走进孙中山创建的中国同盟会。

---

①明代——本文作者注。
②[清]王轩、杨笃等：《山西通志》，太原：三晋出版社，2015年，第5832—5833页。
③今右玉威远镇——本文作者注。

民国元年（1912）毕业归国，历任山西省临时省议会议员、都督府咨议、劝业道顾问、实业学校校长等职。民国8年（1919）春，积极奔走争取山西省立第七中学校设立于右玉。民国5年（1916）、13年（1924），阎冯战争、直奉战争相继爆发，梁济出入于炮火之中力行调停，为右玉最大程度地减少了战火灾害。梁济为人，德行美好，他去世之后，其妻王畹誓不独生，吞金自尽。

（8）对日60余战的中将王裕民

王裕民（1895—1947），又名王国相，右玉郭家堡村人。民国13年（1924）同徐向前等人相伴考入黄埔军校，为山西首期黄埔学员之一。民国16年（1927）夏入晋军，拒不参加中原大战，转南京陆军大学高级班深造。民国26年（1937）7月抗日战争全面爆发后，先后以团长、旅长、副师长、陕西河防游击纵队司令、第八战区第一独立挺进纵队司令等职，指挥了忻口、九江、香山、河防、汾南、中条山等地对日60余战，获授中将军衔。

（9）用舌头消灭一个汉奸部队的寇子严

寇子严（1896—1945），右玉杀虎口村人，20岁考入保定陆军军官学校第八期，于民国13年（1924）在苏联加入中国共产党，第三年参加北伐，屡建战功。民国25年（1936）受中共派遣打入天津王英汉奸部队"大汉义军"，经策动，于同年12月9日，与军中金宪章、石玉山二位旅长处死来军之日本特务机关指挥官小滨大佐等20余人，率部反正，大汉义军遂告消灭。

（10）口授百戏，红黑生旦——名伶"花女子"

薄花女（1906—1959），又名李桂林，艺名"花女子"，右玉县城人。8岁时跟"锁柱黑"及北路梆子青衣泰斗李三元学戏，主攻青衣，成为蜚声长城内外的名角。因自幼家贫而未通文墨，但聪明过人，记忆力非凡，能一字不错地口授百余本戏。在归绥（即今呼和浩特市）上演24本《白蛇传》和22本《二度梅》时，白天请人"念戏"，晚上即可登台演出。

（11）关露：民族关口的一滴露珠

关露（1907—1982），原名胡寿楣、胡楣，生于右玉城内。青年时期赴上海、南京求学，并开始文学创作。民国29年（1930），小说处女作《她的故乡》（短篇）发表于南京《幼稚周刊》，声名鹊起。此后连续发表作品，与潘柳黛、张爱玲、苏青并称为"民国四大才女"。曾为电影《十字街头》谱写主题曲《春天里》(贺绿汀作曲);民国25年(1936)出版诗集《太平洋上的歌声》,蜚声宇内。后又出版、发表长篇自传体小说《新旧时代》等多部文学作品,翻译了《海燕》《邓肯自传》等外国文学名著。民国28年(1939)上海滩沦于日军铁蹄之下,关露疾呼"宁为祖国战斗死,不做民族未亡人",赢得"民族之妻"称号。同年年底,奉中共组织之命打入汪伪特工总部李士群府上,促成李士群与中共地下工作者潘汉年在上海秘密约会,为新四军提供重大帮助。

  人是一个艺术的动物(如先秦儒家以诗礼为教典),人是一个感性的动物(后来宋明理学家认为人是最有感性觉情的动物);同时,人又是历史的动物、政治的动物、社会的动物、具有超越向往的动物。人不是一个孤立绝缘的个体,而是在复杂的关系网络中间的中心点,但是他的人格发展一定要和其他互为中心的中心点发生关系,因此有"己立立人,己达达人"的说法。①

"己立立人,己达达人", 这便是右玉人的群体共性,也是右玉人的群体公性,也是英雄文化的特征。由于这种公性经不同历史时期的凝结,所以它大于一般意义上的公德。梁启超先生有一段关于公德的论述,恰如出之于右玉公性——

  我国民所最缺者,公德其一端也。公德者何?人群之所以为群,国家之所以为国,赖此德焉以成立者也。人也者,善群之动物也(此西儒亚里士多德之言)。人而不群,禽兽奚择?而非徒空言高论曰"群之,群之",而遂能有功者也。必有一物焉,贯注而联络之,然后群之实乃举。若此者谓之公德。②

---

①杜维明:《现代精神与儒家传统》,北京:生活·读书·新知三联书店,2013年,第468页。
②梁启超:《新民说》,北京:商务印书馆,2016年,第19页。

公德是英雄文化，公性是右玉精神。二者源一，为贯注而联络之物，遂能有"塞上绿洲"之功者也。右玉的成功，正是在于具有公德与公性的民众群体，在于这种具有公德与公性的民众群体在官方层面得到了长久的重视与培植。

六、用脚听到的声音

听一般的声音，用耳。坐会议室即如是。

听不一般的声音，用眼。阅文读报即如是。

听更真切的声音，则须用脚。倾听民间呼声即如是。

没有人不同意民间的声音更真切，但肯用脚聆听民间声音的人，是不是很多呢？本选题组同人乃专事此职者，受右玉源流之所感，为右玉格局之所动，我们的脚，踢开荒草，踏破浮土，"听"到了民间之真声，民众之实音。

——选题组成员、山西省作协的作家李金山于2017年8月30日至9月5日驻右玉采访多人，所到之处，民皆有言："你这位省城的大作家能把笔头对准我们老百姓，好样的。"曾经大战黄沙洼的原边头水泉村支部书记王明花老人对他说："我是个当过村干部的人，那些普通老百姓越发辛苦啊！"

——选题组成员、右玉军事史研究者王彩蜜于2017年7月14日选题组会议上讲道：今年6月，我在右卫镇草沟堡村街头与村民攀谈，王玉芬老太太说："国家培养你们成了文化人不容易，你们得多下来走走，听听老百姓的心里话。要写就多写写普普通通的老百姓，因为右玉的树是我们一代代老百姓植起来的，我们吃的苦受的累，你们是不能想象的。"

——选题组成员、右玉籍作家孙莱芙在2017年7月14日和8月8日的选题会议上两次讲道：我行走右玉，多次听到群众说"右玉精神不只是右玉县委书记精神"，是右玉人民的精神。

——2017年9月上旬，右玉县县长王志坚为选题组的行为而感动，对作者说："你们要多挖掘以前没报道过的，多写默默无闻的人。"10月9日，王县长又对选题组作者王彩蜜说："右玉的成就主要是右玉人民亲手创造的。这里面不能光宣传地位显赫者，那些默默无闻、无私奉献者最值得挖掘、赞颂。"

再以用眼听到的声音来回证脚之所闻,我们所得到的最新话语,就上升到了不容置疑的平面——

来自省级党委部门的领导被"如诗如画的右玉"触动、震动、感动,激动之余,感受有五,句句不离"右玉人"和"右玉人民":一是感受了梦想的力量。梦想就是理想、就是信念、就是方向、就是目标,右玉人执着追求绿色梦、生存梦、幸福梦,终使梦想成真。二是感受了人民的力量。右玉今日的美丽是右玉人民创造的,党同人民群众心相连、情相依,人民群众听党话、跟党走、扎实干。三是感受了科学的力量。右玉由不毛之地变成了"塞外绿洲",得益于科学的思想、科学的理念、科学的决策、科学的方法。四是感受了坚持的力量。右玉人民坚持不懈、顽强不屈、愈挫愈奋、久久为功,才战胜了肆虐的风沙,建成了美丽家园。五是感受了精神的力量。右玉人在实践中创造了震撼天地的右玉精神,伟大的精神力量支撑着右玉人创造了人间奇迹。①

中共右玉县委第17任书记深得官与民相感相融之善:领导带领群众、群众感染领导,干部群众心连心、同心干、鱼水情是右玉精神形成的关键所在。②

中共右玉县委第18任书记一语到底,话语间深藏无限感喟:回顾右玉60年的植树造林历程,每一任领导干部,仅仅是跑了接力赛的一个赛程,真正跑马拉松的是右玉人民。③

有研究人士的话语饱含右玉民间烟火气息:人民群众是历史的创造者,也就是说人民群众既是社会物质财富的创造者,也是社会精神财富的创造者。在右玉恶劣的自然环境中,栽种的树木至少需要三年的时间才能成活,为了确保成活率,每一棵树都是"有主人"的……右玉人自己讲:"从小看着父母植树,长大后自己植树,生在右玉,不植树心里就不踏实!"那一块块、一片片绿林,是右玉人汗水、心血、生命、精神的丰碑!右玉人说是在种树,实际上是在种

---

① 尹天五:《感受右玉人的伟大力量》,《山西日报》2013年7月28日。
② 赵向东:《党植根人民群众的历史性创造》,《山西日报》2013年7月28日。
③ 陈小洪:《基层干部眼中的"政绩观":敢于做慢工干苦活》,《人民日报》2010年8月26日。

一种精神。①

我们用脚听到的,是活生生的右玉人之真声音,是在右玉这块英雄文化之土上生长起来的右玉精神之树与天地风云共吞吐之真声音。

2017 年 9 月 30 日初写于朔州
2019 年 6 月 4 日修订于右玉

【作者简介】王宝国,笔名宗白,戊戌年重阳节出生于山西省平鲁县。现为朔州市李林英雄文化研究会会长,又系中国作家协会会员、中国传记文学学会理事、中华诗词学会会员。在《中国作家》《诗刊》及印度尼西亚《印华日报》等中外报刊发表文学作品 135 万字,长篇纪实文学《华侨抗日女英雄李林传》先后获第四届中国传记文学优秀作品奖、第三届"中山杯"华侨华人文学奖。

---

① 刘云玲:《右玉精神探源》,《山西党校报》2013 年 6 月 15 日。

人民不远 庙堂不"高"

——记小道沟村姚守业

谢连繁 王泽民 王宝国

出主意,想办法,做好事,做实事;

脚踏实地,胸怀全局,志在富民,皓首不移;

各美其美,美人之美,美美与共,天下大同。

——费孝通

宋人范仲淹"居庙堂之高则忧其民,处江湖之远则忧其君";今人姚守业以一介乡民,不居庙堂之高,永处江湖之远,忧民而达"君",典型非凤昔。

——题记

一

2005年3月14日7时45分,山西省右玉县委办公楼东拐角前,本县小道沟村人姚守业面北而立。

姚守业要拜见县委书记,他不知道书记在哪里、来不来办公室、几时来。这天是星期一,星期一的领导,从远处的家里驱车直赴指定的会场、接待场、调研场……是他听人讲过的规律;直接到办公室,也得半上午吧?总之,一个平民拜见县委书记,怎么说都是一个悬念。关于这一悬念,小道沟的乡亲们早就议论过。

傍晚羊群归来前接羊回家的时间,村里人站大街发表社情民意。过年前的日子里,小道沟村人站在街头说年货:哪家已经置办齐全,哪家尚未进城;除了猪羊胡

姚守业的雕塑作品（王泽民供图）

油自产，鱼肉水产买不买；春联窗花怎么贴；油坊（右玉县城）街上甚价钱，北出呼市（内蒙古自治区首府呼和浩特市）可买啥……这人间烟火的话题，少不得也有姚守业一接一应：他说鱼肉水产吃就吃鲜，走遍右玉南北，能养鱼的本地水有的是；他说吃啥不吃啥也要贴窗花，右玉小南山民俗馆的展品惊了远方人，如果你贴在窗上恰巧遇上丹华那样的知青路过，就算发现了；①他说春联最好自编自写，自己的屋子贴上自己的意思……姚守业不是普通百姓，是月薪600元的乡文化员。但村里人知道国家序列里没有他们，姚守业还是个普通老百姓。村人还知道，他的想法总是与众不同，这与他是乡文化员无关，而当上乡文化员与他的与众不同才有关。

　　静了一刻，忽有人想起来姚守业早说过要向县委书记进言，还说谁愿意去，和他相跟上。人们用半是耍笑的口气问他哪天见官、见官的衣装准备好了没。姚守业闻言一笑。村人王文摇头说："老百姓见官？自古没这行情，何况你提的不是一件具体要求，你说右玉的总体大事，这是给县委书记上课，呵呵。"姚守业闻言一笑。王峰九分认真地说："人们都说县委书记官声不赖，前几年他当县长就给老百姓办了不少实事；可是他现在升了，你了解他升了以后的想法吗？你还得知道他的脾性呀特点啥的。"姚守业闻言一笑。七嘴八舌之间，一团尘土从村头朝村中移动而来，这是羊群回村了。本家的姚守美一边朝分羊回家的路岔移步，一边摇摇头、扬

---

① 高建群：《最后一个匈奴》，北京：作家出版社，1993年，第327—328页。知青丹华在陕北民间发现一幅特异的剪纸，取名"孕妇"，受到专家特别重视。

扬臂，好意提醒说："就算人家是个好书记，也愿意接待你，可他底下几十个部、委、局、办必定是天天排着长队，他是先和你这个老百姓说话呀，还是先和手下干部说话呀？"姚守业闻言一笑。站大街的人们和他们的人间烟火话题，淹没在羊群的尘头里了，一句话扔出了尘头外：你要敢去你去吧，反正我们是不消耗这盘缠。姚守业闻言一笑。

盘缠不多，单程5元，往返10元。路程不顺，30多公里县乡公路，一天一趟客车，早晨6点在欧村发车；小道沟人进城须5点起身，徒步2公里地站在十八户营村头，朝着欧村方向伸长脖子瞪大眼，一身汗冻下去，就有车来了，上车后颠簸一个半钟头到县城。

这天是过罢乙酉年"二月二"的第三天，龙抬头了嘛，不是见官的好日子么？姚守业7时30分到达右玉县城，15分钟来到县委楼门前。天才大亮，日头未出，他很乡巴佬地数了数县委楼，六层。县委书记在哪一层呢？开口问人，一个比他略年轻些的干部从楼东的拐角走出来，回身一指，没说话。姚守业看他是刚吃过早餐的光景，就知道拐角后必是餐厅，心想书记星期一早上在单位吃饭，说明他的周末是在右玉过。一念之间，心头一热，添了信心，移步于东拐角，眼望着通往楼后的过道。

二

三五人说笑而出，看见姚守业，一位气质和雅的中年人停下脚步，投来温和的目光。不用问，姚守业断定此人便是右玉县委第17任书记——赵向东。

"赵书记，我是欧村乡小道沟的，我叫姚守业，我想给你提一些建议——我一直惦记着右玉的发展，平时爱好琢磨，我对右玉的资源、地理也有了解……"

赵向东眼睛一亮，伸手与姚守业相握，说："走走走，咱们上楼。"二人手挽手走上二楼，姚守业才注意到赵向东的衣着竟然和自己一色色朴素。呵呵，幸好没去添一身"见官的新衣"。

办公室门一开，赵向东礼让姚守业先走进。让座，拿烟，取火，倒茶，赵向东一概亲手如仪。姚守业把赵向东递来的烟放下，把赵向东递来的茶水端起；赵向东取本拔笔，和姚守业并肩而坐。

姚守业的雕塑作品（王泽民供图）

"老姚，说吧，有什么意见、建议尽管说。"县委书记声音神态亲切家常，看不出一丝的矜持，姚守业的心安放回了肚子里。他从衣兜里掏出一份本届县委发放的《百姓建议》简讯，讲起来。姚守业口一开，赵向东的笔同时落纸。姚守业说："县委提出'建设富而美新右玉'目标，'富而美'三个字，把"富"字放在前头，符合县情，老百姓没有不高兴的……"

这时有人敲门，公务员进来说有哪几位干部要请示、汇报。赵向东摆摆手："请他们再找个时间。"说着，动手给姚守业添一杯水，用挚切而严肃的声调说："老姚，对于县委的战略，我想听到右玉群众的批评意见。"

姚守业看出对方那种如履薄冰的真情，也不拿赵向东当外人了，他一口茶水喝下，放胆把这几年的见解和感受、乡亲们的想法和期盼，以及平时的所思所想，一口气道了出来。

"我先说'美'。这是发挥生态成果、提升右玉整体形象的必要安排。我要说的是，首先要建设一批有特色的景点景观，注重文化品位，提升城市形象，我们要想大的、想奇的，要有敢为天下先的思维，敢于走别人没有走过的路。

"再说'富'。种地刚够糊口，养殖能鼓腰包。县委提出发展畜牧业的思路，符合右玉山大坡长的资源实际；我要建议的是种植业和养殖业必须均衡发展，饲草还是一个问题，需要配套安排。"

一个顶层设计上的思维瓶颈，一个底层设计上的项目瓶颈，被乡民姚守业一语点通。赵向东手中的笔晃动着，他不由得重新打量一眼姚守业，他对姚守业的建议表示鼓励。

英雄地 ——走近右玉播绿人

"咱们右玉搞生态绿化50多年了,'塞上绿洲'的荣誉也挣下了。咱们右玉种树,原先是为了抗风保土求生存,好几代人下来,右玉成了一片绿海。但是,有了绿色,却没有特色。眼下,从全国视角来看,旅游正在兴起,县委提出文化旅游转型发展,正当其时;但是这在今天的右玉还是有些超前。超前没有不好的,我们需要的就是超前;问题是解决超前观念落实难的问题,需要一些配套跟进。比如树种单调,绿色旅游就不尽如人意。如果在所有山头、沟湾的空闲地都种上杏树、沙棘、玫瑰,既增加了绿色,又有经济效益。春风一吹,杏花遍野,能招来游客赏花;进了夏天吃杏子,卖杏子,还能收杏核,剥杏仁;秋霜一落满山红,到处都是热烈的情调,风景不比北京香山差。

"凡是有树的地方就有天然蘑菇,味美可口;我们右玉树多,蘑菇就一样也能多起来,可以大力发展林下经济……"

姚守业有点滔滔不绝了。他接着举出他考察到的右玉成功经验:王占峰的石炮沟绿化成就大,如今引进杏树新品种,已经收到了可观的经济效益。如果右玉人都像王占峰那样,每家都包一条沟,不是要绿有绿、要钱有钱吗?杏熟可售卖,游人可采摘,卖不了的免费送也未尝不可——别看是白送,在旅游业兴起之初,这不也是一种拉动措施?谋全县大事,就要有远大的目光,不能小农意识只看眼前。

姚守业又说:"我也知道右玉财政短缺,我提这么多建议,并不意味着让县里增加资金负担,我还有合理用水的方案可提供……"

这期间,门多次被敲响,都是县里部门领导有要事请示汇报。赵向东还是要他们为姚守业的来访让路。县委办副主任郝旭日进来了,没坐下,也没立刻出去,没话找话地说了一两句。赵向东知道他是替那些被堵在门外的干部们探看虚实的,他没撵郝旭日走,也没让座,而是指着姚守业问:"你认识他不?"郝旭日忙说:"认得,都是北头的人……我们还沾亲呢。"郝旭日看出,这位农民的来访还真是稀罕,也算是来对了,他正是赵向东书记一直以来念兹在兹的重要人。郝旭日说明与姚守业所沾之亲,是他姐夫那边的舅舅辈,就告辞而出。

郝旭日出门后,赵向东知道这个上午再不会有人敲门了,他铺开一张纸,与姚守业头碰头边画边分析全县旅游业发展规划。姚守业逐一提出补充和配套建议。

墙上的时钟敲11响,姚守业起身告辞。赵向东殷殷叮嘱:"县委欢迎群众来访,以后多来，多聊聊……"握着手，赵向东送姚守业走出楼道口，眼望着姚守业一级一级消失在楼梯下，他返身对等候在楼道的干部们感慨道："右玉的老百姓不简单！"

三

姚守业胸有成竹，侃侃而谈，显然是有备而来。姚守业半生考察，足迹曾涉十多个省份，他是个见多识广的人。

访赵之前15年，右玉第13任县委书记主持制定战略，向实现基本绿化达标进军，安排县里一个系统包一

姚守业的雕塑作品（王泽民供图）

座山头、一个单位建一个林场，年底被山西省委、省政府树为全省林业建设十面红旗之一。"红旗"树立之前，乡民姚守业骑一辆"白山"牌自行车上路了。

> 今草野忧国之士，往往独居深念，叹息相望，曰：安得贤君相，庶拯我乎？吾未知其所谓贤君相者，必如何而始为及格。①

对于右玉官方与民间，姚守业一方面从内心确认每届领导都是爱民的，也是艰苦卓绝的。但在另一方面，姚守业的内心也在发问：事关全县10万人的大计，民间发声能否有所补偿？说到底，你官方做得好，我民间的温度才恒久。至于"不在其位，不谋其政"这句话，姚守业曾经夜研诸子百家，他得出的结论是此乃法家大行其道走向极端的文化余绪而已。姚守业心里的最后一条真理是我这个普通百姓去做些关于全县大计的调研，官方听与不听，表明我民间是在场的。

---

① 梁启超：《新民说》，北京：商务印书馆，2016年，第5页。

英雄地 ——走近右玉播绿人

　　姚守业见过大世面，回首右玉，他认为家乡是个好地方，好就好在人少地多，地可富人；好就好在有山有水，又有绿色。沟壑坡梁的地势地貌在一般人看来，叫作落后；而在姚守业看来，这恰恰是优势所在：人吃饱了饭总要有点别的想头吧？那就是旅游。从原始社会末期以来就有了古代旅行；1845年，世界上第一家旅行社——托马斯·库克旅行社就成立了，标志着近代旅游业的开始；第二次世界大战一结束，现代旅游业也已开启。而乡村度假旅游则早在1855年就在法国巴黎开始，10年后，意大利成立了农业与旅游全国协会，专门介绍大城市的人到乡村休闲度假。在中国，明朝的旅行家徐霞客不用说，历朝历代的文学家们不都在行吟？崔护看到的"人面桃花相映红"是在城外乡村，而不是在城中。姚守业想，一部中国文学史就是一部旅游史。古今中外，生活在都市的人们谁不渴望通过亲近大自然而探寻文明与智慧之根？今天的国人旅游其中的两个指向，一指境外观光旅，二指乡村休闲游。因此，姚守业断定，旅游业必然在为期不远的日子兴起于右玉，而游人喜欢的恰好是我们的坡梁起伏。右玉的树已经很多了，农民还是没有相应而富，原因就是自己家乡的优势没被自己发现。

　　发展旅游业，是用绿色资源为民众创富的最佳途径。姚守业当时想到了；15年后他访问县委书记时，右玉做到了；到本文行文时，右玉成了全国消夏旅游的热点区，2018年度右玉旅游总人数达290万人次，实现旅游收入26.9亿元。这一事实照亮了19年前的一届县委，照亮了34年前的一位农民。

　　趁着农闲，姚守业骑一辆"白山"牌自行车上路了。车头指向小道沟以北30多村。车后架一左一右各带一包，左是修车补带的工具，右是考察用具和水壶干粮。

　　东山有座曹红山，满山都是赭红色的铁矿石，姚守业停车山下，把自制的磁铁探测器扛在肩上徒步上山。他探采到含铁量较高的矿石标本，坐在山边有滋有味地吃干粮，面前是他的"白山"牌自行车，头顶是高照的日头。

　　一河清粼粼的好水出现在眼前，姚守业心中一喜，把自行车锁在东窑沟村前，沿河徒步2.5公里路寻到盆儿洼村，这条无名小河在村北沟里变成了落差30多米的瀑布。他对村人说：如果在水边种树，水可一引而入；如果养鱼，肉质必然鲜美；如果办个矿泉水厂，就叫"盆儿清"；而最好的安排是修通道路，开发周边，请远方的游客前来观赏小山沟的瀑布……

狼窝村东也有一条适宜旅游的小河,他说可以和盆儿洼的小河照猫画虎,甚至并锅联灶。

老县城附近的李家堡是个大村,土地连阡,人口众多,他说你们这里还得做种庄户（农业）的老本行,但是得在籽种上勤调勤换。

出樊家窑,过李达窑,走十三边,登马头山,访高家堡,经顺水堂……春夏之交的雨水淋下来,姚守业挥掌一抹,天生一对含笑的大眼睛望向天空,高声唱起来,"白山"牌自行车为他苍凉的歌声飞起一轮又一轮的水花。秋冬之间的大风迎面吹来,姚守业的夹克衫鼓荡在"白山"牌自行车上,像是堂·吉诃德的大风车复活于右玉的山头。

20年间,姚守业踏遍右玉80%的村庄。

访赵之后,姚守业的"白山"牌自行车更新为双斜梁捷安特山地车。

姚守业对右玉的考察与思考,来自他在家乡小道沟的实验。1973年,20岁的姚守业被推上了本村村主任的位置。时任第10任县委书记主政的县委提出"林草上山,粮油下湾"。小道沟蟠居于丘陵绵延、沟壑纵横、气候干燥条件下的小山村,90%的土地属于缓坡地,水土流失严重,生态环境恶劣;人们世代耕种,粮食亩产一直不超过35公斤。同时,小道沟村地理位置偏僻、文化落后,乡亲们观念守旧、思维僵化。姚守业有针对地提出小道沟发展思路:内是"脚踏本土,土中科普",外是"林草护田,粮油花园"。

姚守业拟定了一套新式计划:一是常年性的安排,每月举办农民科学种田知识讲座,家禽家畜科学养殖知识讲座;二是季节性的突破,春播前他跑太原、奔呼市,带着一包玉米面窝头,用一个2.5公斤装的塑料桶灌上小道沟的泉水,奔波十多天,给全村的胡麻、莜麦、马铃薯调换到新品种。春播结束后,姚守业有一段时间在家里关门闭户,乡亲们感到奇怪。姚守业走出大街那天,把全村人请到一块平坦的耕地来看新鲜。只见姚守业的妻子牵着一匹马,后边拉着一个铁家伙在锄地。乡亲们吃惊地发现姚守业研制成了耘锄,可代替人工锄地。从此,小道沟人不再一锄一锄地刨土了,农民的劳动强度减轻了一个季度。秋后一算账,姚守业为小道沟培训养殖专业户2户，发展养殖家畜300头，比1972年增加了200头，种植业单位面积产量上升至125公斤，纯收入每户增加1800元，人均直接经济纯收入达1768元。

生态方面，把绿化的事都部署在耕地周边，大风口栽大树，沟壑口植小树，大道边杨柳成行，小路边果草成畦。耕地大多被打扮成了花园，生态绿化成为"护花使者"。原来荒芜萧条的小道沟，林草互补，相得益彰，森林覆盖率显著增加，生态环境开始了良性循环。数年以后的小道沟，每到春夏，杏花繁艳，已经成了一处树木成荫、林草丰美的山村氧吧。

姚守业的雕塑作品（王泽民供图）

小道沟与十八户营村合立一个党支部，联村党支部书记张兴全认为姚守业的思路与计划上符县里的战略，下合小道沟实际，予以了肯定。当年年底汇报，乡里、县里发现，小道沟"上山"的也有"下湾"，"下湾"的也有"上山"，创造性地执行了县委的决策。

姚守业当村主任一年，小道沟传出一段顺口溜："姚守业，大能人，带领我们脱贫穷；科学种田产量高，经济效益翻倍增。"小道沟实践增添了姚守业的信心，他在心里升起一个新的信念："难道右玉县不都和小道沟一样吗？我的小道沟村只是右玉县一块试验田。"

四

对于大多数人来说，习惯于别人怎样自己也怎样。但到了矛盾出现时，问题爆发时，或在发展的关键时刻，人们却都期待与自己不一样的人横空出世。而这样的人如果出现在自己看不见的地方，他便是可仰慕的英雄；如果出现在自己身边，亲眼看见他的一举一动，却又怎么看怎么别扭。

姚守业有家有室、有亲有邻，他把小道沟改换了天地，人们为他竖大拇哥。但当他考察的脚步迈出小道沟村外，人们就难以理解了：你给小道沟出力吧，是家乡呢，可你又去周游全右玉，难道会有人请你当县长？

姚守业的内心通明透亮：人各有志，总得有人做些别样的事情。我决定我所有的追求都不能半途而废，包括我"多管闲事"也必须得走到终点，直到做出了结果，后世人会还我一个公道。他也知道骂他的、怪他的，都是爱护他的，他不与人说大道理，他总是闻言一笑："你们就当这也是我个人爱好吧。"这话轻松而自由，坦然而自尊。

曹红山的矿石样本，他专程送到呼和浩特市化工厂化验室。化验结果：含铁量14%，目前不适合开采。化验费120元，姚守业自掏腰包，所以不曾索取收据。

盆儿洼的乡民说：一股水还能有这么多用处？我们祖祖辈辈住在这里，天天看见，没人想过。

狼窝村也只有20多户人家了，他们用感激而无奈的目光送姚守业离了村。

李家堡村是大村，姚守业的话一落地，第二年就换了脱毒马铃薯，增产48%。李家堡人说，贵人出自小道沟。

多年考察，随缘就讲，遇到下乡的县乡两级党政官员也不少，他收获了他们无数表情丰富的默然点头。

……

姚守业的雕塑作品（王泽民供图）

姚守业的言语像雨水一样洒遍了大半个右玉，也像雨水一样没了痕迹。他的所有言语都被那辆"白山"牌自行车记住了，也正是这辆"白山"牌自行车在对他默默提醒着四个字：人微言轻。姚守业对他的"白山"牌自行车说：我并没有期望振臂一呼应者云集，我要的是自己的脚替自己的心尽了责，自己的嘴替自己的脚说了话，这就是我内心的一个圆满。我要的是，把右玉——一个明明白白的右玉，装在心里。

行走在新旧世纪之交的姚守业身份很卑微，但心里装上一个明明白白的右玉的姚守业，还是一个卑微的人吗？

五

访赵次日起，姚守业在家不断迎来县委贵客：县委常委、宣传部长贺朝善于次日登门；又两日，县委通讯组冀全喜等人前来采访，还捎来县委书记赵向东赠送的《桩景养护》《山水盆景制作与养护》两本书；又过了8天，县委办副主任郝旭日来访……之后的日子，县委书记赵向东时常来到小道沟，几经调动后，还远从大同专程来小道沟与姚守业一起过端午节。2005年的右玉人说，县城通往小道沟村的道路走出了热度，走成了精神。

访赵第11天，县委机关报《今日右玉》头版整版刊出报道《俺给书记当参谋》。

访赵半月之内，县委召开干部大会，赵向东讲话："姚守业，一个吃着农家饭的普普通通的老百姓，能自费去各地进行考察调研，能够站在我们领导干部的角度想着全县的发展，这境界本身就值得我们学习，何况他提出的建议、意见都很有价值。而我们作为各级干部，领上国家工资与待遇，你敢说你就一定都全心全意为全县发展用心用力了？姚守业做到这份上，如果我们干部们再不去做好工作，不为全县老百姓谋福利、想大局，我们的良心、我们的党性何在？"

"右玉地广人稀，上万条山沟，如果出现上万个王占峰，右玉不就美而且富了？"王占峰是一位右玉绿化英雄，而姚守业这样一建议，就把英雄内涵扩大为全县层面。因此，姚守业这句话不期然在右玉干部中广为传播，引起了大家——尤其是干部们——的思考。右玉人思考着、传扬着，就被外部社会广为了解。从第二年起，右玉精神逐步引起各级党委及领导的关注；在全国人民学习右玉精神的背景下，右玉人以及朔州人回顾起来，是从姚守业、王占峰等右玉英雄们身上发现了右玉精神强烈的英雄文化属性。

姚守业二次访赵，他的建议触角延伸到研究乡村振兴、关注设施利用方面。位于县城北街的体育广场是县城唯一的居民活动场所，长年铁将军把门，姚守业建议之后才改为全面开放。

后来风靡山西的村级组织活动场所，便是源自右玉百姓姚守业对县委书记赵向东之一语：如今乡村百姓的公共生活只有"站大街"，上午看羊群出村，下午迎接羊群回村；我们应该每村都设立一个活动场所，把图书文具摆进来，让锣鼓钹响动起来。

六

姚守业二次访赵，谈话更深、更近，他陈述了自己对于本土文化的思考：右玉传统文化是数千年来长期在严酷的自然环境里形成的一种特殊地域文化；右玉传统文化丰富多彩，博大厚重，物质上、精神里、行为中，文化的存在既多样又活跃；无论是生产工具还是饮食习俗，总是浪漫色调与实用价值相结合；无论是文学作品还是艺术产品，对美好生活的憧憬和向往，总是寄托在对英雄文化的赞美和追求中。而根雕艺术的特征恰好适合表现右玉文化的本质。

一位华文作家有过这样一段记述："巡抚王亶望献一支珍珠镶饰玉如意，华丽夺目，皇帝（乾隆——本文作者注）却嫌俗气，反而喜欢词臣钱陈群所进根雕如意，说它雅，批曰：文而有理，把玩良怡！"

今天我们所处的这个时代，物质的光焰正在"华丽夺目"，对于一个地方社会，一样须有一个文化的雅俗之辨。

姚守业说："右玉的树，活着的活成了生态美；死了的还要活，要活出艺术美。在右玉，树根遍地都是，是树根就可能是根雕，根雕可以在右玉开辟一隅文化创新的天地。"赵向东闻之耳目一新，他赞许的表情给姚守业以鼓舞。

"根雕是文艺种类之一，不仅能展现具有时代特征的思想性、艺术性，营造环境效应是它更普遍的价值所在。在室外，大型根雕长期配套在城市广场、园林、街头或建筑群中心，提供旅游置景。优秀的城市雕塑往往成为城市文化的标志，起到美化城市的作用。室外根雕

姚守业雕塑作品《塞上绿洲》（姚守业供图）

与日影、天光、地景、建筑等形成协调关系，衬托环境，美化环境，协调得好，环境也就成为作品的组成部分，二者和谐共存、相得益彰、浑然大美。

"在室内，根雕一可作为博物馆的配套艺术实体，集中起来供人观赏，二可以走进千家万户，美化民居，提升人们的生活品位。

"根雕作品造型无须复杂，通常因根就雕，以象征性来完成立意。欣赏雕塑艺术作品首先要认识作品外部的形态特征，以类区分，主要看形象是否具有美感，与环境是否协调。如果一件作品能使人在感官上和精神上都得到刺激，那么这件作品就成功了……"

话到忘情，姚守业在这难得的倾听者面前释放自己滔滔的艺术话语。千百年来，大自然的严酷铸造了右玉人忠贞、豪放、担当的性格，磨炼了他们与大自然搏斗的强大能力，右玉的历史、环境造就了右玉独特的文化系统。姚守业就是他手中的一件根雕，那样稳重，那样拙劲，那样纯美。

这场文化之谈，使右玉民间艺术插上了翅膀，姚守业的根雕艺术作品也大有风靡之势。

追"根"而论，以姚守业的文化积淀和行为方式，其祖上该是三代大户吧？姚守业说他的祖上只是右玉北部永胜园村的普通农民，祖父姚丙均迁到小道沟，赶上土改定成分，也就落了个中农；他爸姚泰是个高小文化，算是那个时代的文化人，供儿子姚守业读到高中毕业。1953年出生的姚守业，20岁做了村干部，30岁到乡电影队做放映员。一头骡子驮着一套放映设备颠簸在山路上，途中押行的任务总是偏劳着搭档张新荣，姚守业则满山搜集各种有造型的草、木、石。张新荣问他要那破东西做甚，姚守业闻言一笑。

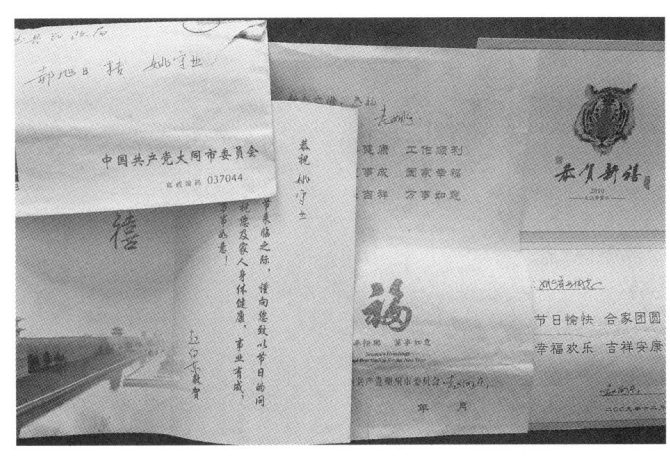

赵向东离任右玉后寄给姚守业的贺年卡（王泽民供图）

赵向东赠送姚守业的书（王泽民供图）

有一天，欧村乡的干部们惊奇地发现乡电影队房间里摆满了各种根雕、石塑、草编作品，琳琅满目。一间放映室成了乡政府的文化中心，姚守业也被聘用为乡文化站长。做文化站长不久，姚守业就在乡领导的支持下接连举办了多场展览：花卉展、奇石展、根雕展。明明都是山上沟中闲躺着的废物，经姚守业之手一变，就成了威武雄壮的《虎啸山林》、栩栩如生的《金鸡打鸣》、气势如虹的《气壮山河》……这是在欧村乡这边。

县委那边，转眼到了第17任县委书记赵向东主政下的文化旅游转型发展期，

英雄地——走近右玉播绿人

姚守业的绘画（姚守业供图）

县文化馆要举办展览，小南山下建起的右玉民俗馆也要办展，姚守业的作品是两馆两展的香饽饽。2019年8月，白二生先生出资建造的右玉西口博物馆开馆，要姚守业100余件作品，姚守业以最新原创再次全部提供。

七

从赵向东赠送他两本书开始，姚守业走进了园林艺术的世界。从此以后，姚守业每到县城，不管办什么事，都要抽空到城中有文化艺术色彩的设施和绿化带周围去漫步，从艺术性、立体感对景观树的布局、栽植、树种等进行细致入微的观察与分析。他建议园林局采取低于地平面10厘米的方法栽植景观树，充分利用地下天然水分湿度，满足树的根部水分需求。姚守业的建议是那么独到而有效，他的新名声从园林局传出来，成了右玉县的抢手人物，需要绿化的单位纷纷邀请他来参谋、指导，有的干脆把项目整体委托给他。县城的生态建设大事越来越离不开姚守业，他需要居住到县城。2009年姚守业搬家离村的那一天，村里老人们拄着拐杖，眼含热泪，执手相送。这时刻，姚守业顿感自己的血管里流淌着的永远是小道沟的温情。

几年下来，姚守业策划和参与了全县大量绿化、亮化、美化的工程。每做一项，他都要给主办方顺带讲讲相关的文化配套，强调本土文明的自觉、自信、自尊。右玉官方都知道，乡民姚守业之所思所言，是文化传承，是文化强县，是全局，是利他，唯独不是他自己。

37岁的姚守业被山西省雁北行署文化局评为优秀文化站长，63岁的姚守业获得朔州市文化广电新闻出版局颁发的朔州市首届乡镇综合文化站文化员技能大赛二等奖……而在姚守业心里最大的荣誉，是他的所思所想融入了县委的战略。

【作者简介】

谢连繁，1955年出生于右玉县袁家村，朔州市作家协会会员，现就职于右玉县市容市貌管理中心。2007年开始文学创作，先后完成长篇小说《老猪游记》《边关烽火》，中短篇小说、散文、诗词合集《谢连繁诗文集》。2016年12月30日被右玉县人大任命为右玉县人民法院人民陪审员。

王泽民，1966年生，内蒙古凉城县人。中国蒙古史学会会员、中国少数民族哲学与社会思想史学会会员、山西省朔州市社会科学界联合会委员、朔州市作家协会会员、山西省右玉县文联研究人员，主要从事中国北方民族史研究。出版学术著作《杀虎口与中国北部边疆》在《历史档案》《实践》《论草原文化》《晋商研究》《阴山学刊》《阴山文化研究》等多家学术刊物发表学术论文20余篇。

（王宝国，简介详见第24页）

历史不远　熔炉长熏

——记右玉县政协原主席王德功

李金山

简述：王德功和父亲都是右玉的干部，两代人近距离地接触了右玉的17任县委书记，也亲历了右玉70的年历史，历史并不遥远。王德功退休以后，宣讲右玉精神数百场，听众超过10万人，他要让右玉精神变成一座熔炉，熏陶现在和未来的人们。

县委常书记进了威远公社，黑着脸，两道浓眉拧成了麻花。公社王书记小心翼翼地把他让进办公室，用搪瓷缸子倒上水，端上。不大工夫，食堂做好了饭。公社王书记提前接到了通知，县委常书记午饭要在威远吃。饭菜端上了桌。菜有两盘，一盘炒鸡蛋，一盘炒三丝。王书记知道常书记爱吃土豆丝。

"饭好了，常书记你吃吧。"

"不着急……"

常书记黑着脸，除了不着急，再没别的话。办公室里气氛凝重，显得过分安静，墙上钟表的声音显得特别大，听着像风车。时间飞快。这是右玉的早春天气，乍暖还寒，端上桌的饭菜很快凉了。厨师端下去热了，再端上来。可是，常书记还说不着急。这样凉了热、热了凉，饭菜第三次端上桌的时候，王书记觉得不能再等了。他悄悄找到常书记的司机，问这么严肃到底为什么。原来，这地方植树过去靠扦插，从老树上砍下树枝来扦插,今年常书记从天镇调了一些高杆树,高约四五十厘米,直径1.5厘米左右,这是全县第一次种高杆杨,威远公社是试点,王书记总负责。天镇暖和得早,树已经发了芽,王书记怕浇水跟不上会死苗,就让水库开闸放水,浇树。可是,水太大了,冲倒了七苗树。就因为这七苗树,常书记不着急吃饭。王书记心里有了谱,他再次回到办公室,向常书记诚恳道歉,主动承认错误,说自己是好心办了坏事,知道错了,以后不会了。常书记这才解开眉毛上的麻花,语重心长地说出一番话,这番话让王书记数十年后仍然记忆犹新:

  咱们本地没有育苗,从外边调来的树苗成本多高啊!七苗树得多少钱啊!都是人民的血汗钱啊!这都是责任啊!你把这么多树栽不活的话,你就是犯罪!……

  以上不是小说,也不是影视剧,它是真实的场景。场景里的常书记名叫常禄,1975年11月至1983年9月担任中共右玉县委书记。公社书记名叫王德功,是土生土长的右玉人:1944年生于右玉,1964年参加工作,历任右玉县委宣传部部长、右玉县人民政府副县长、右玉县政协主席,2002年退休。"当年的县委书记就是一名护林员,如果发现牲畜啃树,你不知道而县委书记发现了,一打电话,真是心惊胆战!县委书记对待树苗像对待自己的孩子,当作为人民服务的头等大事来抓,不容半点马虎。在当时的右玉,栽活一棵树,就是我们的责任,就是我们的担当……"

  1949年右玉植被覆盖率不足0.3%,2017年右玉植被覆盖率54%。王老亲历了右玉从不毛之地到塞上绿洲,又由塞上绿洲变为生态园林,也见证了右玉精神的诞生。2009年,中共山西省委做出了大力弘扬右玉精神的决定,把右玉精神概括为执政为民、尊重科学、百折不挠、艰苦奋斗。"右玉之所以能够产生右玉精神,我归纳为三句话:一是大自然逼出来的,二是领导带出来的,三是人民干出来的……右玉精神是右玉历任领导团结带领群众,坚持绿色追求的心血与汗水的结晶,集中体现在'奉献'二字。"

  1949年10月23日,中华人民共和国刚刚成立,首任右玉县委书记张荣怀下车伊始,就登上右玉的风神台。这风神台是右玉人最大的寄托,每逢风沙肆虐都要

英雄地 —— 走近右玉播绿人

王德功讲右玉精神（王德功供图）

来此求告，请风神行行好，不要刮走好容易种下的一点莜麦、谷子和豌豆。而张荣怀书记不拜风也不拜神。这位战场上叱咤风云的悍将，面对右玉全县人民，发出了植树造林、治理风沙的号召："右玉想要富，就得风沙住，要想风沙住，就得多栽树，要想家家富，每人十棵树。"为把号召落到实处，张荣怀进一步提出："县乡干部带好头，人人都来植好树。要想家家富，每人十棵树。"张荣怀书记不喊空口号，当即扛起铁锹，带领县级机关干部，到右卫城西门外的大河湾和右卫城南部的上下堡，抓了两个典型，典型示范，推动全县。右玉人因此选择了植树造林的道路，在右玉这块大地上拉开了植树造林的序幕。"火车跑得快，全靠车头带。右玉县历任县委、县政府的领导，以人民群众的利益为重，时时事事想人民群众之所想，先群众之忧而忧，后群众之乐而乐，以身作则，所以他们才说话有人听、办事有人跟。"

1956年，在陕西延安召开了由团中央、林业部和黄河水利委员会联合发起的黄河上游区域六省区群众造林大会。时任右玉县委书记的马禄元、县长解润，组织全县机关干部、学生等，在右玉县右卫城北门外，召开了治理黄沙洼的誓师大会。王老当时正在县城上完小，也参加了誓师大会，"1956年，我戴着红领巾在右玉北门外的黄沙洼参加了全县植树造林动员大会，并用树苗种下了'六一'两个字，这是我们植树基地的标志。我记得很真切，正是那一年的春天，冰雪刚刚消融。誓师大会上，先是县委书记讲话，接着县长讲话，然后各行各业表态。誓师大会以后，县领导就和大家一起，在右卫城的北门外开始植树造林。县委书记马禄元还带领技术人员查风口、找风源，并总结出右玉治理风沙的办法，概括为穿靴、戴帽、扎腰带。

他还亲自抓典型，在全县推广……"

1957年7月至1958年11月，庞汉杰担任中共右玉县委第一书记，1961年5月至1964年6月，他又担任中共右玉县委书记，时任县长解润、薛珊。庞书记提出："若要右玉富，必须风沙住；风沙何时住，山川皆有树。"庞书记任职期间，展开了二战黄沙洼，绿化了县城，大造沙棘护岸林和薪炭林，营造大型防风林带8条，兴修了右玉县第一座水库——滴水沿水库。1960年，庞书记的爱人回老家山西沁源县探亲，临返回右玉的时候，亲友们要给带一些红枣、核桃等，让孩子们解解馋，而她却说："要带就给我带一些松树籽吧。"亲友们疑惑不解，她这样解释："右玉那个地方风沙太大，荒地太多，需要太多太多的树籽去搞绿化。"带回的松树籽她交给公公，在右卫城北门外，开了小块地搞实验。"20世纪五六十年代的那些老领导，他们在右玉工作，他们的家属也就一块迁到了右玉，他们的子女和我们一起上学，他们把右玉当做自己的故乡，和右玉人相处得十分融洽，右玉人也不把他们当外人。"

庞书记任上，王老的父亲担任右玉县委财贸部部长。王老讲了一个亲历的庞书记故事：当时王老正念中学，父亲擅长农村工作，所以县里凡是制定农村工作政策，都要求父亲参与。有一年，父亲下去农村抓典型，要推广封沟育林，一条沟一条沟地治理。父亲一去，一连数月没有回来。有一天他听说回来了，便赶回去探望父亲。王老见到父亲的时候，父亲正在捉虱子。原来，父亲在村里住在羊圈里，和羊倌们住在一起，衣裳很久没有洗，结果生了虱子。旁边还有两个人，帮着父亲捉虱子。炉子上坐着一壶水。父亲把儿子介绍给那两人，说这是他的儿子，在县城中学念书，然后又把他们介绍给儿子，说是县委的庞书记和他的爱人。"当时就觉得，我这做儿子的都没做到，觉得虱子很脏，县委书记和爱人却在帮我父亲——他的下属捉虱子，非常吃惊，也非常亲切！"庞书记却满不在乎，说那怕啥，皇帝还有虱子呢！庞书记的爱人，当时也不到40岁，在旁边一直说："这儿还有，这儿还有。""那时候人的情感多么淳朴，多么融洽！我为啥要讲县委书记的故事？我确实觉得那时候的领导们，当官不像当官的，人与人的情感就是这么密切，这就是我的内在动力。如果他们当时指手画脚、颐指气使，我还讲他们干啥？"1960年困难时期，王老的父亲下乡工作，县委书记欢送，稀粥山药蛋和一点白面疙瘩，就是一顿欢送饭。"那个时期大家都很艰苦，但是县委书记和大家是一样的。所以我觉得那个时期，

英雄地 ——走近右玉播绿人

人与人的情感，尤其是领导干部，与大家同甘共苦，这个很感人……现在不论怎样改革，都要解决的一个问题，就是人与人的关系问题，核心就是领导干部与人民群众的关系。"

1975年11月至1983年9月，常禄担任中共右玉县委书记，时任县长车永顺。常书记确定了"长远富农林牧，当年富油糖副"的政策，成立了右玉县绿化委员会、林业科学研究所、国营威远苗圃、森林病虫害防治站，在国营林场办起了右玉县第一所林业专业学校。全县三级书记挂帅办林业，大面积种植油松、落叶松、樟子松等针叶树种，提前完成了"三北"防护林建设第一期工程规划任务，使右玉成为山西省人工造林最多的县。右玉被纳入"三北"防护林建设时，常禄书记非常高兴，说咱们右玉植树可有了娘家了，经济上会向咱们倾斜，政策上也会向咱们倾斜……

"常书记带着老婆孩子，春秋两季和右玉人一样，吃在工地，干在工地，连续几年都是这样，群众称赞他'心有群众树常绿'！他经常教育机关干部：'我们是飞鸽牌干部，但是要干永久牌的事。'"1994年，常书记因操劳过度，积劳成疾，临终前，他把县里的几位干部叫到跟前，意味深长地说："一定要保护住那些树，那是右玉人的命根子啊！"常书记在右玉植树、护树、爱树的故事，深深地教育、感染了右玉人。本文开头的场景中，主角就是这位右玉的好书记。"因此我说：金杯银杯不如群众的口碑，金奖银奖不如群众的夸奖。"

杨爱云于1971年5月任右玉县核心小组组长、右玉县革命委员会主任，1971年7月至1975年11月任中共右玉县委书记。杨书记提出种草种树与农田基本建设、种草与发展畜牧业结合，生物措施与工程措施、乔木与灌木结合的思路，实施林草上山、粮油下湾，建设社队苗圃，建成常门铺水库，组织全县干部群众大造防风林、水保林、经济林。王老曾跟随杨爱云书记外出学习，十几天，就跟书记住一个房间，王老是秘书，书记和他谈心，他给书记写材料。休息的时候，两人像做俯卧撑那样两手着地，往后高抬腿，杨书记是个大胖子，腿就抬不起来。学习完毕返回右玉的路上，书记不服气地说："我打篮球是中锋，为啥和你比这个，腿就抬不起来呢？"书记说着挽起裤腿，让秘书看他的小腿肌肉，说："德功你看我的腿，你看我有劲没劲？"县委书记没有一点架子，一点也不端着、绷着，和下属的关系特别融洽。"那个时期的干部特别淳朴。"后来书记病了，得了感冒，他建议去医院，书记却说："不用，你去咱食堂弄三碗凉粉来。"王老去食堂弄来凉粉，书记端起来呼噜呼噜吃了，说："没事了，好了，下乡去！"当时的干部作风就是这样。

……

70年来，右玉的150万亩森林里的，每一棵树都是人工栽植的。70年来，右玉共经历了18任县委书记和17任县长，他们一任接一任持之以恒地植树造林，右玉县先后被评为全国绿化模范县和国家级生态示范区……

2002年退休以后，王老应邀到北京及全省各地，宣讲右玉精神数百场，听众达十余万，此外他还在右玉精神展览馆担任义务解说员……王老宣讲右玉精神不止，这里有一个情感问题。在王老的记忆中，当时的干部都非常朴实，很自觉也很自律，下乡都是徒步，到了下乡点，哪家最穷就住在哪家。"他们默默无闻，为了事业，为了右玉人，呕心沥血。如果我不讲，就是忘恩负义！"

右玉的历任领导给机关干部树立了好榜样，在他们的感染、教育下，右玉的干部廉洁奉公、带头实干，是一支永不解散的绿化专业队。右玉的基层党组织组织群众、动员群众，在检查验收、林木管护等方面，发挥了战斗堡垒作用。群众是右玉植树造林的主力军，右玉人大多是古代戍边将士的后代，他们的血液里流淌着精诚团结、众志成城的基因，他们恪守着坚韧不拔的祖训……

1957年，王老升入初中。当年右玉贯彻毛泽东主席的教育方针：教育为无产阶级政治服务，教育与生产劳动相结合，教育培养德智体美劳全面发展的人才。"贯彻毛主席教育方针的课堂，就在黄沙洼，大家扛着铁锹、带着干粮，植树造林，中午不回家，劳动的间隙还要体育锻炼，跑100米，跑60米，跳高，跳远，就在植树工地上，那时候真是激情岁月……"

1958年"大跃进"，当时右玉领导的高明之处就是把"一大二公"的优越性和人们"翻身得解放"的积极性引导到向荒山进军的主题上来。"不是农民植树、民兵植树，而是各行各业形成一个合力：小学生、家庭妇女、各行各业，右玉精神体现了和谐，再一个就是合力，和谐就是生产力。"

20世纪五六十年代，中华人民共和国刚刚成立不久，人们翻身得解放，激情澎湃。人们端锅带灶，老虎坪、黄沙洼住满了人，跟打仗一样，不回家，种树，集体吃饭，集体劳动，发自内心地开展社会主义劳动竞赛，几天以后评比，奖品是一条白毛巾或者是一把铁锹，人们非常高兴。"第一个就是翻身的感受，第二个就是荣誉感。很单纯，但是很纯真。"

王老见证了右玉精神的诞生，也思考了右玉精神很多年，他认为右玉精神的形成有两个方面的因素：首先，领导干部对一个地方风气的形成起着至关重要的作用，右玉历任县委书记营造了良好的政治生态；其次，一个地方的乡风、民俗，又反过来对领导干部的行为有约束和引导作用。从历史的角度看，一个地方的文化的形成，不是一朝一夕的，而是有一个传承，文化的传承。右玉精神不是70年，而是可以追溯到100年前、300年前，甚至更早。右玉精神是一个文化的传承，传承中华民族优秀传统文化。"研究右玉精神，要和传承优秀的中华传统文化联系起来。文化的传承、文化的升华，才形成了右玉精神。"

【作者简介】李金山，1973年生，山西夏县人。1997年毕业于吉林大学哲学系，现任山西省作家协会创作研究部副主任，中国作协会员，中国传记文学学会理事。作品包括文学评论、散文、小说、传记等，散见于《黄河》《山西文学》《都市》《山西日报》《山西晚报》《太原日报》《太原晚报》《燕赵都市报》《羊城晚报》《深圳特区报》等报刊；著有传记《司马光：自信不疑的保守派》（中国发展出版社）、《李鸿章："裱糊匠"的慷慨与悲凉》（中国发展出版社）、《重说司马光》（中国青年出版社）、《司马光传》（北岳文艺出版社）、《温庭筠传》（作家出版社），散文集《黄雀鲊》（北岳文艺出版社），评论集《细微处的禅意》（北岳文艺出版社）等。

文化不远 "玉林"永远

——记右玉县文联主席郭虎

指 尖

> 大地文心,在彼江湖。右玉文心,在乎郭虎。
>
> ——哲夫

简述:郭虎,是一束光,一束看似微弱实则穿透性极其强大的光源,倾一己之力,撑起了右玉文化事业的重担,他让边城右玉,以骄人的姿态,成功冲出闭塞之地。走到世界艺术前沿。

2006年,农历鸡年,对于寻常人来说,不过在云起云落间徒增一轮年岁罢了,寻常的,像生命中曾经度过的任何一个年份那样,或悲或喜,或失或忘,均来不及回味,仓皇中被时间推转向前,之后吞没,成为生命荒野上一粒微尘。但对于43岁的郭虎来说,这却是一个值得纪念、永难忘却的年份。这一年,他调任右玉县文联主席。

文联,历来是清水衙门,一般担任文联领导职位的,不外乎两种人,一种是快要到龄的干部,还有一种是能力差的干部。显然正值年富力强的郭虎,并不在这两种可能之列。一时间,县里对他的安排,引起人们嘈嘈切切的议论。

要知道,当时的郭虎已经在西碾头、丁家窑、右卫三个乡镇当了8年的乡镇长,在一些场合,一些人用这样一句顺口溜来揶揄他:"右玉的小老杨,走到哪里都一样。"这句话,既蕴含对郭虎人品和能力的肯定和惋惜,还映射出他仕途坎坷的一面。

现在，他终于要"动"了。按常理，这样经验丰富，熟悉农村工作的人，更适合调任农林牧等单位的领导工作，而不是现在的文联主席。正当人们极为不解之时，猛想起，这个出生在农村、工作在乡镇的人，还有另外一个身份，那就是诗人。这一想，似乎醍醐灌顶，他最好的归宿、最对口的单位，无疑就是文化部门。

而此时，郭虎也对领导对他的安排百思不得其解，心中更是喜忧参半。喜的是，自己对文学的热爱和付出，终于得到了回报；忧的是，这么多年自己探讨摸索出的一套系统的农村实践工作经验，就要付之东流了。

郭虎毕业于雁北师专中文系，作为一个生命基因中注满文学细胞的人，早在求学期间，他就曾在学校创办了"雪野文学社"，文学社里吸纳了一大批热爱文学的青年，大家在一起写作、交流、参观、采访，当时他们还自己刻版油印了文学报。许多年过去了，郭虎对文学的痴狂从未减少一分，即便工作再忙碌、再劳累，承受生活再大的打击，他都从未放弃过诗歌创作。诗歌，就像他的骨血，支撑着他的人生信仰和对生活的全部激情。而此时，郭虎的第一本诗歌集《花谢花飞》刚刚出版，同时他本人也顺利加入山西省作家协会。多年人生的沉淀，多年的创作习惯，让郭虎对文学有了深刻的认识，文学与社会间千丝万缕的联系成就了他作品的成熟度。冥冥之中，文学仿佛命运的指挥者，在年过不惑的当时，将他严丝合缝地嵌在了文联主席这个职位上。

入夜，广袤的右玉大地寂静无声，郭虎抬头仰望，他看见了星辰，看见了星辰之外的隐喻和暗示，他写下这样的诗句：

  道路愈磨愈钝　这诗歌苍茫的坐骑
  也开始思考一双鞋子究竟能走多远

文联是一个县域的文化窗口，代表整个地域的质地和品位，而目前这个窗口似乎尚属于关闭状态，除去他，文联工作人员只有有限的3个。说到具体工作，所谓的倾听群众呼声、促进团结、开展形式多样的交流等等这些职能，基本就是空谈。

此时的右玉，经过58年坚持不懈的生态建设，人工造林和植草面积粗具规模，全县生态环境明显改善，畜牧业更是蒸蒸日上，县里跟中东国家阿联酋签订了12

年的供货合同，每年从右玉出口羊肉8000吨，也就是说，右玉的肉羊已经达到60万只之多。而北京汇源果汁、太原六味斋等企业，也向右玉伸出了橄榄枝，建起了李达窑优质燕麦、右卫镇土豆、新城镇蔬菜等一批绿色食品生产基地。时任县委书记的赵向东在大会小会上不断强调生态是右玉的立县之本、强县之基。而如何借助蓝天、白云、青山、绿树、古关、牛羊的塞外风情，打出一张醒目耀眼的生态名片，吸引更多的企业和游客前来，以此带动全县经济的发展，是当时右玉面临的一大难题。

一次例会上，赵向东书记就把这道难题毫不犹豫地摆在了郭虎面前。

直到这时，所有人才幡然醒悟，原来，郭虎被调任文联主席是赵向东书记有意为之。赵向东知道，郭虎这棵小老杨在乡镇默默工作、埋头苦干的8年，是他人生的初历，也是他成长的摇篮。他像一只鹰，被时间和履历煎熬着，栉风沐雨，筚路蓝缕。这段不寻常的经历，让他收获沉稳和机智，无惧困难，有把握面对所有的未来。

但即便有丰富的人生经验，有多年的工作积累，面对骤然而至的重任，郭虎还是心怀忐忑。

这年7月，右玉县与国家体育总局自行车击剑运动管理中心、中国大中学生体育协会、中国国际体育旅游公司联合举办了首届右玉生态健身旅游节，将右玉推向全国，正式拉开了"宣传右玉，打造精神"的帷幕。全程参与活动筹备和接待工作的郭虎，被浩大的活动场面震撼，也在前来的宾客的脸上和口中看到和听到了希望，但所有这些表象的东西，都是过眼云烟，真正的内核，在时间之水中游弋，令他无法捕捉。

地处晋西北边陲的右玉县，境内文物众多，仅一个杀虎口，这个2000多年来屹立在蒙汉交界处的"咽喉之地"的传说就不计其数，这里既是古代兵家必争的要塞，又是茶马粮盐往来的古道，中国历史上重要的人口迁徙"走西口"就发生在这里，蜿蜒的西口古道，青石深辙，从广义桥到通顺桥直连杀虎口。郭虎省城的文友们曾不辞辛劳，从太原驱车六七个小时前来，只为目睹杀虎口的真容。在这里，他们感受到了战争的残酷、人民生活的艰辛、草原黄河文化的交汇以及北方少数民族和中原汉民族的融合。站在城墙上，被独具魅力的右玉人文景观迷醉，被远处豪迈的塞上气魄熏染，有的沉默不语，有的热泪盈眶。那时，郭虎深为自己是一个右玉人而倍感自豪。这里的古城、古堡、古村、古战场随处可见，烽火台沿山相望，古长城蜿蜒起伏90多公里。资源不缺，关键是如何将这些古迹文物和绿色生态相糅合，把一张好牌，在关键时刻亮将出去，在全国乃至全世界引起轰动。素有拼命三郎之称的郭虎，面对赵书记出的难题，日思夜想，愁眉不展，异常焦虑，短短几个月，体重下降了十多斤。

三年后，已任朔州市常委、秘书长的赵向东问郭虎："你怪怨我让你去文联当主席吗？"

郭虎笑笑："为什么要怪怨呢，你考虑的是工作，对我而言，是命。"

命运无法反抗，只能顺从。命运让郭虎用窄窄的肩膀扛起的不是一面旗帜，而是一口沉重的石磨，这石磨上布满黑铁和杂质，它需要郭虎去擦拭、去打磨。这石磨，就是右玉的文化之光、右玉的希望之光。

命运之神对郭虎是垂青的，还是恰恰相反？迄今为止，没有任何答案。时间是最好的见证者，许多年后，它肯定会如实地回答我们的疑问。

2007年1月，经过酝酿和多方位思考，在县委、县政府的支持下，郭虎创办了右玉文联的第一本杂志——《西口文艺》，以季刊的形式发行。它的办刊宗旨是右玉人写的和写右玉的，秉承"传承文化、播散文明、促进发展、创建和谐"的理念，贴近生活、贴近实际、贴近群众，浸润浓郁的右玉地方特色与西口文化风情。第一期杂志刚一出印刷厂，就被送到县委书记赵向东面前。一棵树，只有果实才最具说服力。赵书记虽然对这本略显单薄的杂志提出了几条建议，但他依旧将赞许和肯定的目光投给了他对面的郭虎。

这是一本属于右玉人的杂志，在这里，右玉人看到本真的、淳朴的、坚韧的、豁达的、率性的自己。它的出现，一扫右玉人眼前的阴翳，让人看清了混沌的事物本质和事情真相，他们通过外地作家对右玉的描述，感受到了自己的富有和得到；也通过本地作家的叙述，感受到了自我的存在及价值。这本书，是郭虎上任文联主席后的第一把火，它的光照是微弱的、小范围的。但郭虎知道，星星之火可以燎原。

事实确如此，《西口文艺》在经过一段生长期后，渐渐成熟起来，2010年开始，它以双月刊的形式出版发行，每期印刷量多达3000册，它被免费送到右玉所有的窗口单位——机关、图书馆、宾馆、学校、酒店，同时它也被送给右玉的中小学生、退休老干部、私营企业者、在外地生活工作的右玉人手里。你只要踏上右玉的大地，你就有90%的概率遇见《西口文化》，它会在不经意间出现在你的眼帘，或许是酒店房间的桌上，也或许是一间小饭店的窗前，还有可能是与你擦身而过的学生手中。它像一张文雅的名片，让你接过它、掀开它，进入右玉的内里。在那里，你不止看到了人物描述、民俗风情、特色食品、文物古迹，还看到了右玉人的真心。

采访郭虎的时候，巧遇原右玉政协主席王德功老人，提起郭虎，老人对他赞不绝口，特别是对《西口文艺》更是赞赏有加，他说《西口文艺》是右玉文化的一个阵地，一方园地，散发着文学的光彩，吸引、教育、感染并召回了一批文化人才，在"塞上绿洲"栽培了一朵文化之花。据说，在外地工作学习的年轻人，通过《西口文艺》这一纽带，时刻关注着右玉的天翻地覆的变化，有的人竟然舍弃城市的工作，返回右玉本土，当了私营业主。

在网上，我看到了一位读者留言：闲暇时偶读《西口文艺》43期，首篇《威远炼铁》即引起我的阅读兴趣，随后的《遥忆儿时官厅街》《土台》等11个栏目28篇文章，无一遗漏，一口气看完。读后感觉篇篇锦绣、字字珠玑。今日的《西口文艺》，确非往日可比，赞个好！建议大家都来看一看。

另一位读者这样说道：《西口文艺》每期我都看的，感觉不错，作者熟悉，都写的是身边的事，有亲切感。

在这些成绩面前，郭虎谦逊地说："《西口文艺》就是一本右玉的本土杂志，做得难免粗糙，就像你吃的糖饼，不精致，但它很好吃啊。"

这样低调的叙述给人假象，似乎他在做《西口文艺》的这么多年，都顺顺当当，从未有过任何困难。但我知道，由于文联工作人员调动和老化，目前从组稿到排版到校对，他都是参与了的。但那时他没有说他的睡眠，没有说他身体的种种不适，他只说还好，没大毛病，每天精力大得很。我却想起他的诗句：

　　每一天都是一个庆典　包括祭日
　　对于不愿虚度生命的草原

英雄地 —— 走近右玉播绿人

任何一次摇曳都令它伤心欲绝

吹过庙宇的风
悬崖上盛开的花朵
我不能说我像鹰　狮子　鲨鱼一样勇敢
但我确实和它们一样孤单

《西口文艺》远不止我们看到的这一面。郭虎是一个有远见有能力的人，他对这一平台的建立，有清晰的规划和思考。《西口文艺》创刊不久，郭虎通过自己省作家协会会员的身份，去往省城，走进了省作协的大门。在当时省作协张主席的门前，他踌躇良久，之后鼓起勇气敲响了张主席的门。

嘣、嘣、嘣。像阿里巴巴的咒语，封闭已久的右玉宝库之门，徐徐开启。

这一年，郭虎借助《西口文艺》这一平台，与山西省作协联合开展了走右玉活动，《山西作家》出版了右玉专刊。差不多每一个山西省作协的会员，都通过《山西作家》认识了右玉。打响了第一枪，郭虎并未松懈。他跟县里多次研究，决定以西口文化为切入点，营造"东口张家口、西口杀虎口"这个文化理念，同时为探讨西口文化寻找大量的依据。说干就干，快马加鞭。不久，《西口文艺》与山西省委宣传部联合举办了首届中国西口文化论坛，120名省内外的文化专家、学者参加了这一活动，围绕开发西口文化产业这一主题，献言献策，提出了许多开发和利用西口文化的建议和意见。一环已就，再加一环，环环相扣，这是郭虎心里的小算盘、大梦想。

在连续4年举办西口文化论坛活动的同时，2010年，在郭虎的申请和奔走下，又协助山西省委宣传部、朔州市委举办了中国右玉西口风情生态旅游文化节。这次活动，突出"西口古道，塞上绿洲"的主题，规模盛大，内容丰富，特色鲜明，生态、文化、经济、旅游相结合，开展了西口文化旅游产品及农副产品展、农家生活乡村体验活动、西口地方小吃展销、西口文化论坛、西口社火展演、西口风情油画摄影展、中国婚俗剪纸大赛颁奖活动、西口物资交流贸易大会、自驾拉力赛体验、西口地方戏曲展演、西口风情篝火晚会、右玉户外运动装备大展、西口风情周边城市自驾游等活动。这一年，山西省作家协会在右玉举行了山西作家创作基地揭牌仪式，这是继河津铝厂、孝义市、左云县、河曲县等之后，省作家协会在省内建立的第9个创作基地。同时，为山西省作家协会《黄河》杂志与右玉县共同举办的"第二届右玉生态杯"优秀散文颁奖。从这年起，右玉生态旅游文化节成为每年必备的活动，杀虎口古文化旅游区、右玉精神纪念馆、苍头河湿地公园、南山森林公园等一批精品旅游景区和景点吸引着四面八方的游客。右玉，以强势的姿态，凸显在中国大地上，不毛之地变为"塞上绿洲"，这是对右玉人60年来艰苦奋斗、百折不挠、坚持不懈改变山河面貌的决心和壮举的肯定，同时也是人定胜天的有力证据。以"迎难而上、艰苦奋斗、久久为功、利在长远"为核心的右玉精神在全国迅速推广。

成绩是喜人的，郭虎脸上的每一条皱纹之中都是喜悦，可是，他总觉得一篇文章、一首歌曲、一部电视剧，这些都是时效性很短的宣传方式，虽然具有一定的轰动效应，但远远无法将右玉深厚的文化底蕴挖掘表达出来，更谈不上传承和发扬了。活动越多，来右玉的人也越多，但给右玉真正留下有价值的东西很少。怎样才能将右玉文化作为一个品牌保留下来，并推广出去呢？

这一天，郭虎的小儿子郭梦阳放学回家，跟妈妈说自己想去省城学画画。

下班回家的郭虎就问："在右玉学画画不是很好吗？怎么想去太原？"

小儿子嘟着嘴说："画来画去，就那个样子，像这样没有好老师指导，永远也不可能出好作品，更不要说成为白羽平那样的大画家了。"

郭虎一拍桌子，大声道："对呀。"

小儿子以为父亲允准了自己的请求，高兴地笑了。他不知道，此时此刻，一个大胆的设想正在父亲郭虎脑海里渐渐成型。

白羽平是郭虎的朋友，同为右玉人，在郭虎上师专的时候，白羽平考到大同艺校学美术，后来，去北京求学，并成为北京画院的专职画家。他的画笔下，有富家沟的窑洞、樊家窑的白云、铁山堡的夜色、广义桥的古车辙以及火山石、土塬、河流、树木、房舍……所有场景，无一不是右玉的写照，曾数次获得国内外美术大奖。白羽平虽然离开了右玉，但他的根脉依旧扎在右玉这片热土中，他对故土的留恋、热爱和惋惜，使他的作品呈现出浑厚、深沉、苍凉、忧郁的气质。郭虎想，能不能通过白羽平，让更多的美术界名流来右玉写生作画，通过对右玉苍茫的古堡古道古村古城的临摹，而将右玉文化推向更远更高的地方呢？

英雄地 —— 走近右玉播绿人

2019右玉·国际水彩艺术周在郭虎主持的右卫艺术粮仓开幕（郭虎供图）

我一直在好奇，郭虎身上有种说不出的气质，既是文雅的，又略带粗野；既是豪情的，又略带冷寂；既是真诚的，又略带狡黠。后来，随着跟他越来越多的接触，我竟然释然了。如果没有他的另一面，我想，他永远也不可能走到今天，他可能会是一个称职的乡长，收获所管辖乡镇群众的一片赞誉。他也可能只是一位诗人，花费所有的时间，去抵达文学的圣地。但他不是纯一的人，他的血液里流淌着祖先传承下来的智慧和书卷气，同时，也流淌着现实情状赋予他的痞帅大胆。这一面，让他在关键时刻出手了。

右卫镇曾是朔平府治所在地和右玉县人民政府驻地，1972年，右玉县委、县政府从此地搬出，迁往如今的右玉新城。朔平府时，这里曾是一个政治、经济、军事、文化中心城市，据说城内有各种衙署256所、各种宫观寺庙50多座，4条街道上店铺林立、商贾云集，大商号多达50多家。当时，曾任京城翰林院翰林的朔平知府张集馨在举全郡之力消灭蝗灾之后，对治安、讼案也进行了大刀阔斧的整治并收到良好的效果。他见朔平府靠近边塞，土地贫瘠、人民穷苦，百姓更是蛮横无理、不知轻重、仁义不讲、视财过重，于是自己捐出俸银，并说服士绅商人，"制钱数千贯"，将官府的办公场所加以改造，创立了玉林书院。在当时，玉林书院与并州晋阳书院齐名。玉林书院当年的盛景，在县志上颇为翔实，右玉其后出现的大量有建树的人物，均出自玉林书院。作为从右卫镇走出来的镇长，郭虎对右卫的历史和现状了如指掌，又感情深厚，他大胆设想，自己何不效仿古人，也建一座书院？令他欣慰的是，当他将这个想法跟恰好回乡的白羽平说出时,白羽平双手称赞,并表示要倾力支持。

中华人民共和国成立后,政府将当年的朔平府二府衙门改造成一座大礼堂,用于当时全县的各种会议。县政府迁走后,大礼堂成了一个大仓库,起先为镇政府所用,后来渐渐变成人们堆放秸秆草料的地方了,没想到,有次不小心失火,大礼堂被烧成了一片废墟。说到重建玉林书院,郭虎心下一动,就想到了这片废墟。

郭虎(前右)在2019右玉·国际水彩艺术周(郭虎供图)

2019右玉·国际水彩艺术周出席人在右卫艺术粮仓合影(郭虎供图)

于是,通过与各所属部门交涉,郭虎自己出资,买下了这片土地,并开始了长达一年的修缮。关于玉林书画院的名称,还有一个这样的插曲。按照之前的设想,既是重修玉林书院,顺理成章,就应叫玉林书院或者新玉林书院,但郭虎觉得这个名称并不满意。虽然是对古人的一种尊重,是一种精神传承,但明显新意不足,与时代进步的要求也有差距,这个书院的功能,更多在画上做文章,于是,郭虎灵机一动,就将它命名为"玉林书画院"。2012年春天,一座砖木仿古四合套院,出现在右卫古城西街,院内房屋整洁、花草青葱、亭台雅致。白羽平邀请了一批要好的朋友前来参加玉林书画院的剪彩仪式。中国油画院院长杨飞云先生亲笔题写"玉林书画院"的牌匾，并手书"中国油画院右玉写生基地"。山西著名作家唐晋先生撰写了888字的《重修玉林书画院记》。书画院以弘扬右玉文化，行善事、集名贤、聚人气，打造中国北方最大的写生基地为宗旨，开始向各地书画协会发出了邀请。从此，右玉以它古朴、深厚、开阔的气质，靠近了中国美术的前沿。通过白羽平的介绍，先后有杨云飞、陈宜明、王克举、段正渠、段建伟等美术名家，带学生前来写生。看惯了南方小桥流水、白墙墨瓦、夕阳烟波的如梦景象，乍见右玉独特的高原地貌、边陲景象，宛如发现珍奇异宝，神秘古堡、沧桑古道、蜿蜒长城，令画家们目不转睛。据说，在北京画界流传着这么一则笑话：

问：你画什么的？
答：油画。
问：去过右玉吗？
答：没有。
问：你连右玉都没去过，还画什么油画啊……

中央美院院长范迪安先生在郭虎的多次亲邀下，第一次来右玉时发出了"如此大好秋光，怎可辜负"的感叹。2015年10月，范迪安先生再次走进右玉，并通过中央电视台《大家》栏目现场写生，向全国观众展示了金秋右玉的独特魅力。他说："像这样离北京很近，又有这样丰富的景观，我觉得在中国的北方地区是十分理想的一个油画创作采风的家园。来到右玉，我和许多美术家的心情都一样，一方面深深感觉到这块沃土上拥有体现时代风貌的右玉精神，另一方面拥有丰富的人文历史和自然相结合的景观，因此这里十分适合进行写生、采风、感受和创作。这里的秋天特别的美丽，这里漫山的杨树和不同的树种都散发着金色的光芒。"这一年，在短短12个月里，他竟然4次来右玉写生，其钟爱之情溢于言表。

美国、英国、俄罗斯、澳大利亚、巴西、爱尔兰、摩尔多瓦等国家的画家也慕名而来，他们留下自己的作品，在粮仓展览；他们带走了关于右玉的梦和气韵。

几年过去了，右玉已成为油画家们写生的首选之地，"南有大芬村，北有右玉城"，这也是画家们挂在口头的话。画家们用心描摹着右玉的风景和人文,通过参加各种世界级和国家级展览的形式,很快就将这个偏居塞外的小城右玉,带到了世界各地,一时前来玉林书画院的画家增多,现在有的场地根本无法容纳这么多人。

此时,郭虎的小儿子郭梦阳已经大学毕业,并主攻油画,他像很多右玉的年轻人一样,深深地眷恋着家乡这片热土,他画笔下的古堡,在火红的夕阳中矗立着,有一种明亮温暖的爱意。这时候,他大胆给父亲建言献策,何不把紧邻的闲置了40多年的粮站租下来进行一次扩张?

于是,那年夏天,由郭梦阳任法人的右卫艺术粮仓正式开张。那年在粮仓举办的右玉油画写生展持续了三个多月,从8月一直到11月。来自全国顶尖的中央美术学院、中国美术学院、中国油画院、首都师范大学、湖北美术学院、天津美术学院、鲁迅美术学院、广州美术学院、四川美术学院和西安美术学院的师生们,对右玉色彩缤纷、奇异幻彩的秋天如醉如痴、如获至宝,他们将所见所感的右玉,用心描摹在画布上。而郭梦阳更是文思泉涌、作品丰硕。2018年6月,他的油画作品《右卫古镇初雪》入选第六届全国青年美展,并在中国美术馆展出。"这块大地,你曾奉献过什么,它一定会回报你什么。"这是郭梦阳说的。

近年来,玉林书画院和右卫艺术粮仓举办了多届风光摄影展、油画展、水彩画展,推出了"西口风情"中国右玉油画写生季,强力推动了右玉油画写生基地的建设,形成广为关注的"油画风景中的右玉现象"。"南有平遥国际摄影展,北有右玉油画写生季",一南一北,山西的两大文化艺术品牌由此初现雏形。而小小的右卫镇依托写生打造产业,自2014年以来,接待美术名家1500多人次,接待学生达5万人次。四方来客带动成立了10家民宿旅馆、2家画材销售商,直接和间接带动就业近2000人,带动增收2500多万元。真正让"西口故里""塞上绿洲"右玉县以一种文化新姿态展现在观众面前,让更多人了解右玉、感受右玉,提升右玉的知名度。2017年,右卫镇入选第二批全国特色小镇名单。我想,右卫人该感谢郭虎,这位文联主席的前瞻性和独到眼光,不只让右卫镇形成"西口风情"右玉油画写生季文化旅游品牌,而且为全县文化旅游事业发展增添了浓墨重彩的一笔。

2019年4月,春寒料峭,一场细雨悄悄地落在了晋阳,山西省第九次文代会正

英雄地 —— 走近右玉播绿人

在如火如荼地召开，作为右玉艺术粮仓和右玉县文联的代表，郭梦阳和父亲郭虎共同出席此次会议，他们二人成为会上的一道靓丽的风景，这既是对郭虎文联工作的肯定，同时也是对郭梦阳的褒奖。许多人都在为他们拍手称快，说子承父业、前途无限。但郭虎却不以为然，他觉得，自己作为右玉的文联主席，有义务，也有责任带动右玉文化向更高更远的方向发展。我想，以郭虎的性格，假如右卫艺术粮仓的负责人不是郭梦阳，而是其他年轻人，郭虎也会义无反顾地支持他、提携他。他是将整个右玉的文化事业当作了自家事业一样来经营的呀！

在右卫艺术粮仓的院子里，我被大大小小的石磨所吸引，这些石磨上的每一条纹路、每一个沟槽，无不藏匿着右玉的历史和文化。郭虎个头不高，身体不强壮，但我竟然想象，这一块块石磨，都是他背回来的。

此时，山河大地沐浴着 5 月的春光。我正在赏读郭虎的诗集《北以北》，这本诗集应该是他前几年的作品，他的好友白羽平配了几十幅油画。在后记里，郭虎这样写道："我俩对于各自的爱好和世界观彼此认同，相互尊重，情同手足，惺惺相惜，才有了今天的《北以北》……这无疑是一部安详的故里画卷，也是一封写给故乡的家书。"

读到这里，恍惚我还坐在郭虎对面。窗外，云层厚重，正酝酿着一场大雨，他穿青蓝毛衣、瘦腿裤，看起来年轻极了，只是，鬓间星星点点的白发和他略带倦意及忧伤的眼眸还是暴露了他的年纪、他的疲惫和不甘。他笑着提起自己的书房挂着一副字，上面写着安徒生的句子"没有什么能够阻挡你绽放自己的光芒"。我也笑笑，眼底热浪翻涌。他就是一束光源，倏忽明亮起来，我看到一个身披大氅、佩戴利剑、肩扛帅旗的游侠，看到他在广袤的右玉大地踽踽独行，路过暗夜、山风和裂冰，走过草木、堡垒和群途。

就像他的诗里写的那样：

　　　　一直走　义无反顾
　　　　像大海的王者——鲨
　　　　生存就要永远游弋
　　　　停歇　意味着终结

真正的歌者是寂寞的
他只服从于一种与生俱来的召唤
召唤声年轻如花朵又古老如山岳
地心引力般神秘而决绝

真正的歌者是孤傲的
蓝天有雄鹰击响的翅膀
大地上雄狮的独来独往
歌者日行千里　啼血枫林

【作者简介】指尖，山西盂县人，中国作家协会会员。曾出版散文集《槛外梨花》《花酿》《河流里的母亲》《雪线上的空响》《最后的照相簿》等。先后在《人民文学》《青年文学》《天涯》《散文》《美文》《散文选刊》《海外选刊》等杂志发表过近200万字的作品。散文多次收入各种选刊。曾获全国首届网络文学大奖赛散文奖、首届"观音山杯"美丽中国散文奖、孙犁散文奖、赵树理文学奖等。

英雄篇

右玉县文联供图

县级离休　家乡绿化

——记中华人民共和国成立初期造林英雄杨家后山村杨雍

李金山

简述：1949年以来，中国的官员退休后大都留在退休地，哪怕家乡条件多好。而杨雍在退休前两站就选择了回到右玉县，退休后选择回到杨家后山村——一个严重缺水的小山村。退休18年后改办离休，享受县团级待遇，组织上给予的待遇应有尽有，而杨雍已经成为民众口碑中的"杨家后山不老松"，万无返回城里的道理。

退休是一个结束，也是一个开始。从1964年退休到1983年去世，他把余生交给了家乡杨家后山，19年间他绿化500米长的荒沟一条，成活树木5万多株，使荒秃的山沟变成了绿沟。

一

杨雍决定回到村里去。

杨雍，男，右玉县高家堡乡杨家后山村人，生于1906年，1983年去世，77岁。1964年杨雍58岁，从右玉机关招待所所长的位子上退休了。退休是一个结束，也是一个开始。我们的故事就从他退休开始。

他生于斯长于斯，他要在这里植树造林，他要把家乡变成绿洲——心驰神往的绿洲。

我们来说杨家后山村。杨家后山村是个缺水村：极度缺水，村民每天的最大任务，就是到3里地外的沟里去挑水。那里有一眼泉，可水很小，回水也慢，半天才能舀满两桶。所以挑水要趁早，挑水变成了早起的比赛，因为去晚了，就要等很长的时间。往往天蒙蒙亮就出发，天大亮才能赶回来。路是羊肠小道，崎岖不平，坑坑洼洼，极其难走。肩膀被压得通红，简直要压垮，腰酸背痛，人几乎要崩溃。这两桶水是全家人一整天的全部，不敢洗脸，不敢洗衣服，更不敢洗澡，一辈子只洗三次澡：出生、结婚、去世。尊贵的客人才能洗脸，客人洗过脸的水，不敢倒掉，还要用来饮羊。后来，人畜吃水就主要靠天，将雨水储存在旱井里。雨水冲刷过院子流入旱井，旱井里成分复杂，羊粪、鸡粪、尘土、垃圾，沉淀以后使用，人饮用，牲畜饮用。

杨雍离开缺水的杨家后山，在外工作好多年，按照传统的说法，他已经跳出农门，脱掉了农民的身份，成为一名国家干部。这在很多人是梦寐以求，杨雍实现了很多人的梦想，他感受过优越生活的好处。可是，他现在又要回村去，重拾农民的旧生活，重新面朝黄土背朝天。他在外工作好多年，先是在雁北地区，接着是右玉县。这些地方都不缺水，起码不以缺水著称。那么多年里，他应该感受了水源充足的好处，再不用三里地外去挑水，再不用品尝成分复杂的旱井水，任何地点任何时间，只要拧开水龙头，水就哗哗啦啦，要多少有多少，他该是无限地满足。可是，他选择再次回村去，重新三里地外去挑水，重新品尝成分复杂的旱井水，重新体味缺水带来的种种不便……这在大多数人看来，无疑是一个艰难的决定。由俭入奢易，由奢入俭难，杨雍在奢与俭之间，选择了俭；在难与易中间，选择了难。杨雍当时心里的想法是什么呢？他如何下定这么大的决心呢？他为什么要下这么大的决心呢？这是笔者心里挥之不去的谜团。

杨雍的简历很简单：少时田间劳作，冬闲入私塾读书，粗通文字。20岁时给地主当长工。1945年8月20日参加工作，历任区农会干事、五地委行政股股长、中共山阴中心县县政府秘书、左云县税务局局长、雁北地委机关招待所所长、右玉县新华书店经理、右玉县机关招待所所长等职。1964年3月退休。1982年3月改办离休，享受县团级待遇。

1945年，当时杨雍已经39岁，年近不惑的他，参加了革命工作，离开了杨家后山。接着是一些行政职务，后来是一些领导职务。1964年杨雍退休，从1945年离开杨家后山到1964年回到杨家后山，他在外工作了19年。

杨雍的侄孙杨彪是右玉县党校教师、朔州市作协会员，他写过文章《我记忆中的大爷爷》,专门回忆杨雍,其中说:"他资格虽老,却淡泊名利;薪酬菲薄,却乐于奉献。1964年退休后,他主动放弃人们无比向往和为之不懈追求的城市生活,毅然回到了土生土长的故乡——杨家后山村,过起了和普通农民一样的普通生活,干起了植树造林、绿化荒坡的傻事,一干就是几十年,直到生命的最后一刻。"既说是"傻事",必然有很多的不理解。杨彪说:"当时村里人看不惯他这种做法,说好端端的县太爷,不好好享受几天,栽树做啥?不嫌麻烦?快六十的人了,腿脚不便,走不动了,还栽树干啥?"

杨彪记忆中的大爷爷杨雍,人比较瘦小,个头不高,身体单薄。从1964年回到村里,直到1983年去世,又是19年,他在外工作了19年,又回村种树19年。在生命的最后19年里,杨雍行走在家乡的沟沟坎坎,种树、护林,投向他瘦小而单薄的身影的是人们不理解的目光。究竟是什么在支撑着他呢?他内心的那个信念究竟是什么呢?旧的谜团没揭开,新的谜团加上来,笔者的心中,谜团摞着谜团。

据介绍,杨雍有4个儿子,老三在村里,仍健在,80多岁了。2017年9月

杨雍三子杨生枝(右)与杨雍侄孙杨彪(左)(杨彪供图)

英雄地 —— 走近右玉播绿人

5日下午，我们驱车前往杨家后山村，希望从他的亲朋那里，特别是他的三儿子那里，了解到他退休前的情况，揭开笔者心中的谜团。

车出右玉县城，驶上乡级公路，窄，但还算平坦，弯道很多，向左向右，又向左又向右。公路该是近几年修的，还很新。一个多小时的颠簸后，我们站在了杨家后山的村口。杨雍回村的1964年，这样的公路必然还没有，他回村的路想来漫长，无尽的黄土路，坑洼连着坑洼，从早走到晚，回到村里时，已是日落西山。杨家后山村依山而建，坐北朝南，背倚大山，面朝大山，进村就是上山。在杨彪的引导下，我们来到杨雍三儿子的院子。院子在一处高坡上，说是院子却没有围墙，院里有羊圈，羊有十多只，当院拴着一只狗。这样的山村，狗是必须的。听到客人到，一位老人从屋里迎出来，戴着帽子，上身白T恤，很随意，下身绿裤子，草草系在腰间，脸上布满了皱纹，皮肤黑而粗糙，背有点驼。瘦，但人很精神，这是右玉典型的农民。老人把我们迎进窑洞，让上炕。三孔窑洞，中间开门，右手是卧室，左手是厨房。上得炕来，谈话开始。

老人名叫杨生枝，今年84岁。杨雍在外"当官"，儿子却一个也没安排。老人说："我排行第三，大哥杨日枝，二哥杨润枝，四弟杨繁枝。大哥和我在村里面。二哥在山西省天镇县工作，四弟去北京当兵，退伍后留在了北京，任海淀区影剧院书记，得白血病死了，埋在八宝山，就没有回来。他们去外面工作，都不是靠我父亲。"本来儿子们是可以安排的，起码这个儿子可以安排。杨雍当雁北地区招待所所长的时候，刚解放没几年，妻子和儿子都没有随他生活，一直都在村里面。杨生枝去看过父亲，当时干部都俭朴，地委书记出门，骑的是自行车。在招待所吃不饱，司务长偷偷拿吃的给杨生枝，都不敢让杨雍知道，知道了要骂的。当时，地委一个股长叫杨生枝当工务员，就是负责打扫卫生、挑水，开会的时候搬搬行李。结果杨雍知道了，不让儿子在那里，叫他回家种地去，在招待所待了两三天，就把儿子赶回去了。

杨雍在外工作19年，是不带家属的，妻儿都在村里，有人主动提出给儿子一份工作，他的态度是坚决反对。这件事情一方面说明他严于律己、清正廉洁、不沾公家的光。《朔平府志》说："朔平府……士耻奔竞。"奔竞是指为自己的利益或前途攀附权贵、结党营私。右玉人以奔竞为耻，杨雍同样也有这种品格，儿子的工作应该算自己的利益，但他绝不干这样的事，他不仅不为自己奔竞，连送上门来的利益也坚决不要。这件事情另一方面也说明他对自己的退休生活可能早已有了打算，妻儿都在村里，自己退休以后，肯定是回村里去。这个决定是必然的，可能在他离开村子的时候，已经做好了这样的打算。我们还注意到，杨雍给儿子们起名字，都带一个"枝"字，这说明什么呢？如果这是家谱里早就定下的，说明这个家族对树的热爱源远流长，已成为家族历久弥新的文化基因；如果只是杨雍自己的兴来之笔，则说明他本人对树的热爱根深蒂固，他希望它可以成为自己留给儿子们的珍贵遗产。不管是哪一样，这种热爱也成为一种吸引，将在外工作19年的杨雍引向杨家后山村，他毅然放弃优厚的城市生活，选择回到村里去，将自己的余生交给家乡的沟和山。

杨彪在《我记忆中的大爷爷》里写道："好端端一名国家干部，不坐享清福，而去和土坷垃打交道，这在当时，是人们无论如何都难以理解和接受的。但他认为，是党把自己一个放牛娃培养成为一名国家干部，如果没有伟大的中国共产党，就没有自己的今天，就没有自己的一切。现在虽然离开了工作岗位，但还可以做些力所能及的工作，可以植树造林，改善生态环境，造福后代。于是，他不顾家人的反对和人们的种种非议，顶着不时袭来的风言风语，拖着带病的身子，毅然走向了荒山秃岭，义无反顾地走向了他心目中神往已久的那片绿洲。"杨雍也许在内心里早已绘就了那片绿洲，他要回到家乡杨家后山去，用自己的余生点亮那片绿洲。

右玉的风沙，常人可能早已司空见惯，但杨雍在外工作19年，他的见识不一般，他的感受也必然不一般，他必定想到了治理，他想到的方法是种树。愚公移山的故事我们耳熟能详，愚公不想搬出去，杨雍也不想离开杨家后山，杨雍和愚公有着同样的坚定不移。

二

退休的杨雍收拾起行囊，回到了家乡杨家后山村。

在右玉人眼里，杨雍是位英雄，绿化荒山的英雄。英雄不同于常人的地方，就在于英雄有着超强的行动力：常人可能只是想想而已，英雄想到马上就能做到。

1964年，杨家后山村还是杨家后山大队。杨家后山大队党支部将村西的一条大沟交给了杨雍。在杨家后山村，笔者见到了69岁的曹夺，他是当年的大队支书，相当于后来的村支书，他也是杨雍的侄子，他管杨雍叫姑父。曹夺说："他退休回村后,把自己的想法和我们作了交流,我们很支持他的想法。经研究,决定把村西的一条荒沟交给他,让他去植树绿化。"

从此以后,杨雍就全身心地扑在村西大沟的植树造林上,每天披星戴月进沟营务:春、夏、秋三季植树,冬季不能栽树,就在村西大沟护林,基本上是一年四季不离沟。

杨雍还主动担任了村小学的课外辅导员。杨彪在《我记忆中的大爷爷》里说:"(大爷爷)主动担任学校的课外辅导员,经常为学生讲革命故事,用自己在旧社会当长工、打短工,饱受欺侮的亲身经历和新社会的幸福生活进行对比,举行忆苦思甜报告,邀请村里苦大仇深的老贫农控诉旧社会的滔滔罪行,组织开展'我和爷爷比童年'等活动,教育我们这些生在新社会、长在红旗下的孩子们,要牢记阶级仇、不忘血泪恨,珍惜来之不易的幸福生活,从小树立远大的革命理想,立志成为对社会、对人民有用的人才,报效祖国,为党争光。"杨雍担任课外辅导员,给学生们作报告,这需要相当的口才,这样的口才与他在外工作的经历有关,不论是领导职务还是非领导职务,口才是必需的工作技能。他还组织开展各类活动,他的工作方法也比较多样,不是一味地宣讲,这个也与他的工作经历有关。杨雍在外工作19年,退休后回到家乡定居,19年前的杨雍与19年后的杨雍,已有很大的不同,他有了相当的工作经历和工作经验,这些会影响到植树,他办这件事情,必定事半而功倍。

在适宜植树的春、夏、秋三季,杨雍就以课外辅导员的身份,组织和带领学生植树、护林、挑水、浇灌。杨雍对种树要求很严格,即便是小学生,也不许有半点马虎。杨彪当时正在村里读小学,在他的记忆中,几乎每天都有劳动课,不是到距村三里多远的沟里为老师抬水,就是为生产队里拾粪或者到野地里捡麦穗,要么上门教老太太背"老三篇",而更多时候是在大爷爷的带领下,去山沟沟、荒坡坡里种树。大爷爷的认真劲儿,那是出了名的。为了保证成活率,他不顾自己年老体弱多病,怎样挖坑、怎样插树秧、怎样弄鱼鳞坑,总是一边做示范一边讲解,常常累得满头大汗,也顾不得休息。他还特别强调往树坑填土时,一定要把土踩实,如果没有踩实,他在检查验收时把树秧拔出来,那就得返工重来。不论亲疏远近,一视同仁毫不客气,杨彪也被惩罚过多次。所以孩子们很少敢敷衍应付。

杨雍辗转在外工作19年,也担任领导职务多年,有着相当的组织能力,也有相当的沟通协调能力。他与大队党支部沟通，又与学校方面沟通，他组织起娃娃兵，参与他的植树造林计划。他要求严格毫不马虎，亲自示范，以身作则，他的领导能力，由此可见一斑。在杨雍的组织带领下，小学生植树造林常态化。他无意中使植树造林成为小学生的一种习惯，进入他们的潜意识。

不仅组织起了娃娃兵，村里的基干民兵，在杨雍的争取下，也加入进来。曹夺回忆说："对种树这个事，县里很支持，大队也很支持。大队支持他，他想做啥，大队就支持啥。村里的民兵，也派去种树。"杨彪回忆说："为了尽快扩大森林覆盖率，防止水土流失，防风固沙，他还积极组织村里的基干民兵植树造林，建立了'青年林''三八林'造林基地，并组织开展了劳动竞赛，比比看谁植得多、看谁成活多、看谁管护好等丰富多彩的竞赛活动，然后，根据奖惩制度，奖优罚劣。这样一来，大大调动和激发了年轻人的劳动热情和劳动干劲，成效十分显著。"

杨雍不仅有很强的沟通协调能力，取得了大队的全力支持，而且懂得如何激发大家的劳动积极性。命名"青年林""三八林"，等于明确了职责，增强了大家的责任感，又开展了各种竞赛活动，而且奖惩分明，人都希望被奖励，不希望被惩罚，大家的积极性被充分调动起来。

右玉风大天寒缺水，杨家后山更加典型，风沙大天气冷又缺水，栽活一棵树非常困难。经过反复实验，细心琢磨，杨雍摸索出了一条适合本地造林的办法。曹夺介绍说："他就好栽树，解放前在他个人的地里，他就好栽树，他完全是喜欢种树护林，所以他喜欢琢磨这件事。学生帮忙，民兵帮忙，他自己也干。村里用水不太方便，历来缺水，近年县里给乡政府所在地打了眼机井，机井的水抽进大蓄水池，隔四五个月给我们村放一股水，我们村里都打的水泥旱井，人畜吃水都在里头。树苗就是老寒杨，从树上砍下枝条做树苗，栽下就能活。当时种的树就是西面那些，这儿看不见，在西边的沟里，这儿能看到的就是沟坝上的。"据杨彪回忆，当时村里除了沟就是山，没有平地，民兵上山，学生进沟，全民都栽树，山坡上挖鱼鳞坑，到处都栽，沟里栽树挖的是壕。

杨雍爱种树护林，他潜心钻研，投入全副精力，不仅是体力，还有人生经验、知识储备等等。杨雍的爱好不同于一般的爱好，一般的爱好关乎个人，而他的爱好关乎右玉生态环境，甚至更广范围的生态环境，关乎右玉人的幸福，甚至更多人的

杨家后山村口，当年杨雍回村必经之地（中共右玉县委宣传部供图）

幸福，右玉正是因为有大批像杨雍这样的人，才改变了和改变着本地的生态环境。

杨雍的植树造林，完全是义务性质的，没有任何的报酬。曹夺介绍说："公社给他（杨雍）任命了护林员。现在村里也有乡里派来的护林员，不是义务的，每月有六七百元的工资。当时的护林员不同，是临时的，也是义务的，不挣一分钱工资。"杨雍三儿子杨生枝也说："当时都是义务工，不挣钱。"

杨雍组织带领小学生植树造林，给他们留下了深刻的印象，杨彪不无甜蜜地提道："在村读小学的几年里，因为年幼，参加植树劳动是有些累的；但是，可以在大自然的怀抱里尽情地玩耍、打土仗，还是很开心的，有时梦里还会重现那欢乐的情景……"

经过十几年的坚持不懈，杨雍绿化 500 米长的荒沟一条，成活树木 5 万多株，使荒秃的山沟变成了绿沟，村里称他为"杨家后山不老松"。杨雍也因为投身植树造林，多次被选为劳模，出席县、区劳模大会，1980 年又被评为省林业劳动模范。

三

前边我们说过，杨雍被任命为杨家后山义务护林员。杨雍深知"造林不护林，等于不造林"的道理，这个护林员是他主动请缨的。他还协助村里制订了《护林公约》，在树上挂起护林牌，在沟边道路口竖起护林公约牌。到了冬天，他又发动学生用沙棘棵将沟口封住，防止牲畜进去糟蹋。

杨雍三儿子杨生枝解释，护林员的职责是不叫牲口进，不叫人偷砍。曹夺回忆："常常一个人就出去了，栽树护林都是。"杨彪则写道："记忆中，大爷爷非常爱惜树木，甘当义务护林员。那时不像现在花钱买树苗，而是就地取苗，从大点儿的小老杨树上，折上树枝当树秧。为了不使树木受到大的伤害，他经常告诫我们，金木水火土，烂了拿泥补，要我们用泥土把伤口敷好，不得马虎。他还说，这就像人的皮肤，如果擦伤了、划破了，不及时包扎，就会发炎、感染。我大爷爷每次进山护林，随身携带四件东西：一件是长长的树铲，一件是磨豁了的铁锹，还有一个药瓶子，一个旧军用水壶。"

杨雍每天披星戴月，早出晚归，像哨兵巡逻一般，巡行在林地边上，守护着这片绿色。杨雍随身携带的东西里，树铲是为了修剪树木，也为了采集树秧苗；铁锹是为了挖树坑；杨雍巡视林地，既是护林也是造林，他随采随栽，身后种下树苗无数；药瓶子装的是他自己吃的药，他身体不好，身上的疾病可能不止一种。杨雍58岁回到杨家后山，已是白发苍苍，身体佝偻，行动不便，风霜雨雪掠过杨雍的发梢，他沿着树林巡行，管他老之将至，这是一种勇敢。

杨雍严肃，沉默寡言，不苟言笑，这可能跟右玉的自然环境有关。右玉自然环境恶劣，人们生活艰难，没心情嘻嘻哈哈。杨雍的心里，公和私有一个分明的界限。但凡对林地有些微的损坏，杨雍绝不放过。在他的眼里，是就是、非就非，绝没有中间地带。右玉人性格中的认真，从古到今，世代流传。

杨雍就这样守护着杨家后山的树木，日复一日，年复一年。杨彪动情地写道："再后来，我外出求学，再后来，我走上了工作岗位，大爷爷依然一年又一年坚守着那片绿色，直至那颗不知疲倦的心停止了跳动。在我幼小的心灵里，他是一个非常认真的人、爱树如命的人、爱树如子的人、大公无私的人、乐于奉献的人。他是我们

英雄地 —— 走近右玉播绿人

晚辈的骄傲，也是全右玉人的骄傲。"

杨雍死于肺结核。杨雍病得不行了，就让人去高家堡——高家堡当时是公社，公社有电话——给县委组织部打电话，组织部派车接去县医院，最后就在县医院去世了。死后县里给开了追悼会。就葬在村里，在后山上，祖坟。几年后，县里又给立了碑。

杨雍把人生的最后19年交给了杨家后山，他把妻子和儿子也交给了杨家后山。他心驰神往的是绿洲，杨家后山变成了绿洲，他却躺下了，躺在了绿洲上。他该是心满意足的。

（作者李金山，简介详见第48页）

杨雍身后，江山苍翠（中共右玉县委宣传部供图）

干粮一包　护林万亩

——记旺家窑村王昌文

孙莱芙

简述：丁家窑乡旺家窑村王昌文，弟兄5人，排行老大，人称"王大"。王大贫而无妻，在村东山头建有简易窝棚。他自带干粮，护理着黑山沟、石人湾等处万亩林地。寒来暑往，阴晴雨雪，他天天走在野外，护林防火。自己穷得穿不起一件新棉衣，却守护着家乡的一片锦绣。

王大，兄弟5人，他排行老大，故名，官名王昌文，右玉县丁家窑乡旺家窑村人，生于1920年农历十一月十日，逝于2007年农历三月七日，享年87岁。

从改革开放第二年，1979年起，到2007年，王大管护着旺家窑村附近泉子沟山、圆台梁、刘家窑大山、总了山、流沙河的万亩森林。从59岁到87岁的28年间，他起早贪黑、风雨无阻、自带干粮、护林防火，直到生命的尽头。

2007年旧历年前，家家户户张罗着过大年。王大坐客车进城，到县林业局领工资。他一般三五个月进城一趟，领一回钱。每月150元，一天5元。此前每月30元，领了多年，后来涨到50元，近几年一下涨了这么多，他很满足。

回来后，他病倒了，在炕上躺了两个多月。他五弟的大儿子王富在呼市学过医，

英雄地 —— 走近右玉播绿人

给他输了七八天液,不见好。二弟和四弟去看他,对他讲:"哥,准备棺材吧,你这病说不定好,可你咋说也八十七了,多会也有这一遭,你有多少钱拿出来,剩下的我们帮补!"

王大摇摇头,说:"没!"

那天黄昏,王五去看大哥,大哥对他说:"黑夜你和哥睡,哥怕是活不成了!"

王五吃过晚饭,走进大哥家门,喊了声无人应,用手一摸,哥哥已全身冰凉。

他死后,王五和王四给他换衣服,穿寿衣。王五从他的坎肩口袋里摸出1200元钱,是他护林28年的全部积蓄。王五说:"大哥不是舍不得出钱,他是不想死,不愿意死!"

王大家祖祖辈辈都是穷人。因为穷,王大没成过家。他父亲王云1969年病故,活了70岁。母亲王润花1972年病故,也活了70岁。弟兄5个都没读过一天书,七八岁给本村老财孙六的老五拦牛放羊。

青年时王大被顽固军抓丁,当兵吃粮。后来参加了八路军,解放战争时期,脚掌挂彩,回了村。

农业社时他赶过7年大车,耕田、抓粪、割禾都是好手。他人高马大,不惜苦力,是村里的一等庄稼人。他长得浓眉大眼,挺拔匀称,但无奈家太穷,从青年到中年,连个问天道的都没有,无人给他提媒,也没有哪个姑娘属意于他。

其余弟兄四个,王二是残废军人,娶妻成家,活了94岁。王三40多岁后和本村丧夫的刘润梅组成家庭,刘润梅给他生了个女儿,也已40多岁。王四和王五都有家室,如今一个八十六,一个八十三。弟兄5个尽管一生辛劳,但都活得挺长。

父母给王大留下半间土坯房、一个杨木柜。1976年地震,上级救灾,给他们村盖起5排砖瓦结构平房,王大分到一间,王四分到两间,弟兄俩住在一个院里。

农业社时期,因王大孤身,工分多。每年分粮时,王四和王五孩娃多、劳力少,工分不够,分不到粮食,时称"缺粮户",王大就把自己的工分划给他们两家。尤其是王五,在弟兄当中最小,身单力薄,女人更瘦弱。他们夫妻俩有6个孩子,王大对他们一家关心得最多。每年分口粮时,他都提前和大队干部打好招呼,然后领着王五到仓库分粮,背到家中。

每逢八月十五、过大年,王五夫妻都会打发孩子们去叫王大吃饭。当了护林员后，王大的衣服都是到城里军品店购买，非黄即蓝，所有的鞋都是黄布球鞋，高勒，穿在脚上绑紧了，不灌土，不扎脚。衣服破了，他有针线包，自己穿针引线，缝住扯开的口子。王五女人李和召知道后对他说："他大爷，你有个缝缝补补的拿过来！"王大就说："三巴两针用不着你们！"

王大 70 多岁时，内蒙古后山（大青山以北）有个女人，60 多岁，丈夫早亡，抱养一子，母子关系不好。这年，她到右玉大沙口村走亲戚，经人介绍，愿意和王大生活在一起。说好 600 元彩礼，女人的养子赶来拿走。

那年腊月二十六，王五的二儿子王强赶着骡车，到距旺家窑村七八里的大沙口接回后山女人，弟兄五个在王四家吃了顿糕。

女人很瘦，患胃溃疡多年，导致胃穿孔。头年腊月娶过，第二年八月十三去世。养子拍马不回头，无人拦挡，她被直接埋进辛窑沟的王家祖坟。

那天，当我采访他们夫妻的时候，王五又说："我哥一辈子娶了 8 个月女人！"

王大一生，花费很少。抽烟基本是水烟，有时也抽香烟。早年是官厅烟，一包两毛九，后来是金丝猴，一包两元。但抽香烟只限于风大，或者是艾蒿搓成的火捻没有了，水烟没法抽时。

王大喜欢喝酒，一顿喝半斤六两，到乡政府便民店或者县城买，一斤散酒价格不出两元。

为了护林，他在村东一里多的泉子沟山顶盖了一间窝棚。从附近搬来石头砌墙，上面搭上树梢，盖上土，抹上泥。里面支

植树人的野炊（中共右玉县委宣传部供图）

上几块木板，多半个身子能躺下来。夏天天最热的时候，窝棚能防晒；雨来了的时候，窝棚能挡雨；刮风下雪的时候，窝棚能暖身子。很多时候，王大也能坐下来歇一歇，抽会儿烟，吃点家中带来的干粮，喝口水。

站在窝棚前，圆台梁、刘家窑大山、总了山、流沙河的万亩森林基本能看清。有人偷树，有人赶羊进了林地，有人把骡马羁在树林里，有人上坟点火，有人在林地附近烧山药、黑豆……只要看到这种情况，王大立马就从泉子沟山上扑下来，一边奔跑一边呼喊，跌跌撞撞，有时候跑着跑着就顺坡滚下来了，有时候就被石块、草木绊倒了，帽子也掉了，烟袋也丢了。

王大管护的地方是太大了。大沙河，当地叫流沙河，发源于丁家窑乡圣水堂，全长20公里，河道两旁植满了树，他管护的有七八里，宽三四百米，天天要走一遭。

总了山，位于丁家窑北4公里，云石堡村境内，南北走向，周长5公里，海拔1704.6米，杂草、灌木丛生。此前这里种的是杨树，后来栽种了松树，他每天也要爬上山四处走走。

圆台梁、刘家窑大山也是这样，一个都不能丢。

他一个月挣150元，比过去是多了。但他挣30元的时候，跟正式教师的工资差不多。后来教师工资一个劲儿涨，涨到一千左右，又涨到两千左右，他还如此。牛羊倌的工钱也涨了，放牧牛羊多的人一年拿万儿八千不稀罕。王大护林时经常碰到牛羊倌。有回石人湾村的羊倌放羊啃了树，他去管。羊倌说："你算啥？连讨吃要饭的人都不如，还管我们！"

王大说："挣多少我愿意！挣钱多少得掏良心，这树难养活，栽了多少年，活了，你让羊啃树皮，不是心坏了是啥？"

王大摸出根绳子，拴起两只羊，拉回旺家窑村。后来，羊倌跑来两次，千说万说，赔情道歉，并答应再也不敢了，他才还了那两只羊。

如今，王大死了10年，旺家窑村附近的村民谈到他，都说："人不赖，但你要毁了他的树，那可就麻烦了！"

他得到过谁的照顾吗？少。有年乡里救济过他一张棉被，很单薄。他自己买了两床被褥，常年顾不上拆洗。

有年冬天，县委宣传部部长贺朝善遇到他，给他照了张相。王大头戴棉帽，上身穿件破棉袄,蓝色,到处露着棉花。这是他在军品店买的,穿了十五六年,因为厚实挡风,一直舍不得扔。

这个一辈子娶了8个月女人,一年抽几包水烟、喝几壶劣酒,风里来雨里去的人,这个一个月挣不了有钱人一条烟的人,28年行走、奔跑、呼喊在河湾、山沟、大山、旷野。这个早出晚归,数九寒天吃着冰冷的干粮,就着冷水,为不属于自己的东西坚持到生命最后一息的人,究竟所为何来?

我第二次到旺家窑村时,在村口遇到一位护林员,名叫郭强富,今年五十四。他说他现在护林每月挣800元钱。他说全乡共有50名护林员,原来王大看护的这一片,现在共有16名护林员。

第一次来,我没有问出王大的生日和他去世的准确时间。第二次来,王五的妻子李和召告诉我是十一月初十。前天,我给村支书王敏打电话,要他帮我问问王大究竟活了多大岁数。昨天他打电话告诉我,说他死在2007年三月初七。我之所以问这个,是认为如蝼蚁般的王大也应该留下生和死的时间。他用28年保护了家乡的万亩森林,苍天和大地都应该记得,每棵树都应该记得,每个人也应该记得。

旺家窑村不远,有个村子叫石人湾,传说此村曾经发现了一个石人,村子因此而得名。

我想,不久的将来,这一带应该有王大的雕像,银须飘拂,手持烟袋,身着飞花的蓝棉袄。

他的身后,郁郁葱葱,苍翠逼人!

【作者简介】孙莱芙,山西省右玉县人,《读者》签约作家。出版有《典藏右玉》《典藏朔州》《走进朔州》《西口风土记》。作品被《读者》《青年文摘》多次转发。现为山西省作协散文协会理事。1991年,散文《继父》获得山西青年散文大赛一等奖。2012年起到内蒙古走访,寻找晋北走口外亲历者,写作《走口外》一书,属口述历史。计划完成100人,目前完成40人。

牙齿掉光　成林千亩

——记老墙框村王占峰

郑福娥

有人说，专家是特别精通某一项学科或某项技艺的有较高造诣的专业人士。那么，我要说一辈子坚持做一件事的人，他在这个领域里便是专家。本文的主人公王占峰就是一个植树专家。

——题记

简述：王占峰是走在时代最前列的人。当他成为全国首批"万元户"，他说："右玉的生态搞不好，谈什么都是空话。"他满腔热血回到石炮沟，誓死改天换地。35年来，他吃尽千般苦、受尽万般累，花光了所有积蓄，延误了孩子上学的机会。因为种树，他的关节变形了，头发变白了，牙齿掉光了；因为种树，他弄伤了手脚，却舍不得买一个"创可贴"，就把棉花点燃，用棉花灰止血。如此节衣缩食的王占峰，唯有种树不惜代价。满脸皱纹，皮肤黝黑，岁月在他的身上留下了太多艰辛与不易。但说起改变右玉生态，王占峰乐呵呵的，充满了成就感，因为，他用30多年的时间和精力把一个"鬼也走不进去的石炮沟"，变成了一个"滴翠园"。

右玉，不毛之地。曾经以"一年一场风，从春刮到冬。白天点油灯，晚上土堵门"而著称。

右玉，"塞上绿洲"。如今以"春天的黄玛瑙、夏天的绿翡翠、秋天的金琥珀、冬天的白玉石"而著名。

右玉，朔州的名片。

右玉精神，中华民族的感召力。

右玉人觉悟、理念的旋律需要奏响，右玉人吃苦耐劳的精神与憨厚淳朴的民风更需要挖掘。我有幸拜访了右玉县老墙框村的"植树狂人"——王占峰。

感悟蹚出改革路

8月的右玉，天蓝地绿。一大早我怀着兴奋之情，从右玉县城打车来到石炮沟，拨通王占峰的电话，不到5分钟他便骑着摩托车来到岔路口接我。

我们没有寒暄，"你坐稳啊，路不好走。"王大哥安顿我。宗申摩托屁股冒着黑烟爬上100多米的石子坡路，又拐过两个弯便停了下来。

"大哥，怎么这条短路没有修整成柏油马路？不好走啊。"王占峰没有回答我，只是"呵呵"笑了一下。他的脸饱经风霜，皱纹纵横。纵然两鬓秋霜，头发稀薄，还略显驼背，但精神饱满，雷厉风行。

妻子赵爱香看上去比他年轻很多，穿着花秋衣，黑裤子，手里提着一个大黑塑料袋，鼓鼓囊囊，从大门走出来了。

"你进家歇息的哇，我和老伴回村给老人们'寄点钱'，一会就回来了。"

"我转转，你们去吧！"我这才想起临近七月十五了，各村都有上坟的习惯。

初秋的右玉已显出了凉意，空气里透着湿润。

面对赤橙黄绿青蓝紫的石炮沟，我被深深地吸引住了，全身心地陶醉在大自然的静美之中，气定神闲，惬意无比，内心的激动与感慨，一时难以抑制，旅途的疲劳与困顿也仿佛一扫而空。我下沟、爬坡、返梁，不停地按下相机快门。

我对王占峰的正式采访，从2017年8月31日上午10点开始。

王占峰，右玉县牛心乡老墙框村人，66岁，中共党员，朔州市人大代表，山西省"五一"劳动模范。1971年毕业于右卫县右玉中学。右玉中学坐落在右卫古城，是一座具有优良传统的老校，该校的前身是山西省立七中，建校于1919年，至1937年七七事变爆发后停办，其间为祖国培养了大批人才。解放后，右玉中学于 1952 年再度立校。

1971 年 5 月，即将高中毕业的王占峰经历了一场逃婚事件，一位公社书记看上了他这个高大英俊、品学兼优，有着独特思想的穷小子，执意要把自己的女儿嫁给他。父母乐坏了，求之不得，满口包办下了这桩婚姻。但王占峰不同意，结婚的那天他跑了，跑到离村两里远的石炮沟，童年经常玩耍的"乐园"。

王占峰夫妇在石炮沟（王占峰供图）

时光一寸一寸地长，风沙一口一口地吞。风与沙在这里辗转腾挪、漫天飞舞。记忆里的石炮沟"飞鸟无栖树，黄沙遮天日"。王占峰忘不了小伙伴们在黄土里追逐嬉戏的情景，双手捧起沟里的甘泉，"咕咚咕咚"喝下去，又减饥来又减渴。

王占峰长大了，石炮沟在老辈们的坚持下逐渐披上了绿意。这些绿意，在向王占峰召唤：这里尚存希望，

王占峰在石炮沟的家（王占峰供图）

这里还有未来。

他的心不由得晃荡了一下。那一刻，注定让他在灵魂深处与石炮沟结下了不解之缘。

他爬上海拔1500多米高的石门山顶，怒斥包办婚姻，发泄自己，使尽浑身力气从山顶往沟里滚石头，那声音像响炮一样，震耳欲聋。

那一天，王占峰明白了老辈所说的石炮沟名字的来历，就是石头滚下沟里来，像响炮一样。

他的逃婚反抗没有起到任何作用。

两天后，当他回到家里，一个俊媳妇在婆婆的陪同下，一个人结婚了。天知道，人家是公社书记的女儿。

面对铁的事实，王占峰不得不担起做丈夫的责任。家中姐弟6人，他是长子，排行老二。他孝敬父母，疼爱妻子，顾及姐弟，成为家中的顶梁柱。

几年后，妻子先后为他生下两个儿子，虽然贫穷，小日子过得也算有滋有味。但是，天有不测风云，一场天灾人祸，夺去了妻子的性命……

听着两个孩子的哭声，他四顾茫然。

当一个人经历过巨大的变故后，接下来往往会陷入深沉凝重的思考。王占峰面对突如其来的家庭不幸，面对贫穷落后的农村生活，陷入沉思……

"穷到吃了上顿没有下顿的地步，真的没有一点出路吗？"王占峰说，当时他反复地问自己。

贫穷岁月咀嚼中，感悟蹚出改革路。时令1978年，王占峰在广播里听到了安徽省、四川省开始实行包产到户试点。王占峰是一个睁大眼睛看世界的人，他感觉到了中国的形势将要发生巨大变化。于是，他把两个孩子交给了父母，毅然决然地离开家乡，以超前的思想、过人的胆量，率先踏上了改革开放的快车，去寻找改变贫穷的"良药秘方"。

王占峰来到大同市口泉镇承包了一家旅店。他既当经理，又当伙计，努力给顾客带去宾至如归的感觉；他为人坦率、真诚厚道，广交朋友，生意兴隆。

三年下来，他便挖到了做生意的第一桶金——两万元现金。

王占峰成为右玉，乃至全国为数不多的万元户。

英雄地——走近右玉播绿人

梦想源于黄土地

　　右玉自古处于边塞。王占峰的家乡老墙框村坐落于内外长城脚下，四面环山，村庄的正南面有两座出名的山——石门山、卧羊山。

　　石炮沟在村的西南方向，西与杀虎口毗邻，东连石门山、卧羊山。由于特殊的地理环境，历史上多少游牧民族从这里呼啸而过，进取中原。

　　现今，兵休战罢、人迹杳杳，往昔的金戈铁马、烽火狼烟，都归于沉寂，空余这横亘的城墙、兀立的墩台经受着风雨的侵蚀，给后人留下震撼、思考、顿悟。

　　历史上的卧羊山下是古代出名的阅兵台，又名点将台，地理位置十分重要，历来是兵家必争之地。卧羊山下同时也是中原出口的必经之路。如果用"古道"形容的话，那么就是先走卧羊山，再走杀虎口。

　　王占峰成长在长城脚下，长城沿线是农、牧两大经济圈和文化圈长期对立交融的重要场所，它见证了从对立分裂到团结统一的历史进程。右玉人民的祖先和其他长城脚下的祖辈一样，有幸参与其中，并将衣食住行、风土人情留传至今。

　　站在古堡城墙上，一条逶迤西去的古道隐入天际，那是晋商先辈别家离乡的征途……

　　也许是司空见惯，王占峰和很多人一样，对那道绵延起伏的"土墙"，对昔日的练兵场地，很少予以关注。或许冥冥之中是一种缘分吧，他从小对石炮沟情有独钟，童年时期就喜欢到这里玩耍，印象最深的就是黄风、黄沙、黄土、种树、种树、种树。

　　石炮沟，东西长大约两公里，宽一公里。沟里有山，山下有沟，地形独特，奇妙的是石炮沟里有一泉源，常年泉水汩汩，清澈甜润。

　　泉水叮咚、泉水叮咚……流经杀虎口，流入苍头河。

　　话说，看似无形变有形。"种树，种树，种树"这个响亮的口号，在右玉人心里呐喊了60多年。"种树，种树，种树"，节奏看似简单，却让右玉人跨越了黄沙与森林之间原本不可逾越的距离，更给王占峰的心灵深处留下了不可磨灭的记忆和责任。

　　王占峰是右玉老百姓植树的典型代表。20世纪80年代，他是一家大旅店的经理，是全县稀罕的万元户。当他怀揣这两万元的时候，有人劝他买大车搞运输，还有人劝他做粮食生意。他明白，朋友弟兄的出谋划策都是为了他好，他自己也隐隐感觉到外面广阔的世界对他来说更有发展前途。

但他更懂得，虽说自己赚了钱，但家乡还是老模样。黄风、水土流失、干旱成为右玉人的"三座大山"。包括石炮沟在内，整个右玉县的生态环境依然严峻。

他，而立之年，还没有到了落叶归根、倦鸟归林的地步，是什么力量让王占峰放弃了大城市的发展，义无反顾地回到了一穷二白、风沙黄土卷满天的故乡。

是不忘初心寻根的梦，是全心全意改变家乡面貌的责任与担当，是灵魂深处的大梦与黄土地的情愫支配着他。

1982年，31岁的王占峰毅然舍弃收入不错的旅馆生意，回到家乡承包荒山。他雄心万丈，进驻石炮沟，誓言重新安排山河与大地。

王占峰开始了长达35年的植树造林。

期初，持反对意见最大的是他的父亲王玉。父亲的反对有充分的理由，他对儿子苦口婆心："祖祖辈辈贫民出身，穷到了少吃没穿的地步，你又不是没有经过？好不容易找到了挣钱的路子，自己孩子多，需要上学、娶妻成家，还有双方父母需要养活，不好好在外面挣钱，回来干啥？"

王占峰没有听从父亲的劝说，父亲对他这个"不孝之子"又一次大发雷霆，之后长达三年没有与他说过一句话。

许多亲戚和朋友都说："在右玉种树，太难，太苦！栽活一棵树，比养活一个娃还难哩！"

这里土地贫瘠，树木成活率低，栽上死了，死了再栽，一块地要反复栽上好几年。

当年和他同班的同学们，如今有当大官的，也有搞生意做大老板的，大家都说老王傻。

"生态环境不搞好，发展什么都是空话。"具有超前思想的王占峰意识到这一点，带着自己对土地难舍的情谊，不顾家人的反对、亲友的质疑，卷起铺盖，带着锅碗瓢盆住进了石炮沟。

自此，他像上紧了发条的钟表，在新的轨道上不知疲倦地奔忙着……

英雄地——走近右玉播绿人

向石头要绿色

一头骡子，一个窝棚，一盏煤油灯，一个人，一口气，一腔热血，受了一辈子苦。

当年的石炮沟，坡陡沟深，乱石林立，黄沙遍地。沟里居然还有一座小山，这给王占峰的绿色事业带来了巨大的不便。

话说，"寸土难移"。试想，移山的难度有多大？王占峰没有被眼前的困难吓倒，他决心向石头要绿色。他独自一人扎进了荒山沟，以愚公移山的精神，早出晚归，乐此不疲地苦战在石炮沟里。

追溯中国上下五千年，大多能成事业者，皆出于逆境。同样，逆境磨炼了王占峰，也养成了他时刻前进、永不停息的惯性思维，他的植树是有计划、有安排的一盘棋工程。

首先，王占峰搞的是基础建设。他开凿山石，以每天120元钱雇来了挖土机，开山、垫沟、取土、平地。他自己也一筐一筐地背土。王占峰说："这些最基础的工作必须做，保水、蓄土，把那些水保在山上，把这个水保在沟里头，把它蓄住。这是搞小流域建设，它不是专门植树造林，是为后面的植树造林打基础的。"

接下来便是修路架桥引水源、折枝造林育苗圃，为了种树，他在石炮沟搭了个窝棚，一个人一住就是18年，被当地人称为"野人"。

历史的定格是瞬间的事。

1986年，改革开放的春风吹遍了神州大地的每一个角落，中国人民踏着改革开放的脚步，都在外出发展了，特别是中青年

王占峰在为林子垒墙（王占峰供图）

骨干人才大量外流，有人把这种现象比喻为"孔雀东南飞""一江春水向东流"。

沉睡的老墙框村民在自由的空间里也逐步向外走去。

当时的王占峰举步维艰。除了辛苦，最要命的就是树还没长起来，他的积蓄却花光了。

王占峰在巡山（中共右玉县委宣传部供图）

焦渴的土地，龟裂的伤口，寒冬岁月中的小鸟裹紧双翅，始终期待着春的到来，飞翔出生命新的高度。

1987年春天，植树高潮过后，王占峰实在没有经济来源了，他把石炮沟交给舅舅看管，自己想走出去挣点钱，好继续发展绿化事业。于是他托同学找到了右玉县地震局领导，来到这里当上了地震局管理员。

王占峰说，那一阶段是他一辈子最清闲的时光。可他人在曹营心在汉，他时刻牵挂着石炮沟，唯恐舅舅给他看护不好。

秋季的一个礼拜天，他回到了石炮沟种树，晚上继续住进了他的窝棚里。不料，半夜里乌云翻滚，电闪雷鸣，倾盆大雨直泻而下，茅草窝棚顶开始漏雨，他来不及穿衣服，立即爬起来出门察看，外面早已成了一个水的世界。突然，一股山洪冲下来将王占峰扑倒，差点要了他的命，后来冲到100多米的地方，他拽住一棵树才没被冲走。当一个泥人拽着一棵杨树狼狈地爬起来的那一刻，他的内心深处听到了一种声音："回来吧！这里不能没有你。"

"是树救了我的命！"他说。树离不开人，人离不了树，至此，他们的生命已融为一体。

英雄地——走近右玉播绿人

于是，他辞去了那份清闲的工作，继续回到石炮沟，他种树的脚步更无法停歇了……

"开弓没有回头箭，只能成功，不能失败。"王占峰说。

探索，是创新，是一个艰辛而复杂的过程。

经过几年的摸索探讨，到后来，王占峰放弃了粗放治理，开始在科学种植上动起了脑筋，他四处考察学习，掌握了连通灌溉技术。为治理荒沟，绿化山川，王占峰付出了巨大的辛苦和汗水。为了使沟里的泉水得到充分的利用，他建起了水库，养起了鱼；为使坡梁上的果树浇上水，他专门去定县水库学了连通灌的安装技术，在山坡上安装了长达2公里的连通灌，使许多坡梁地变成了水浇地；为了适应高寒地区的气候环境，他到雁北果木站学会了育苗技术，自己建起了苗圃，使种树成本大幅降低，成活率有了很大提高。

人类以善相待，自然敬之以礼。

右玉县地处晋西北边陲，位于毛乌素沙漠边缘，是"三北"地区长城沿线潜在的沙漠化地带，气候高寒干旱，曾被断定"不适合人类居住"。中华人民共和国成立初期，受历年战争破坏等因素影响，右玉县仅有残次林8000亩，森林覆盖率为0.3%，沙化面积达225万亩，占全县面积的76.4%。在这样一个环境恶劣的地区选择植树造林，难度可想而知。对于大家的不理解，王占峰用35年的时间给予了答复。

就是这样一个"傻"人，让附近的村民感受到荒山绿化后带来的新生活。

许多公司曾多次以优厚的报酬请他出山，都被他婉言谢绝了，他说："种树对社会有利，对个人有利，对我们的子孙后代也有利，我离不开我的石炮沟。"

坚持需要足够的意志力。由于气候条件限制，石炮沟里的树，每年生长期满打满算也就是两个月左右。王占峰说："不管种什么树，种五棵成两棵就不错了。不断地死，反复地种，屡败屡战，每一次都重整旗鼓，我必须坚持跟大自然较量、协商。"

树在休眠，王占峰在思想、理念上却放弃"闭冬"，新的理念、新的思路引领着他的步子迈得更远、走得更稳。

严峻的现实让王占峰意识到只有投入，没有产出，植树造林不可能持续。于是，王占峰开始尝试种植一些经济作物，希望以此来解决种树的资金难题。

王占峰说:"树种的选择也是有一定要求的。起先,以抗干旱能力强的樟子松和油松容器苗作为主要栽植树种。"

在一个阶段,他栽起了果树,支撑了八九年。逐渐又搞起其他经济林,经济林没有得到帮扶,就自己想办法投资。王占峰说:"要想发展,必须得有经济支撑,没有最基础的经济支撑是不行的,你搞不起来。"

后来,在山西省林业厅相关技术员的指导下,他选准了四五个品种的杏树来栽植。其中,特色品种杏树"金太阳""亚美宁亚"成为经济林的名片。

说起杏树,王占峰高兴得合不拢嘴。

王占峰种植的金太阳杏树(王占峰供图)

我有幸亲临现场:微风之下,大片大片的杏树园绿意盎然,飒飒作响的浓叶密枝,与黄里透红的杏子交相辉映。

极目远眺,那些挂在树上的单个杏像小灯笼,那些一簇簇、一串串的杏子像火把,挂满枝头。每颗杏子里浓浓的汁液甜得发腻,香得让人垂涎。每到7月中旬,前来石炮沟采摘的人络绎不绝。

光阴似箭,岁月无情。不知不觉,35年过去了。

35年,在时间的长河里微不足道,而对于一个人,一生能有多少个35年呢?

当初的年轻小伙已成花甲老人。王占峰的头发白了、眼睛花了、耳朵聋了、牙齿掉了,他所开拓的荒山变绿了。

王占峰不愧为一个铮铮铁骨的汉子,贫穷造就了他的坚强性格,磨难迫使他勇往直前。在成功的事实面前,他赢回了亲朋好友对他起先的不理解。

老父亲临终前握着他的手说:"儿啊!你太辛苦了,也总算是弄成了。"在父亲面前他是愧疚的,因为种树,他没有时间好好地孝敬老人。

天蓝了,地绿了,这个曾经被人描述为不适合人类居住的地方,如今变得郁郁葱葱。不仅石炮沟变成了"滴翠园",在一大批像王占峰一样的植树造林功臣的带领下,石炮沟所属的右玉县都在发生翻天覆地的变化。

满目苍翠,锁住了肆虐的黄沙;蓝天碧水,吸引着往来的游人。

精神支撑的杠杆

有人说,每一个成功男人的背后都有一个支持他的女人;每一个成功女人的背后,都有一个受气的男人。

王占峰算得上是一个成功男人,可他的背后却偏偏有一个受气的女人。在采访王占峰的过程中,他的妻子张爱香不时地插一句埋怨丈夫的话。直到傍晚我们才有机会进行了一次单独谈话。

8月的右玉,秋高气爽,风轻云淡。

晚霞照在石炮沟里别有一番景象。采摘完杏子的经济林,像刚坐完月子的少妇,重新焕发出生机,肥大嫩绿的叶子在微风中摆动,有谁能不去联想它们是在庆祝丰收后的喜悦?高大的通天杨你不让我、我不让你地崭露头角,各种松树油浓针尖,翠绿欲滴,毫无疑问,它们最配得上"滴翠园"的名字。

沟底下一条清澈的小溪静静地流淌,两弯湖泊波光粼粼,不时有小鱼浮上水面,然后又一头栽到水底。

此时,王占峰夫妇的院子里更是热闹非凡。一群散养的母鸡带着孩子们叽叽喳喳向女主人讨要食物,灰褐色的鸭子不甘落后地在抢食,两只大白鹅伸着长脖子发出异样的尖叫声,好似有一种鹤立鸡群的威风。只有两条大黑狗被铁链子限制了自由,在院子外面上蹿下跳地狂咬,敌视着我这个不速之客。

菜园子里的大葱、卷芯白、豆角、胡萝卜各具特色,大门楼子上的葡萄像珍珠似的,一串挨着一串,园子四周开满了各种各样的鲜花,争奇斗艳。

我与赵爱香大姐的谈话,就进行在这样一个诗情画意的院子里。

赵爱香54岁,是王占峰的续妻,同村,小老王12岁。是缘分,还是女人与女人之间有一种无形的亲密感?张大姐握着我的手,有一种相见恨晚的感觉,一股脑地向我倒苦水:

"王占峰就是个一根筋。因为种树自己受了一辈子罪不说,钱没有挣到,还耽误了孩子们的前途。起初进山像一个野人似的,一个人在山上待了18年,我一个人种着60多亩地,累死累活的,还每天背着孩子往返4里地给他送饭。其他人家的孩子们进城念书了,我们走不开,今年这个村、明年那个村地凑合完了小学和初中,高中没有上成,念技校。儿子后来当兵了,转业回来到现在没有工作,没有房子。"

……

夜幕降临,"巡山大王"披星戴月、风尘仆仆地踏进了家门。"王大哥,你中午也没有休息,这么晚了才回来,累坏了吧?"我问王占峰。

"哈哈,哪有时间休息,中午我从来没有休息过,说不累是假话,但这些年我已经习惯了。我这35年绝对比别人苦,辛苦得多。我这个辛苦不和人说,别人休息,我在野地里担水担土植树造林。自己选择的路,再苦再累也得继续。"

"赵大姐是你的精神支撑,没有她做后勤工作,你就不能全心全意地植树了。"我对王占峰说。

在荒山野岭中坚持了35年,王占峰觉得最对不起的就是家人。

"老伴骂你,爱树比爱她和孩子厉害。"我和王占峰开玩笑说。王占峰望着妻子哈哈地笑了,饱经风霜的脸上写满了愧疚和疼爱。

他自言自语:"人这一辈子还是活得简单点好,能做点啥,就做点啥吧!干自己喜欢干的事。"他像是在安慰自己,也像是在安慰我和他的妻子。

妻子接着抱怨道:"前一阶段,他去参加《人说山西好风光》栏目,我种了一些花,人家回来趁我不注意,偷偷拔掉,全部种上了树。孩子小时候上学,如果被同学打了,他总是说没事、没事,同学逗你玩呢!但如果谁不小心把树枝弄坏了,他就会大发脾气,心疼得不得了。"

埋怨归埋怨,丈夫这些年心无旁骛地植树,吃了千种苦,受了万般累,赵爱香看在眼里、疼在心上。毫无疑问,王占峰能够用35年的时间把一个"鬼也走不进去"的石炮沟打造成一个远近闻名的"滴翠园",与妻子赵爱香背后默默无闻的支持是分不开的。

石炮沟现在有多少树,老王自己也数不清,不过少了哪一棵他可知道。指点石炮沟,老王充满成就感,这就是财富。"东边是松树林,中间是果树,西边是杂交林。"他如数家珍。

英雄地 —— 走近右玉播绿人

农民出身的王占峰平日里省吃俭用，自己经常舞刀弄棒的，一不小心，手就会碰伤，可他连一个"创可贴"也舍不得买，每次止血就是把棉花烧着，用最原始的棉花灰敷在伤口上，再用布缠住。但在植树投资上，他却从不吝惜，总是慷慨解囊，倾注了一生的积蓄、心血和汗水。

10 年前，有煤老板看中了石炮沟，想出资 500 万元买下，王占峰一口回绝了——这里倾注了他 35 年的心血啊！

现在的王占峰虽已不再年轻，植树造林的劲头却不减，他还遵循着 35 年来的生活轨迹：每天起早贪黑、泥巴满身、见缝插针，种了一苗还想种，哪里有空隙种哪里。劳作依旧，清贫依然。他手上磨出厚厚的茧子，手掌、手指被树液染成了黑绿色。

35 年来，为了治理荒山，王占峰花光了所有的积蓄，还欠下一屁股的债，石炮沟的绿化面积却由 150 亩扩大到了 3000 余亩。

王占峰告诉我，随着年龄的增长，自己越来越力不从心了，如何能够守卫这片树林，是他目前考虑最多的问题。

"尽管两个出口都上着锁，不久前，一个讨饭的人还是趁他们进山不在，砸烂锁子把饭吃了，把他唯一一身出门穿的半旧西服和姑娘给买的新鞋穿走了。"王占峰讲道。所以，他最大的心愿就是把石炮沟以低价承包出去，让更有能力和经济实力的人来开发治理。当然自己凭着老经验帮其看守。

时光荏苒，机不可失。望有慧眼识珠者，前来洽谈。

35 年来，王占峰的心里只有石炮沟，只有他的绿色事业，唯独没有他自己。

他说："每天有事没事，有点没点就想进树林里转一转、看一看，否则就觉得不舒服、不踏实。"

"绿水青山就是金山银山。""生命与绿色拥抱，人类与自然共存。""保护环境是责任，爱护环境是美德。""人人爱护环境，环境呵护人人"……

这些标语牌子，树在石炮沟树林的各个角落，都是王占峰亲手制作的。

细细打量王占峰，他的相貌普通得一如塞北农民，一双手因常年植树而变得骨节粗大，皮肤被塞上强烈的阳光烤成古铜色。

其实，少年时代的王占峰，浓眉大眼、面容清秀、皮肤白皙。几十年过去，岁月与风沙在王占峰身上留下了太多太多……如今皱纹纵横的脸庞，略显疲惫而坚毅的眼神，似乎都在印证着他的艰辛与不易！不过，每逢重要场合，王占峰总是西装革履，爽朗的笑声感染着在场的每一个人。

往年的石炮沟，如今的"滴翠园"，虽然只居住着王占峰夫妻二人，但王占峰不是孤独的。右玉县南山公园的植树纪念碑上刻着100多个名字——他们都是右玉60多年来涌现出的"造林功臣"，王占峰便名列其中。

青山不老树常绿。站在石门山顶上眺望，成片的树林在石炮沟随风掀起层层绿浪，满目苍翠，散发着一种芳香、甜润、清新、促人向上的气息。

"万里蓝天白云游，绿野繁华无尽头。若问何花开不败，英雄创业越千秋。"作家魏巍曾经留下赞美白杨树的诗句。他有代表作《谁是最可爱的人》。

王占峰也是最可爱的人，他没有惊天动地的豪言壮语，却干着感天撼地的千秋大业。

历史给了王占峰一次机遇，王占峰给了世人一个惊喜，来过石炮沟的人，无一不为他的精神所感动！

尾声：对王占峰的事迹早有耳闻，对石炮沟也略知一二，如果不是亲临现场，对其了解则需要一定的想象力。

然而，聆听他一路走来的脚步声，从没有像今天这样让人心潮澎湃。

一位老人，一种精神，一汪绿色，一座家园。右玉人环境觉悟与生态理念吻合的历程，人类与环境关系的演变轨迹，人与树的关系图谱，一个可敬而可爱的人的伟大形象，在右玉"滴翠园"彰显得动人而清晰！

【作者简介】郑福娥，女，1966年出生，朔州市平鲁区人。朔州市作协会员、朔州市三晋文化研究会会员、《晋能集团报》记者、李林研究会会员。从小酷爱文学，曾发表小说、诗歌、散文、报告文学、杂文等数百余篇，著《铿锵玫瑰》一书。现就职于晋能集团朔州煤销公司。

万木之父 一乡之福

——记曹家村曹国权

指 尖

"大将筹边未肯还，湖湘子弟满天山，新栽杨柳三千里，引得春风度玉关。"——杨昌濬

简述：曹国权在右玉曹家村坡梁沟岔植树造林，直至年逾古稀。60多年来，共栽下杨、榆、柳、松、杏等树3万多株，为绿化曹家村献出了自己的一生。

一

时至今日，当苍老如早年塞外的风沙，无法逃避地袭裹曹桂花的骨头和皮肤，生命的飞雪星星点点缀上她的头顶，在一些恍惚时刻，譬如清晨薄暮、黄昏炊烟、晕黄灯下，或者夜半梦回，她的眼前总会出现50多年前的一幕：那时，父亲曹国权还有硬朗的腰身、洪亮的嗓门，走起路来，咚咚咚咚，腾起一层又一层的尘沙。那时，她还是个5岁的小姑娘。夏天或秋天的黄昏，天空收回最后一缕光线，荒凉的大东沟里零零星星的小草和树苗也被天空收回。朦胧中，她们家的窑洞、窄小的土院，还有院外深深的大东沟，被一种暗沉却醇厚的光线笼罩。她和姐姐曹梅花跟在父亲身后，无比兴奋地走向祖父母家的院子。此刻，父亲曹国权粗糙的手里拿着一把二胡，那是一把伤痕累累的二胡，上面布满岁月的疤痕。但即便如此，她们都知道，就是这把不起眼的二胡，在父亲手里，会发出婉转悦耳的声音，那是这世上最好听的声音。

在另一个院子里，堂哥们已将一架旧的扬琴放在了高石头上，而堂姐妹们也已端坐等候。父亲笑笑说："就等我了吧？"堂哥也笑笑。于是，父亲坐下，将二胡放在自己的膝盖上，稍事休息，右手中琴弦一颤，乐声便如清水般汩汩流出。那边厢，大堂哥的扬琴声也"叮叮咚咚"响起，二堂哥舔一下干裂的嘴唇，将笛子横在嘴边，悠扬的笛声也一并欢快地加入这场演奏。一时，满院子莺歌燕舞、山欢水笑，仿佛一切困苦都倏忽消散，只剩下令人陶醉的此刻。

……

  终南山，是吾家，
  腊月天，开鲜花，
  茅庵草舍无冬夏。
  仙桃仙果般般有，
  对对童儿捧仙茶，
  洞门外悬挂葡萄架。

……

曹桂花记得这是他们唱过的道情中的唱词，5岁的她，在父亲和堂哥们的乐器和歌声中，眼前徐徐展开一幅青山绿水图，遍野繁华，蝴蝶翩跹，鸟雀齐飞，那是天堂，也是梦境，令她痴迷、向往，一念，便是几十年。

二

这是20世纪60年代的右玉县西碾头乡曹家村少有的晴朗黄昏，然而，很快便是寒意侵袭，风沙呼啸，恶人的魔笛从塬上隐遁而来，这笛声，让整个曹家村的人紧张起来。曹桂花家也不例外，堂哥匆忙收拾好乐器，而堂姐妹也一哄而散。幼小的曹桂花和曹梅花，惊恐地紧紧拉住父亲的衣襟，生怕被风沙吹走般小跑起来。

当时的曹家村是一个仅有30户人家的村子，全村大约有200人，像许多以姓氏为名的村庄一样，曹家村人绝大部分都是曹姓祖先的后代，而曹家村便是祖先在如许年前扎根于此的故居。

曹桂花的父亲曹国权，兄妹五人，上有哥哥和姐姐，下有弟弟和妹妹，随着他们各自成家，原先的窑洞已不能容纳日益增加的人口。似乎并无商榷的余地，成家后的曹国权，就在父母老屋的东北面土崖上挖出一眼窑洞，作为他和伴侣以及后代的蜗居之地。

2017年9月，我走进了曹家村。这里有跟我家乡完全不同的地貌和气候。随行的朋友看惯了我们居住和生存的崇山峻岭，习惯了封闭幽窄的视觉，面对右玉平展而开阔的地貌以及一望无际的菜籽地，发出了惊呼。后来，当我们穿过长长的大东沟，攀爬着登上曹桂花的父亲曹国权当年居住的院子，看到两眼低矮而摇摇欲坠的窑洞时，复又发出无限的不解：有那么平整的地方，为什么还要将房子建到这样没出路的地方？是的，我们初来乍到，并未在这里出生和生活。按照我们的惯性思维，我们是要选一处平整的、视野开阔之地建造房子。我们喜欢享受充足的流动的空气，喜欢清风拂面，喜欢细雨飘落。在冬天，茫茫雪野之上，我们喜欢看逃跑的兔子、觅食的野鸡，还有无数麻雀在雪地上留下的印迹，那时，碎银般的光线从空中洒下来，透过宽大的玻璃窗，照着炕头上的你。所谓现世安稳，不过如此。

可是，对于曹桂花来说，当她出生，不，是当她的父辈，或者更早的祖先们出生时，一睁眼，面前便是寸草不生的茫茫土塬，来自塞外的风沙肆虐着，侵袭着她们的家园，方圆几十里，人迹全无。曹桂花像她的父亲那样，就是听着"一年一场风，从春刮到冬。白天点油灯，黑夜土堵门。风起黄沙飞，雨落洪成灾"的童谣长大，并亲眼看到、亲身体会到童谣中所描述的情形。

那天，当曹桂花随着父亲回到窑洞，父亲转身便将窑洞的门关紧，并用木棒和石头将门死死抵住。在曹家村，所有人家的门都是朝里拉的。这不是因为美观或者顺手，而是为了应付窑洞外面的漫天飞沙，它们但凡到来，便会不休不止，且威力无边，迅速在平地积起数百数千的沙丘。《朔平府志》就有记载："每遇大风，昼晦如

曹国权曾住过的窑洞的窗口（中共右玉县委宣传部供图）

夜，人物咫尺不辨，禾苗被拔，房屋多摧，牲畜亦伤。"没有人能预测，明早开门，门前是否会沙山堆积，或是厚沙铺地。许多人家，早晨一开门，就得对付面前高高的沙堆，只有用铁锹铲掉它，才能重见天地。有时，风沙几天几夜不停歇，那时，他们就待在屋子里，点着煤油灯，无比惊恐地等待风沙平息、走远。学生们也常常被风沙堵在教室里，教室里煤油灯发出影影绰绰的光线，老师沙哑的声音，学生们有气无力的读书声，构成曹桂花对学校生活的全部记忆。曹桂花听父亲说过，他小时候的一个伙伴，因为没有及时跑回窑洞，被风沙掩埋，而他们连他的尸体也未找到。父亲说，曹家村的人，随时都有被风沙吹到空中，或者被掩埋而尸骨无存的可能。

这就是右玉，历史上山西省的西北边陲，有蜿蜒的外长城，有咽喉重地杀虎口，历代王朝在此屯兵遣将、设置防守。到了明朝隆庆年间，蒙汉"互市"之后，此处一度又成为中原与塞外的集贸中心，商贾辐辏，店铺林立。但是，在父亲曹国权的记忆里，这里从未繁华过，当他降生，这里便是一片不毛之地，土地贫瘠，饮水困难，庄稼歉收，草木干枯。据说，外国专家曾来此地考察，饱受其苦，断言这里是不适合人类居住的地方，建议举县迁徙。父亲曹国权说起这些时，脸上深深的皱纹中嵌满笑意。而幼小的曹桂花也在父亲的笑声中咯咯地笑个不停。

三

曹桂花的父亲曹国权出生于 1911 年，由于家庭贫穷，兄妹当中，只有姐姐被送去学堂读书。每天，曹国权都会羡慕地看着姐姐上学，直到她的背影消失在黄土塬上。姐姐亦深知自己肩上的重担，放学归来，就会召集弟弟妹妹，坐在炕上，将自己当日所学到的知识，一字一句教给弟弟妹妹。这样的情形，延续了五六年。就这样，曹国权不仅认识了字，还学会了打算盘。这在当时那个年代，一个闭塞的村庄，有这样一个人，的确是了不起的事。曹桂花很小就听祖父母讲过父亲曹国权的事，那时村里人都说曹国权聪明，脑瓜灵光，是能成事的人。可是，就是这样一个被预测为可成事的人，却因为土地贫瘠、颗粒无收、难以果腹，直到 30 多岁还在打光棍。

直到那个秋天，家里种下的莜麦打下可怜的小半瓮，父母唉声叹气。母亲挑拣着莜麦里的草，竟然抹起了泪，后来，又长长地叹气，说照这样收不下粮食，不吃不喝攒多少年才能给国权娶下媳妇呢？曹国权听了，心里很不是滋味。夜里，他辗转难眠。他想，庄稼不长，是因为风沙太大，如果能将风沙挡住，不就有庄稼了吗？但什么东西才能挡住风沙呢？苦思冥想中，他突然想到了栽树。他腾地一下从炕上坐起来。在曹家村，不但庄稼不收，树也不长，大东沟只有零零星星的几株杨树，长得弯腰驼背、叶冠稀疏、枝丫枯瘦、根部稍粗，但树干极细，像猪尾巴。那么，有没有可能利用这有限的几株猪尾巴树，通过插杆栽植，让曹家村的沟里长满杨树呢？曹国权并不知道他这电光火石般的念头，像一星火种，不止点亮了此刻的自己，也在无意中为右玉县点亮了一盏走向未来的明灯。说干就干，第二天早早起来，他扛上铁锹就开始在大东沟的坡上刨坑，他知道，现在栽树，活下去的希望极其渺小，但秋天和冬天，自己可以刨很多的坑，即便被风沙埋上一大部分，也还会有明年春天能栽树的坑。

来年春天，当沟里那几株杨树芽子饱满，父亲曹国权便带着镰刀，开始伐树枝，并将它们栽到自己刨好的坑里，没有水，没法浇，就等雨来。

"这些树有七成都死了。"父亲像叨古话一样，跟曹桂花这样说。

"死了怎么办？"

"再栽。"

曹桂花长大后，无数次地经历过"再栽"的历程，这两个字，就像一个印章，从很小时开始，就深深地在她和姐姐身上、心上打下了烙印；这两个字，也是属于父亲曹国权自己的，是倔强、不屈、隐忍、宽厚的代名词。是的，这世上没有办不到的事，我们缺的就是"再栽"的恒心和决心。

父亲还给曹桂花讲过第一次换地的事：

土改时，政府按好坏搭配的方式给曹家村每家都分了田地，当时父亲曹国权分到12亩好地。栽了几年树，虽然成活寥寥，不甚理想，但曹国权已经总结了一套经验，那就是好地在平处，坏地在高处，盐碱地、坡地、沟地栽树好。现在，政府为了让他们吃饱，便把好地分给了他们。可是，打粮食的好地，在曹国权的眼里，并没有那些盐碱地、坡地、沟地金贵，于是，他跟人商量，用12亩好地去换整条大东沟。要知道，当时的大东沟可是一条荒凉的沟渠啊，那里连草都不长，更莫说庄稼了。这么好的事，别人当然愿意了。有人笑他傻，他也不分辩。

这件事，当时传遍了右玉，人们对他的行为，有惊叹，有不解，也有耻笑，还有羡慕。而他的母亲更是哭天抹泪、要死要活，为接下来的生活担忧不止。曹国权的执拗，使他就像一个在风沙中踽踽独行的人，背影上写满荒凉，也写满希望和理想。而这条荒凉的沟渠成就了他的栽树梦，也成就了他浪漫的理想。

从此，他的沟里不止有树，还有山药蛋、莜麦、胡麻，等等，树虽然少、小，但它们一年年在增多、长大，它们抵挡风沙的作用一年比一年大。曹国权的粮食，便一年比一年好，收成自是比以前高了几成。几年下来，他积攒了几瓮粮食，终于，31岁那年，他如愿以偿地娶到了媳妇，羡煞旁人。他趁机便跟村里人说："栽树吧，栽了树，就能打下粮食了，咱也就饿不死了。"

于是，村里便有人开始偷偷效仿他，秋冬整好树坑，春天将杨柳栽下。风沙来了，树被连根拔起，没关系，明年再栽；树被旱死，没关系，拔掉重来。

《列子·汤问》有《愚公移山》，曹桂花并不知道，里面有这样的句子："虽我之死，有子存焉；子又生孙，孙又生子；子又有子，子又有孙；子子孙孙无穷匮也，而山不加增，何苦而不平？"如果可能读到，她会感慨，原来父亲的身上竟然蕴含了千百年来中华民族独特而源远流长的传统品质。

曹国权的事迹随着中华人民共和国的成立很快传遍十里八乡，不久，县委书记张荣怀上任，他上任的第一件事便是走访右玉的所有村庄、沟梁河汊。那一天，他来到了曹家村，并在大东沟见到了远近闻名的曹国权。在如今的戏剧或者小说里，关于他们之间的描述，尤为精彩，据说，他们之间有过这样的对话。

张：你栽树能做甚？

曹：栽了树，就能挡住风沙。挡住风沙就能种粮食，有了粮食，就能吃饱。

是曹国权的一番话，让张书记幡然醒悟，对，种树围地，便能长出好庄稼。回到县里，便提出了"要想风沙住，就得多栽树；要想家家富，每人十棵树"的口号。其后，右玉的十多任县委书记正是沿着这样的规划和思路，不断开拓，不断创新，才有了我眼前这动人无比的"塞上绿洲"。但在曹桂花眼里，父亲显然是木讷的。或许，曹国权与张荣怀之间有某种共通的气息，是这气息产生了共鸣？也或许，他们只是一心一意只想让这块贫瘠之地变得富饶？无人发问，也无人知晓。为右玉指明发展方向的两位老人，皆已作古。

四

　　父亲给曹桂花的第一件礼物，不是花衣裳，也不是毛头绳，而是一把铁锹。当父亲将它交到她手里，那一刻，她便加入了由父亲、母亲和姐姐组成的栽树队伍。春天，她跌跌撞撞跟着大家从坡头下到沟里，初时，她是兴奋的，觉得自己终于被赋予了任务，成为一个可以做事的人。可是，当她开始按父亲的要求用铁锹刨坑的时候，渐渐感到了力不从心。按父亲的要求，一个树坑口要有大约一米宽，下面要有60多厘米深、一铁锹宽。很快，汗珠就从她的头发中渗出来，幼小的她开始心慌，她不得不停下。父亲看见了说"不要歇，越歇越没劲，要坚持"。于是，她咬紧牙关，用铁锹吃力地铲着沙土，直到一个树坑成型。

　　夜里回到窑洞，曹桂花的两只手上布满了血泡，姐姐揪下一根头发，帮她将泡穿破，血和脓从里面流出来，她疼得哆嗦。姐姐曹梅花跟她说"多磨几次泡，成了茧，就再也不起泡了"。怕她不信，还将自己的手伸出来，曹桂花摸着姐姐曹梅花手心里的老茧，心里满是羡慕。心里想什么时候，自己要有老茧就好了。夜里她被火辣辣地疼醒，但也不敢哭，只能轻轻地吹着自己手心的血泡。第二天，当她再拿起铁锹时，两手里的泡疼得她涌出了两行热泪。如今说起，她早已不记得自己的手是什么时候好起来的。无数的血泡破了，又结无数的血痂，当她终于拥有了一双不再被磨出血泡的手的时候，父亲用铁板一样硬的手掌紧紧地将她的手攥住。

　　大东沟的树日渐增多。后来，不止春天，连秋天，父亲曹国权都会带她们栽树。父亲曹国权摸索出一套浇水的好办法，那就是将每株树都用石头、圪针和沙土围起来，成为一个小蓄水池。一到下雨天，别家人都争先往家里钻，而父亲曹国权却带着家人往外冲，沟坡上湿滑难行，跌倒了，再爬起来。把从坡头流下来的水，都引到每株树的蓄水池里，让它们喝饱水，成活的概率就大。随着年龄增长，曹桂花和姐姐曹梅花都懂得了羞涩，懂得了爱美，她们不想在雨里被淋得狼狈不堪。有次，曹桂花仗着被父母宠爱，顶撞父亲，不想跟着去引水。父亲火了，一个巴掌就落在了她的屁股上。

　　如今说起这事，62岁的曹桂花说："想起父亲又舍不得又不得不的样子，就想笑。"父母溺爱子女是人之天性，父亲曹国权不会说好听的话，但在不知不觉中，却用另一种方式，表达出他对孩子们的怜惜。

曹桂花至今都觉得睡懒觉是天底下最美的事，这也来自幼年时期睡不够的经历。那个时候，一到冬天，整个塬上寒风肆虐、黄沙漫卷，一觉醒来，天还黑洞洞的，她跟姐姐就被父亲从热炕上拉起来，带上草绳，手牵着手，深一脚浅一脚地下到坡上，将每株树都用麻绳绑上，用一道人为的屏障，使它们少受风沙的侵袭，得以保存。

差不多每一年，他们都在重复上一年的日子，春来插杆，夏来蓄水，秋来补插，冬来看护。每一天都和树木一起呼吸，树木已成为他们家的一员。

如今，一进曹家村，左手边就有一条石坝，这就是当年村里根据曹桂花父亲曹国权的建议垒砌的蓄水坝，他们把这里叫做水库。如今水库里还蓄着水，长满了芦苇和水草，阳光下，闪着金光。当年，曹家村人就是靠着这里的存水，浇灌着数百成千的树木。曹国权带着老伴和女儿们，担着沉甸甸的水桶，曾无数次地在这里跟大东沟的坡崖之间往返，才造就了如今的满目青翠。

因为家里的好地每年都要被父亲跟人换掉，所以粮食并不是很充裕，她们家总是吃两顿饭。村里有人笑话：别人家是一缸一缸的粮，你家是一坡一坡的树。人家有吃的，你家净看的。曹国权听了，也不生气，笑眯眯地抽着烟，很受用的样子。

事实上，曹桂花跟姐姐每年都要在荒坡上开一片地，用来种种莜麦、种荞麦、种菜籽、种土豆。地少，粮食不够吃，她们种的莜麦舍不得打，总是将穗子一起磨成面吃。生地经过一两年的耕作，到第三年，地也熟了，曹桂花和母亲还有姐姐想，这下总能多打几升粮食了。可是，往往这时候，父亲曹国权就要去村里走一圈，背着手回来的时候，哼着二人台，脸上带着一种满足，一进屋就宣布，要跟谁家换地。

父亲的话，家里人已不再反驳，一来她们有在家从夫从父的思想，二来她们理智中觉得父亲的决定是对的。所以后来她们总是多刨荒地，因为她们知道，这些地的存在便是树的存在。

五

曹桂花记得父亲曹国权大病过一次，那是 20 世纪 60 年代初期，村里响应国家的号召，大炼钢铁，为了提供充足的燃料，就大规模砍树。不止如此，劳力都抽去炼铁了。曹国权不得不停止栽树。那年，曹国权不过四十八九岁的年纪，他突然就

英雄地 —— 走近右玉播绿人

生病了，浑身无力，嘴角长泡，牙疼，他不得不躺在炕上，直到满口牙都掉光。这病来得蹊跷，去得也蹊跷，不久风声一过，父亲曹国权又精神抖擞地出现在大东沟的半坡里，像从未发生过什么事般，伐着杨柳的枝条。最令曹国权高兴的是，公社给村里发了油松苗，他无比爱惜地将它们栽到坡上。要知道，在这之前，整条大东沟存活的树基本都是杨树。那种杨树，就是如今很有名的右玉小老杨。小老杨，学名小叶杨，树皮呈筒状，幼时呈灰绿色，老时暗灰、沟裂。树耐寒，喜光，耐干旱贫瘠，多成长于干旱沙丘地带，是右玉的土生树种。在大东沟，我遇见了无数小老杨，它们树体扭曲，枝叶稀疏，浑身布满与风沙无数次交手的痕迹。我也遇见过曹国权栽下的油松，它们不同于我们常见的油松那样繁茂笔直，而是细瘦的、稀疏的。右玉大地上的所有物种与风沙为邻，被它侵袭的过程中，身体之中渐渐生出一股超人的坚韧和沉默而宽容的气质。

像大多数村庄一样，曹家村如今的人口仅剩5户，年轻人都带着孩子到有学校的镇子去住了，留在村里的只有几个老弱病残。为了他们的安全，政府照顾，给他们建了彩钢房。远远望去，平展展的田地，蓝白相间的、红白相间的彩钢房就像大地之上的彩虹。因为十多年无人居住，曹桂花父亲曹国权的老窑已经濒临坍塌，从唯一的门进去，一根木头顶在堂屋中央，左右里屋也不过10平方米的样子，一盘炕，一个灶台，两个破了的瓮子，便是如今我们所见。可是，当我站在地上，从脱落的窗口向外望去时，便被窗户分割出来的画幅般的风景吸引住了。蓝天，白云，无边的绿意，安静，隐忍，大气，这是世界上最美好的风景。

在我跟曹桂花的交谈中，她的丈夫郝大哥常常插话进来，似乎有些事情，他比曹桂花还要明白。郝大哥是东十里铺的人，是父亲曹国权当年给曹桂花相中的对象，年轻时当兵，退伍后回到县林业局上班，现已退休。当他说他在林业局上班时，我心里蓦然一动。相框里，曹桂花的父亲曹国权是一个耄耋老人，他清瘦、干、硬，像一株老树。一股我所陌生又熟悉的气息，氤氲在屋子里。突然就想起一句话：无论你遇见谁，他都是对的人。这意味着，没有人是因为偶然而进入我们的生命，每个出现在我们周围，与我们有互动的人，都代表着一些事件的生发和终结，也许会教会我们什么，也许会协助我们改善眼前一个状况。命运是要把郝大哥通过曹桂花推到父亲曹国权面前吧？我禁不住问曹桂花："你姐夫是做什么工作的？"曹桂花说是老师。那一刻，我颇感欣慰。

一切都是最好的安排，父亲曹国权用后代的延续来弥补心里一直缺失的东西，比如女婿们的职业，比如女儿们的名字，比如树。他这一生，都是在不知不觉中朝向圆满而去，一种他虽然从未言明，但命运却准确指向的圆满。

曹国权的老屋院子长不过两米多，宽也不过一米五左右，在这个院子里，他住了整整60年。院子下面，

曹国权60年造林成果（中共右玉县委宣传部供图）

曹国权身后，满目葱茏（中共右玉县委宣传部供图）

就是蜿蜒的大东沟。曹桂花说，以前院子下面的坡上，父亲栽下了许多杏树，一到春天，满面坡白晃晃的，美着呢。等到杏子成熟，邻村的人都来摘杏子。有人劝父亲曹国权可以适当地收点钱，曹国权说："树是我种下的，果子不是我的。"这句话，也像是在说他的女儿们。俗话说，不孝有三，无后为大。曹国权虽然有两个女儿，但没有儿子，所以有人也笑话他无后。连老伴都说："你没有儿孙，这树是给谁栽哩？"曹国权不屑地说："曹家村的后代那么多，给他们留下不是很好吗？"

曹桂花说："父亲80多岁的时候还住在老院子里。虽然因为年纪原因，不能栽

树了，但他依旧每天站在院子里，看着大东沟的树。谁家的牲口进去了，他就大声吆喝，让人把牲口牵走。谁要是进去砍柴，他也吆喝。不要看80岁的人了，眼睛好，中气十足，许多人都惧着呢。"

这时候的曹桂花，自己开了个油坊，两个孩子都上了大学。但每年一到植树时节，父亲就让她和姐姐回来，买上树苗，到沟里栽树。

我问："那父亲过世后，你还去栽过吗？"

她说："栽，习惯栽了，哪年不栽，会觉得日子缺了点什么。"

曹桂花说父亲得过许多奖状和奖章。据我掌握的资料，他出席过省里、市里和县里的无数次表彰大会，是中华人民共和国成立后第一位获得"造林功臣"牌匾的右玉人。即便如此，他从未沾沾自喜过，因为他是个明白人，知道自己的职责所在、精神所在。

曹桂花说，有一年，父亲和姑姑同时成为县里的造林模范，当时两个人的大照片都登在报纸上。说这些的时候，她双眼潮红、喉头哽咽。我懂得，那是来自心底的对父辈的敬仰和引以为豪，也是现代人缺失的清傲之气。

六

我眼前的大东沟，芳草遍布，绿树成荫，绵延几里。完全可以想象，晚年的曹国权看着自己60年的成果，心里充溢的满足和遗憾，满足是面前的绿荫，遗憾是再没有92年的生命令他重新来过。3万多株树，在曹家村不过是个小数目，但对于一个人来说，它存在的力量大过信仰。

父亲曹国权，卒于2011年2月23日下午，享年92岁。那时，他已经在女儿曹桂花家住了十多年，弥留之际，他再三叮嘱女儿女婿，一定要多回去照料照料大东沟里的树，不要让牲口糟蹋，不要让人砍。

我即将告别曹家村时，随行的曹大爷突然说："那老汉是个赖汉，吃大烟，做坏事。"我知道，在曹家村，早年因为饥饿，人们种过罂粟，用以治病。当时我虽然愣了一下，但突然就释怀了。这才是有血有肉的父亲的形象，所以，在曹大爷说"赖汉回头饿死狗，这才是曹国权老汉"的时候，我们在蓝天白云下笑出了声。

树，是父亲曹国权的命，无论桂、梅两株开花的树，还是满东沟的小老杨、柳树、油松、榆树、杏树，在父亲曹国权眼中，它们都是他的命，是他所珍惜、他所爱护、他所牵挂的亲人，是他永恒的后代。作为父亲的曹国权，他想让曹家村的子孙们拥有这世上最温暖的家园、最清澈的空气，能吃饱穿暖，过得幸福，仅此而已。

（作者指尖，简介详见第61页）

病老犹行　匍匐而行

——记滴水沿村曹拴女

静　子

简述：白头里乡滴水沿村曹拴女，年逾花甲、体弱多病，在铁锹挖不动的草滩上用火柱开洞，然后将杨树条插进去，一共栽树3000多株。

右玉县，或者往古些说右卫，就是近年，我去过也不止一回。

每到那里，扑面的总是柔润的绿风，闯入并占满眼帘的全是绿，嫩绿，浅绿，翠绿，墨绿，黄绿，不一而足。我想，倘若从天空俯瞰，这里一定像绿色的浩瀚的海洋，那隐在绿林中的村庄、城镇，随碧波荡漾，像行驶的帆船还是伫立的仙岛呢。我真的想象不出。但就算置身其中，环顾满眼的绿，远近高低各不同，也还是想象不出。可那绿，就是这么生动、这么迷人，让人由衷地赞叹，好一片"塞上绿洲"。

然而，往前，不要说遥远的右卫屯兵时代，胡人出没，狼烟四起，车骑尘滚，就是民国末年，依然大漠风沙，旷野不毛，难得遇见一小片绿意。倒是常闻牧人扯开吃莜面的大嗓门，道情调儿声闻数里，绵绵不绝："一年一场风，从春刮到冬。白天点油灯，黑夜土堵门。风起黄沙飞，雨落洪成灾。"像浑浊的苍头河纵贯南北，奔腾咆哮入黄河。直到20世纪70年代末，我在阳高重点中学读书的右玉同学，紧张的高考冲刺之余，谈起故土的特色，也只字未提绿色，还是一味夸说牛心堡、杀虎口的雄壮苍凉呢。时光流逝，仅仅几十年间，沧海桑田，百川已然汇聚成绿色的海洋。

此刻，久伫绿洲，思绪随绿波起伏荡漾，远近飘忽，不能自已。迷蒙中，我仿佛看见浩浩荡荡前仆后继的植绿大军，也依稀看见星光璀璨赫赫有名的109位造林功臣，乃至于众星捧月的18位导航者，排列有序，闪亮登场，但我更看见遥远处群星灿烂的银河和整个星光闪烁的天空，像绿意盎然的大地，郁郁葱葱，无边无垠。我看见，绿意中一片片绿林和一棵棵渐渐清晰的绿树，在风中摇曳、含笑，千姿百态，又似乎一样，一样的笑容，一样的绿意，我无法一一读出他们的名字。对大自然而言，从始至终，原本就是以无名存在着。

千千万万，百年千年，以何名？何以名？

一

我今天采访的、要讲述的，就是这样一位无名者。

说无名，并非真的无名，但基本上算无名，他叫曹拴女，男女不详，生死不详。我知道，在乡下，老一辈中有这样名字的，俯拾皆是，随便走进任意一个村庄，喊一声，便可拉一大马车。因为这名字大多是上户口时，自己或会计临时取的，时过境迁，连他们本人都不记得了。况且，邀我采访的组织方华侨抗战女英雄李林研究会，除了可以提供一段简短到不能再简短的文字，再无所有："白头里乡滴水沿村曹拴女，年逾花甲，体弱多病，在铁锹挖不动的草滩地上用火柱开洞，然后将杨树条插进去，一共栽树3000多株。"就这一点点，我后来发现竟然还有诸多错误和不准确的地方。

分发人物简述时，在场参会的十几名本土作家对曹拴女及其事迹一无所知，许多人甚至连他或她所在的村庄滴水沿都没听过。热情好客的解老兄安慰我："别着急，这村子我下乡去过，只要真有这么个人，不愁找不到。况且已在万能的朋友圈发出了英雄帖，其中还真有几人是白头里村和滴水沿的，他们看见帖子，一准会回话的。"

躺在玉林宾馆床上，思绪如苍茫暮色，有些凝滞。我忽儿想，网络时代，何不问问无所不知的度娘呢？输入，轻点，果然一网打尽。我大失所望，从头至尾都是

英雄地 —— 走近右玉播绿人

那一条简述，一字不差。不过，总有些微收获，弄清这简短的一条还是朔州作家孙莱芙提到的，在他的一篇赞美绿色右玉的文章里。孙莱芙我熟悉，是我大学中文系低一年级的学弟，后来几乎又一同走上文学道路，报刊发表作品颇多交集。说起来他也算当地通，况且近年为写作《典藏右玉》，几乎跑遍大大小小远远近近所有的村庄，采访过无数的乡人。我重翻简单的课题资料，原本拟写的条目下，第一作者便是孙莱芙，但他迟迟没有动笔，并决定不写，恐怕也是因资料的贫乏，难为或不愿为无米之炊吧。我没有联系孙莱芙，心中却涌起一种不愿说出或不想承认的预感，如天空厚厚的暮云挥之不去。

不觉蒙眬睡去。梦中闯进一片林地，绿荫遮天蔽日，鸟语花香，流水潺潺，无边无际，大概迷路了，左冲右突，就是走不出。忽儿一道刺眼的强光，如闪电，划破积荫覆盖的穹庐。

我惊醒。阳光漫过窗纱，溢满屋宇。住在隔壁的省城来的作家李老师，敲门催促我和同行的柳老师去用早餐。新的一天又开始了。

二

情愿牺牲自己宝贵时间的谢老兄，如约等候在那里，见面就搓着两只大手，抱歉地说："滴水沿的朋友回话了，也不知道曹拴女为何许人也。"见我有些失落，他马上又拍胸保证："咱们上村子里找去，只要有这么个人，不愁找不见，哪怕掘地三尺……"我笑笑，握住谢老兄粗壮的大手。

车离县城，奔驰在还算平坦的乡间道路上，田野，尤其是成行成片的绿树匆匆而过，已分辨不清是油松塔松，还是白杨榆树槐树，或是叫不上名的新树种，自然也有我儿时就熟悉的长不高且弯腰驼背的老汉树，这里的人习惯称小老杨。漫山遍野，葱茏苍翠，起伏如潮，倘不是置身其中，远观哪里又看得见脚下如蛇蜿蜒的道路呢。就是远近的村庄，一样掩映在绿荫里，偶尔露出屋脊，如驼峰牛背。

车停在公路边被低矮的松树环绕的院落前，红砖碧瓦，旗杆直立，是白头里乡政府大院。几个干部模样的男人围着一辆轿车指指点点，加水，等待出发。打听滴水沿植树有名的曹拴女，竟一头雾水，称闻所未闻。还好临别时告知："到马路南边问问吧，那儿白头里村的书记正带着村民扫街呢，或许知道些情况。"穿过公路，

曹拴女种树的地方（中共右玉县委宣传部供图）

谢老兄直叫停车："这不就是白里头村书记吗？"书记说："你说的人，好像我们村曹三的姑姑。"到扫街的人群中一问，曹三惘然了："叫不叫曹拴女，我还真不知道。我姑夫姓胡，村人就叫姑姑胡婆，他家房前院后是种了几棵杨树。我也多年没去过了。或许你们要找的曹拴女另有其人，也未可知。"

哦，原来如此。继续上路寻找滴水沿时，爱说话的谢老兄蔫蔫的，先是一言不发，之后见柳老师打开导航器，更觉无趣，独自嘟囔着："西史庄，马莲滩，花园村，滴水沿，我下乡来过几回呢，真的很熟。"看着路边的绿树、田野里快熟了的油菜花，远处的丛林烟村，柳老师说："不白走这遭，旅游亦不过如此。"其实，我昨晚就上网搜过，知道滴水沿是个自然村，不足百户人家，向来籍籍无名，词条下，除了村名，一片空白。

七绕八拐，总算驶进绿荫深处的一片村落，村口有块竖立的窄窄的铁牌，刷着"滴水沿村"几个字，不像沿途的村庄或建彩绘高门楼或立村名巨石那么醒目。

有几个村民正在村口平整过的一小片平地上测量、画线，好像是要立碑建乡村广场，旁边堆着砌花圃或喷泉的砖石铁管。几个中年人热情地笑着："啥事，问吧，没有我们不知道的。"可听说后，一样相顾茫然。其中一个说："我是外村的。"其他人马上附和着："对对对，我们都是外村来施工的。到村中问问老人吧，或许知晓呢。"

三

那是自然,既来之,则安之,到了黄河边,岂有不湿鞋空归的。摇开车窗,探出身拼命喊住两位正要分手匆匆回家做午饭的老太太,说:"你们可认识曹拴女吗?"对方一愣,当听说是种树的曹拴女时,笑了:"她呀?胡老二家的。你们可算问对人了,我们从前是隔壁邻居。啥?见见?早死多年了。"虽在意料之中,我的心还是咯噔一下,不是滋味。

曹拴女的老邻居显然是位爱说话的老太太,未语先笑,说话像嚼炒豆似的,可惜豁牙露齿,有些走风漏气,一口气倒出那么多陈年往事,忽东忽西,毫无次序。我简直插不上嘴。趁她停顿的间隙,我问,还未问完,她又笑了,放机关枪似的回答:"她呀,早去了十几年了,走时都90多岁了,皮包骨,老死了。她儿子胡大,也走了五六年了,也有70好几了吧。二儿子胡二倒是活着,也搬走好多年了,偶尔上坟回一趟,也不进村,坟头摆上供品,烧沓纸,一溜烟去了,很少照面。今年就没见,孩子们也没露面,八成是有事了,按说该回哩。她老汉?老胡二,我今年都活了六十六,至小就没见过,没印象……"

我问:"曹……老婆婆,种的3000棵树,在哪儿?"

她稍稍转身,朝路南梁上一指:"那一大片可不是?中间有两间没窗户的破土窑,便是她住过的。顶粗的树已被儿子们卖得差不多了。"边说边两手做了个怀抱状。

目光随着她的手指望去,南梁上绿荫如云盖,遮天蔽日,树干林立,似钻天杨,又不完全像。打了声招呼,我随着蹦跳如兔的向导老谢飞跃上梁头坡。大概是成片的树林改变了原有的植被,乃至小气候,原本干硬的梁头有些潮润,丰茂浓密的草丛里似乎有暗水流动的声音,踩上去果然像踩在河湾的水草滩上,蛙鸣虫啾随脚步起起伏伏,分外清幽。

其实,一入村,远远我就望见这片树木和遮掩着村中房屋院落的树木不一样。隔着环村的大路,还以为那是村集体苗圃或是国有林呢,一般人家也仅在房前院后载几棵,绿化点缀而已。至于曹拴女的树,也只当个传说听听罢了,之前,脑海空荡荡的,的确构架不起真实的影像。就是此刻,置身林中,伫立在高耸钻天的大杨树前,蓝天白云割裂如花如星,光线穿串儿,我犹在梦中,似真似幻,连自己都不敢确信。但我知道，这一切都是真实的，那漫坡遍野的白杨树，那荒芜滋生的青草，那门窗不知踪影、窑洞里结满蛛网的老窑，依然在风雨飘摇中挺立，像那位久已仙逝，早被人遗忘的曹拴女老人，业已无声无息，却仿佛还活着，屹立不朽。虽然人们，甚至亲戚们已说不准她的出生地到底是曹庄还是白头里村，更不要说她的形象、她的大名。只恍惚似曾相识，影子在脑海曾经闪现。我甚至怀疑，她名中的拴女，并非拴字，重男轻女，女，没必要拴，可能是"栓"字，"栓"意为干得漂亮弄得好，很栓正的女。自然，是拴女还是栓女，现在已并不重要，再过几年，随着那些熟悉她的半大老太太的谢世，她将无名，被完全抹去。但她栽下的这片树还在，还有后人在乘凉。想到这些，她模糊甚至不存在的面容，在我的脑海忽儿清晰起来，和我母亲我奶奶的音容没有什么两样，平凡，普通，但很真切。连沿途乃至于刚刚听到的有关她的一些往事，亦如散碎泥沼的鱼鳞、林间漏落的光斑一样，跳跃着，跳跃着，渐渐形成完整流淌的黑白影像，电影似的活现在我眼前，仿佛正在经历。

四

辛亥革命前夜，华夏大地风起云涌，有着300年根基的大清王朝摇摇欲坠。

但穷乡僻壤的塞北曹庄，似乎一切如常，依旧缓慢地行进着，日出而作，日落而息，千年如是。就是几十里外繁华的威远堡、右卫古城，也不过是死水微澜，直到省城风平浪静后，破衙门才换了块新牌匾，官爷改了称谓，至于驻军，是第二年夏天才改了换季的服装，剪了长辫。

村中的老人们以为还是皇帝坐着龙庭呢。

一个女娃，出生在曹四家土窑里的土炕上，身下衬着几张草纸，眯着眼，等待开奶。那一天似乎也很平常，不咸，不淡，但些微喜悦还是有的。女娃很乖巧，接生婆随口夸了句："看这女娃栓正的。"于是，便有幸有了个名字，栓女，就这样慢慢叫开了。乃至多少年后，栓女嫁人生娃时，头发花白了的接生婆婆瘪着快掉光牙齿的嘴回忆道："记得生栓女那天，落山的太阳又大又圆，红彤彤的。煮的红皮喜蛋也是又大又圆。"

栓女记事时，对此前的记忆，一无所知。但那土窑，那蒿草墙、篱笆门，似乎并没有多少改变。父亲的辫子还留着，并不见长，母亲裹小脚的灰布破了洞，依旧

英雄地 ——走近右玉播绿人

裹来裹去。家徒四壁的格局,并未随岁月的流逝而有些微新的改观,反而更陈旧些罢了。庄上的事还是族长做主,锣一响,父亲随人流走进黑沉沉的祠堂,唯唯诺诺地听训示,一声不吭。有时他也蹲在村庙对面的戏台下,听乡约宣布各家的赋税数目。除了农忙时给村中的大户做短工,播种时播种,割麦时割麦,平时只打理自家的几亩薄田,不遇灾年,撑不死,饿不着,勉强糊口罢了。

栓女很少出远门,最远就是村南官道口的大庙、村中央的祠堂和戏台。除了秋忙,她很少下地,即便秋收,也多在村口的场面上做些鸡毛蒜皮的轻活儿。村外狼豹出没,小虎子就是给他大大送饭时被饿狼吃掉的,只剩下几片撕碎的血布片。有天夜里,狼扒在窑洞前窗户上,弦月映照下的影子相当恐怖,一家人大气不敢出,装睡。第二天东家曹公的羊丢了一只。

栓女喜欢祠堂前的老榆树,到了春天,黄嫩的榆钱一嘟噜一串串,分一小串吃,又香又甜,她跑回家和大大说:"咱家也种一棵吧。"她大大头摇成拨浪鼓,没树苗,也养不起。她妈说,人家的树苗是从很远的省城买来的,精贵着呢,枝条绝不让别人剪。

栓女瞅瞅土窑,果然木头屈指可数,除了门窗是红心疤结的小老杨,炕都是泥基砌的,每年大年初一吃顿蒿籽面,擀面杖都得向前院的接生婆曹奶奶借用。立在炕沿前眼巴巴地等着,人家一用完,赶紧抱回家,刚擀完,上气不接下气地赶着送回去,还有人排行等着借呢。

最痛心的是父亲患了痨病,无钱医治,躺在炕头等死,瘦成了剥木猴,咽气时,轻飘飘一把骨头了。孤儿寡母,欲哭泪干,竟无钱买口薄皮杨木棺材下葬,是用炕上的破席卷起,摘下门板抬到坟上,草草埋掉的。就这都欠下了大善人的债,隔三岔五派人来催逼。

无奈,不足婚龄的栓女,为5块银圆,从庄上嫁到白头里边角小自然村滴水沿,由曹栓女成了胡曹氏,祖宗三代挤在逼仄的两间小土窑泊里,院子被邻里挤成了刀条儿,敞着的街门洞无遮无拦。

那时的栓女,或者说胡曹氏,常做一个梦:种几棵属于自己的白杨树。

五

那梦，似乎愈来愈远。

从曹庄骑着快掉光牙的老毛驴，经过荒凉的白头里，风沙愈走愈大，直到湮没在蓬草沙土里，除偶尔遇见一两棵喘气的歪脖子小老杨，就是沟崖上一簇簇光兀带刺的沙刺丛了。七梁八坡，起起伏伏，停在突起的丘陵滴水沿上，栓女颠碎的心，忽儿直往下沉，一片黑暗。

这的确是片不毛之地，站在村口的崖沿上，放眼望去，弹丸小村，十几户人家尽收眼底。清一色的土窑泊，黄土矮墙敞门洞。只有村东北方有一处瓦房院，鹤立鸡群，颇有气势，尤其是后院菜地边那3棵漂亮的钻天杨，一下子吸引住栓女的眼球，让她再难忘却。这3棵钻天杨成为栓女之后日子里的阳光，照亮她幽暗枯燥的生活，艰难的生活才有了些微希望。

那树，是秀才家的，很珍贵，也很有纪念意义。据传说，是秀才考取功名那天从城里带回，特意栽下的。一晃十多年过去，树木成材，秀才的功名却再无一丝长进，倒是靠着名望和几位年兄的提携，开药铺坐诊，倒卖山珍，家业愈来愈大，成为十里八乡数得上的名门望族，就是人丁不旺，续了三房姨娘，只有最小的花朵生了朵小花，视若掌上明珠。

至于栓女所嫁的胡家，是外来的单门小户，村北两眼崖打窑还是几辈人积蓄买下后，前半截翻新了下，续了泥基墙，换了杨木窗户，贴了麻纸白连氏蜡染窗花。西窑做了栓女的新房，堂屋做饭的锅台小炕上睡着光棍老公公和叔公，土基粮仓和旁边盛谷黍的两口大瓮便是全部家当。逼仄的刀条院里种了一畦甜菜三行葱，就只空下东墙根下走人的羊肠小道了，连五六只鸡也只能挤在山条编的鸡罩篓里，没有盖鸡窝的地方。

不过，从栓女进门，光棍气十足的破院有了女人味，被收拾得有条不紊、整洁清爽。男人自小体弱多病，和父辈一样，除了种地，再没有其他本事，也没学会一门养家的手艺，遇上灾荒年，糊口都成问题。好在栓女有一手针线绝活，过门不久，将几个男人拾掇得干净齐楚。那纳鞋帮绣边儿的功夫，很得秀才小娘子花朵的赏识，便得到一些活计，赚些碎银贴补家用。

栓女渐渐和花朵惯熟起来，一到秀才府上，得空便到后院菜地看大杨树。原来园中还有棵小槐树，靠近水井边，得天独厚，虽尚未成形，也已是枝繁叶茂，栓女喜欢得了不得，又常常做起种树梦。

小花朵3岁生日时，栓女送了双小绣花鞋，鞋尖上的牡丹含苞欲放，鞋帮上的枝叶滴翠含露。花朵和亲戚们直叫好，连见多识广、颇懂丹青之道的老秀才都频频微笑点头，玉嘴儿长烟锅一颤一颤，星火跳跃，当众要赏赐绣娘。栓女再三推辞，却不过，才弱弱地问能不能给两段树枝插条。秀才满口应承，还说多给她一截槐条呢，等开春剪给她。

春天，栓女插在窑后的枝条发芽了、吐叶了，插在院里的槐条却日渐干枯，死了。她家男人老胡说："槐树太金贵了，咱院这泥土养不活。"

第二年小白杨吐了枝，秋天，栓女小心翼翼地剪下，插上。

树越长越高，比她的儿子胡大、胡二都要高，没几年，窜过窑顶了。从此，她又多了个名号：七棵树。

六

村里人戏言，胡老二家的爱窑后7棵树胜过爱丈夫胡老20倍，关心呵护那7棵树，比关心呵护儿子胡大、胡二尤胜。栓女笑笑，不置可否，外人再熟悉，又怎么懂自己的心呢。闲言碎语自不可免，但从插枝到长大，其间她所付出的甘苦，的确不是一般人所能想象和了解的。

在白头里，多少年一直流传着这样的话，种活一棵树比养大一个孩子都困难。

看着亲手插杆、精心侍弄多年的7棵白杨一天天长大成材，栓女虽不至于心花怒放，但满心的喜悦确实溢于言表。

有事没事，也不知怎么搞的，栓女总会绕到窑后，站在树前，凝注着，凝注着，就会泛起一串串绿茸茸的梦。

这树，是她的生命，是她的希望，自然也是她的快乐。

虽然她也不止一次梦见过大树的用途，梦见大树被伐倒，横躺在窑前，又飘在苍河，沉落河底，不见踪影。每一次她都从残梦中惊醒，冷汗冷冷，浸湿被褥。其实，她的内心早已为此百转千回，等树再大几年，卖掉，给儿子娶媳妇，之后再在原地插枝，养育孙子一样从头养起。

春天来了，河水欢唱，杨树吐芽、长叶，浓荫遮蔽了窑洞巷路，愈显得高大壮实。

串村走巷的货郎挑担路过，腿累得走不动了，歇在树下，端详着，说："嫂子，卖给我吧，价钱保你满意。"

秋天，黄叶飘飞，主杆枝杈裸露，直刺天空。一伙羊贩子路过，仰首注目，争着说："嫂子，卖了吧，价钱你定。"

栓女摇摇头，不吭声。男人欲言又止，抄着手悄悄离去，蹲在锅台前，就着烧饭柴火吸旱烟。

栓女沉思着，心底的五味瓶被打翻，不是滋味。她仿佛听见一个声音，来自遥远的天穹，或者就是从树里发出的，卖了吧，卖了吧。但似乎是自己的心跳告诉她，等等吧。

那天半夜，从睡梦中惊醒，她听见嚯嚯的锯木声，喊起男人，提着破马灯跑到屋后一看，天，几个贼汉正手忙脚乱地偷着伐树呢，隐约好像有那天硬要买树的羊贩子。栓女惊叫起来，邻里举着锹锄陆续赶到，贼已作鸟兽散。

受伤的两棵树，伤口抹上了胶泥，但到底伤了元气，顶头的枝杈枯干了，周边的叶子依然繁茂，生命力还是很强大。

本来就体弱多病的男人受了惊吓，身上常冒虚汗，更弱了，病恹恹的，卧炕不起，夜半多次惊醒，说听见窑后的树上有鸟在怪叫，秀才说那鸟叫猫头鹰，传教士说是夜莺。栓女仔细听听，没有啊，也未在意。

男人的病日渐沉重，央请开药铺的秀才把过脉，秀才不肯再下药开方，摇头说，准备后事吧。

栓女欲哭无泪，不知道孤儿寡母往后将如何生活，但她还是坚决地卖掉两棵树，给男人换了副不算厚的杨木棺材，入殓下葬。

村人有夸她的，女中丈夫，有情有义，但也有损她的，说都是大树惹的祸。亲戚们原本就不大理睬她，现在更躲着她，像见了瘟疫，避之犹恐不及。

几年后，窑后的大树被白头里村保长看见，硬要征用，说给皇军修碉堡要用。胡曹氏，其实早成遗孀了，不过是良民证上的大名，抱着树哭得死去活来，挨了两枪托，还是拦不住，当天被强伐了3棵，连夜运走了，不知所踪。

剩下的两棵，相依为命，历经风霜雨雪，一直顽强地生长着，树身一个人都搂不住了。其间，胡大娶媳妇时，曾想过卖掉，但村委会把没收秀才的老屋分给一间，做了新房。树，不用卖了，依旧生长着。

"大跃进"那年大炼钢铁，曹拴女（普查人口，户口上名字改为曹拴女）将锅碗瓢盆，连同窑后那两棵大树全都献出，炼了钢铁。据说，大树已空心，洞里住着一窝蛇。但树干太大，供土炉烧了三天三夜。

七

曹拴女，一生与树结下不解之缘，为树而活，后来人称树婆婆，不是没有来由的。

前半生爱树，却所见甚少，生于荒凉不毛之地，距内蒙古大漠一箭之地。自从嫁到滴水沿，最远去过白头里几回，也屈指可数；后半生几乎没有离开村庄半步，生命中的激情和仅有的绿意，完全奉献给了这片土地。

她的心中，始终充满绿意。

1952年，全民植树造林大潮中，她拖着多病的身子，和男劳力一块下地挖"元宝坑"，种小老杨，一样用火柱试验扦插榆树，失败后，一样痛哭流涕。之后每年的植树造林，她都冲锋在前，不畏艰苦，默默地干着，乃至积劳成疾，却从未受过表彰，哪怕是队里8分钱一张的纸奖状。但她依旧无怨无悔，一如既往，空闲时一个人跑到林野，给树培土剪枝，细心呵护。儿孙不理解，质疑她这究竟图个啥。

她笑笑，图啥？啥也不图！

但心底，她一直盼望再拥有自己的树，自己种的树，像曾经窑后那7棵树。后来，从伐去的树墩边又生出嫩芽，长起弯曲的树。她也在原地栽过，却变了种，像村外的小老杨，未老先衰，总是长不高。学校的老师说，地气已尽，需慢慢养着。她想，如何养？养到几时呢？

忍不住，她在所分的自留地头土塄边插了一行杨树，总共有12棵。起始，生芽，长枝，甚至几经修剪后，长成了大拇指粗一人多高的小树，并未引起人们的注意。后不觉长到小碗粗细，能拴马拴驴了。忽儿有人说，就是盖房做椽也是好椽了，又粗又长，出檐都没问题。

不知哪个好事者，将此事反映到下乡干部处，又汇报到白头里公社，问题才严重起来，说这是典型的资本主义尾巴，和投机倒把一样严重，责成村委组织群众割资本主义尾巴，开批斗大会。乡里派了干部在田间地头现场开大会，先揭发批斗，会后砍树。连给秀才娘子缝衣裳献绣花鞋的陈年往事都扯出来了，还有拿大树给小鬼子修碉堡，等等，最后归结到立场问题。

拴女委屈，但不争辩，只是要求别砍树，愿意归公，改变属性，仍由她无偿护理，白纸黑字按下手印，永不翻案。

乡干部做出结论，一码归一码，就事论事，曹拴女出身贫农，只是意识形态问题，小农经济加资本主义尾巴，幸亏发现及时、批斗及时、悬崖勒马及时，尚在革命队伍的边缘。

经过这一闹腾，曹拴女虽无所谓，但孩子们不免受到牵连，自觉抬不起头来，对老人颇多怪怨。

八

以至于经过深思熟虑，曹拴女提出一个惊人的想法，从老宅胡二家搬出，向队里申请一块宅基地，碹两眼土窑，自立门户。

孩子们自然不同意，都六十大几，近七十的人了，又体弱多病，正是该颐养天年，让儿女们尽孝道的时候，碹的哪门子窑，应该等宽裕了盖房子。这还在其次，老人选的窑址更让村里人大跌眼镜，村西村东平坦处，挨着别家新批的地皮儿她不选，却要在村南崖头上旧年五道庙废墟上起新窑，不要说孩子们一百个反对，就是村里人也不理解，为什么偏偏选那片自古被称为风干楼的荒地居住呢？一定是人老孤僻，精神上出了问题，病了，且不轻。

然而，没有人拗过老人的倔脾气，按了手印盖了章，老人就怀揣一纸批文，搬到南头崖坡上自搭的简易茅草棚。村里上岁数的人说，要是旧社会，早让野狼吃了。

南崖头荒凉多年，地硬，多砂石，且取水不易，不适宜就地抹泥基、打土基，曹拴女只能像别家一样，在村北的水库边抹泥基，晾干后搬运到南崖头上，和从前修五道庙一个程序。开始一个人干，速度缓慢，后来感动了老邻居，闲时凑过来帮忙。儿子们看不下眼，怕村人笑话，先让孙子们送饭帮忙，接着自己也不声不响地溜过来，

英雄地 —— 走近右玉播绿人

取水，和泥，抹泥基。很快，泥基堆成了小山。初秋时，村民自愿换工帮忙，夯了土窑腿，碹了窑顶，泥了墙壁，填了窑仓。秋风劲吹，白露霜降，场户进入尾声时，新窑安上了窗户，贴了窗花，像过大年一样红火。

曹拴女入住新居，没有放炮，没炸油糕，从早忙到晚，用捅炉子的火柱在干硬的窑泊周围扎了一圈眼儿，插进杨树枝条，培土，浇水，算垒了树院墙。

躺在土炕上，浑身疼痛，月光如水流过，向光秃秃的四周坡地漫去，无遮无拦，直泻沟底。朦胧中，化成水流，像村外流淌的苍头河，潺缓不息，所流经的土地潮湿起来，栽下的杨枝突然发芽、长叶，瞬间成了绿色的小树，将窑泊包围。

从昏睡中醒来，听见淅沥的秋雨仍从容不迫地敲打着窗户、窑洞。

九

第二年春天，曹拴女又在树墙外插了一圈枝条，连同院里播下的两畦树籽，一块发芽了，春风春雨，长势喜人。

一晃三年过去，她和土窑已被绿树包围，方圆50多步，绿意盎然，像一片苗圃。

窑腰生了苔藓，窑头长了黄蒿，窑前通往沟底的小道又硬又白，铺了石板似的，苍老了许多。历经风霜的曹拴女，更苍老了，身体每况愈下，阴雨天腰腿疼时，走路都很困难，她拄着火柱，跌跌撞撞，一滚一身泥。但她却喜欢这样的天气，滚着出去，匍匐前行，趁土松软，挖几个小坑，栽几株小树，又爬着回来，摸黑睡下，就心满意足，睡得香甜。

这荒凉的地方，队里懒得管，况且她年事已高，下不下地也无人过问。虽栽了树，有了绿色，可除了孩子们偶尔跑上崖坡玩会儿，喊几声树婆婆，整天陪伴她的，只有不知从何处飞来的野鸽子、石鸡，还有成群的山雀，叽叽喳喳，叫个不停。

开始，村支书绕道过来，说："老人家，悠着点种，别让抓了典型，晚节不保。"后来，包产到户，她原来自留地塄边的大树都归还了，房前院后种树，再也没人过问。

每天日出种树，日落收工，培土、剪枝、喷药、捉虫，似乎成了她生活的一部分。

树，愈栽愈多，从窑前窑后、窑左窑右向四周漫延；愈长愈高，疏密有度，虽高高低低，却行距不乱，蹲下看，空旷绵远，站起平视，绿荫如潮，波涛起伏，除了山鸡野鸽，不时还有野黄羊、狐獾光顾呢。

孩子们，连村里的大人们，也叫她树婆婆，大名曹栓女渐渐被遗忘。

十

树婆婆最后的岁月，或者说大半生，乃至一生，几乎是树木陪伴着度过的，与树木有着千丝万缕无法割舍，也剪不断的关系。

到最后，人们发现，她的手，她的脸，像老杨树皮，皱巴巴的，沧桑，干硬。何止手脸，整个人就像老杨树，她早年种下，依然伛偻活着的小老杨。这种老汉树，生命力相当顽强，风沙吹不死，霜雪冻不死，岁月熬不死，红心疙结烧不着。

窑洞窗户破了，遮不住风雨，但周边的树长大了，纵横交错，浓荫蔽日，为她遮风挡雨。她走不动了，不离树行，有爱吃的蘑菇、野菜。林间的空气愈来愈湿润，雨季，即便晴天，叶子上也有水珠坠落。沟沿水草茵茵、小花晶莹，沟底小溪清泉，掬一捧流水喝，清冽甘甜，赛过旧年官井的水。

飞鸟落在身边，捡草芥吃，啾啾鸣叫，和她聊天。黄羊卧在对面，像乖巧的小鹿，听她讲风干楼的从前。就连从草丛钻出的草蛇，也盘成团，在不远处晒着，不再昂首嘶嘶。树行，或者说林圃，一片幽静。与村庄隔一条马路，却别一天地，仿佛世外桃源。

村里的人很少打扰林中的清幽，除非送些粮食，或是要几棵树苗栽在房前院后，再就是树木出了问题，向无所不知的树婆婆请教一二。

夜深人静，有盗木者闯入，惊起宿鸟，鸣叫盘旋。树婆婆爬起，对盗木者说："挑大的粗的伐几棵，带走，我好补栽。别锯小的半大的，还没成材，也是条命呢。"盗木者看着苍老的树婆婆，面面相觑，羞愧而去。

3000多棵树，像老人的儿孙，不论老小，都有一个名字，自然，除了树婆婆，没有人能叫得出。

树婆婆确实老了，何止老态龙钟，简直像一株树化石。连她自己都感慨："算上闰月，早90多了。"

树婆婆留下遗言："我死后，就葬在树林间，让我守着树，看着树。"

风吹过，树点点头。

十一

我伫立在林间，放眼望去，沟沟壑壑，全是绿树。

树婆婆仙逝十几年，人去屋空，恐怕连最后一个名字，树婆婆，也正被人们忘却。

然而，人虽去，名已无，树犹在。

驱车离开，最后回望时，悲怆涌上心头，酸酸的，心情颇为沉重。

但一路上，在新新旧旧的松林杨林边停下，和许多不知名字的陌生的造林护林人交谈，他们多是义务的，无论欢乐还是痛苦，他们始终笑着，淡然、平静，仿佛说着别人的故事。

望着郁郁葱葱的林木，岁月瞬息流过，我恍惚理解了这些无名者的平凡和温暖以及深厚和伟大。

【作者简介】静子，山西省作协会员，在《中国铁路文艺》《阳光》《散文百家》《山西文学》《山东文学》《时代文学》《黄河》《福建文学》《读者》《延河》《厦门文学》《都市》《佛山文艺》《雨花》《北方文学》《澳门文学》《黄河文学》《奔流》《鸭绿江》等刊物发表过散文，有作品入编散文选本，出版散文集《乡村拾遗》《镶嵌在记忆深处》。散文《大地物语》获《福建文学》五店市散文提名奖、散文《村庄史》获第二届蔡文姬文学奖等。

妻死夫继　绿化不休

——记北辛窑村王文华、张秀莲夫妇

郑福娥

简述：王文华、张秀莲是右玉农村最普通的老百姓，他们真诚、善良、朴素、勇敢，积极响应党的号召，视植树任务大于天，不求回报，不计得失，甚至于不惜生命代价。当张秀莲因为搞基本建设丢掉性命，丢下4个年幼的孩子，丢下一个破烂不堪的家之后，王文华没有找队里安葬妻子，几十年来，既当爹又当娘，从来没有停止种树，把原本两个人的事情一个人干了。家境贫寒的他，直到去世也没有向政府要过一点救济。

当你走进山西省朔州市西北右玉这座县城时，你会被满眼的绿色和充足的氧气浸透，让你仿佛踏入了北欧的风情大地。右玉的美让人无法形容。都说，右玉精神是历任右玉县委书记一任接着一任干出来的。但是，他们只是决策者，真正的执行者、实施者又是谁呢？

是塞北硬汉，是最广大的人民群众！右玉县右卫镇北辛窑村王文华、张秀莲夫妇就是具有代表性的执行者之一。

煮酒论英雄　巾帼不让须眉

中华大地，幅员辽阔。

亘古洪荒，悠悠岁月。

翻开右玉历史，战国至秦汉时期，右玉曾是古雁门郡所在地，不仅位于中原通往塞外的"北方丝绸之路"上，同时也是汉民族与北方少数民族融合聚居的地方。

右卫镇位于右玉县城北，距县城25公里，北与内蒙古和林格尔县接壤，曾是朔平府治所在地和右玉县人民政府驻地，现为右玉县四大建制镇之一，是山西省的北大门。

右卫镇自古为北方重镇。建于战国时期的善无城（今右卫镇），历经秦汉，均为雁门郡郡治。东汉时雁门郡南迁，定襄郡（从今内蒙古和林格尔县）又迁来，王莽时期易名阴馆县，又雁门郡易名填狄郡。北魏时建立善无郡。唐天宝年称靖边城，驻靖边军。明洪武二十五年（1396）右玉设定边卫，卫城就建在善无故城废墟上，历时17年建成。后定边卫迁走，大同右卫、玉林卫先后迁来，称右玉林卫。清代雍正三年（1725），撤销右玉林卫和威远卫置右玉县，同时置朔平府，府、县同治右卫镇。

右玉历代英雄辈出。麻贵，大同右卫（今山西朔州右玉县）人，大同参将麻禄之子，明朝将领、抗倭英雄，是一位保家卫国的回族骁勇战将。

关露，名胡寿楣，山西省右玉县人。九一八事变后，参加上海妇女抗日反帝大同盟。曾在中国诗歌会创办的《新诗歌》月刊，任编辑，诗作《太平洋上的歌声》蜚声当时上海文坛。关露、潘柳黛、张爱玲、苏青并称为"民国四大才女"。

抗战女英雄李林，印尼归国华侨，是中国抗战史上罕有的女游击队长。她驰骋战场，威震晋绥，生前一直活跃在右玉一带开展抗日斗争。1939年，右玉县张华村的邵生荣才11岁，已经当上了儿童团长。他跟着农会负责人和民兵队长到西碾头村参加李林组织召开的右玉抗日动员大会，深受教育。2015年9月3日，84岁的邵老受邀参加了天安门前的阅兵仪式，受到了习近平总书记的接见。右玉县威远镇棋杆村，91岁的赵钢，也是一位抗日英雄，对李林的印象非常深刻，他曾和李林朝夕相处。"必须多杀鬼子汉奸才能给烈士报仇"，这是李林对他说的话。民族女英雄李林壮烈殉国于今朔州市，年仅24岁，她的精神激励着一代又一代晋绥人民前仆后继、勇往直前。

一个有希望的民族不能没了英雄。"谁是绿化英雄？最广大的人民群众才是真正的英雄！"北辛窑村现任党支部书记王整世说。

如果说，"英雄"是昭示和张扬一种震动灵魂的感动，由英雄精神感知时代的跳动，由豪杰感知人格的魅力，由强者感知生命的力度——这就是英雄留给我们的风骨和证明。

有句话叫"英雄乱世生，盛世无英雄"，我却不敢苟同，我的理解是乱世也好，盛世也罢，都可"煮酒论英雄"。说英雄、论英雄就要说英雄的英雄气。英雄气是什么？是一种勇敢，是一种精神，是一种超越的力量。

本文的主人公张秀莲，究竟能否称为英雄？无人申报，无人定论。右玉人只记得，公元1970年农历二月初一，在右卫镇北辛窑村发生了一件大事：王文华的媳妇张秀莲在村里和村民一起搞农田基本建设，为来年植树造林打基础。刚刚爆破完毕，时任妇联主任的她就抢着跑上去往车上搬冻土块，土块那么大，她低头弯腰努力往起抱。她背后崖上的一块巨大的冻土砸下来了……张秀莲死时年仅31岁，最小的儿子未满7个月。

张秀莲，右卫镇北元村人，从小生长在古长城脚下，古城堡是她小时候最喜欢玩耍的地方，但每次和小伙伴们登上城堡，她们就会被风沙吹得睁不开眼睛，站不住脚跟。据《朔平府志》记载：右卫镇"每遇大风，昼晦如夜，人物咫尺不辨，禾苗被拔，房屋多摧，牲畜亦伤"。

家境贫寒的她，受命运之神的安排，生长在风沙肆虐、十年九旱、连野草都不肯在这里扎根的黄土高原、塞外风口。

时代造就人。种树是右玉人工作和生活中必不可少的项目，种树已经成为每位右玉人需要用一生来完成的"必修课"。张秀莲没多念书，斗大字不识几个，从记忆起她只知道，种树种树种树，她在还没有铁锹高的时候，就和大人们一起种树，那时的她劳动就特别积极。

种树，成为张秀莲灵魂深处的最强音。"那时候，张秀莲扛着树秧，腰都压弯了，也顾不上歇息。"同村的马二女老人说。

在右玉恶劣的自然环境中，栽种的树木能否成活，至少需要三年的时间才能知晓：第一年种活的树苗，如果不注重养护，第二年没准就死了。为了确保责任到人、责任到树，每一棵树都是"有主"的，植树人必须为死去的树苗负责，自己花钱补种，正可谓"栽三年、扶三年、勤浇勤护又三年"！

据知情人介绍，张秀莲小时候在北元村种下的树，现在已是枝繁叶茂，高大无比。

都说，儿大当婚，女大当嫁。

16岁那一年，张秀莲要出嫁了。

她大了吗？比起旧社会8岁的童养媳妇，她是大了；她大了吗？比起现在的孩子，16岁只是一个中学生。

当时的张秀莲不想出嫁，她不想离开她的父母亲人，不想离开和她一起摸爬滚打种树的父老乡亲，不想离开生她养她的这块黄土地。

不得已。贫穷，把她推向了风口浪尖，她不得不坐着婚姻大船驶向另一个彼岸——右卫镇北辛窑村。

一件"白茬子"皮袄——是张秀莲嫁妆的全部。

自此，北元村少了一个种树的少女。

自此，张三蛋家少了一张吃饭的嘴。

自此，北辛窑村多了一个种树的少妇。

自此，王文华家多了一个人

——一个里里外外一把手的"阿庆嫂"。

塞北硬汉的品质充满了阳刚气度

骏马飞腾，黄河奔涌，古堡静默而封闭。

有资料记载，右玉的古堡大都建筑于明代，有据可查的边堡与民堡共有95座。右玉古堡分布稠密，充分反映了它们一直是面对北方少数民族的防线和据点，是右玉历史上战争频繁和生存抗争的缩影。

2006年8月，中国民间艺术家协会授予右玉县"古堡之乡"的称号，是说右玉的古堡是现存数量很多的。

在中国的地理和历史上，"古堡之乡"是一处特别的景观。它的北边是茫茫草原和马背上的民族，南边是中原大地和浩浩长江。

富有联想意味的是，跋涉于右玉苍茫大地，黄风黄沙漫天飞舞，长城古堡横绝于前，水土流失，干旱少雨，酷烈艰辛的自然生态似乎亘古未变。加之古堡文化具有的封闭性，不仅使生存其间的人感到格外渺小，而且从文化心理上也产生了更多的自卑和封闭意识。

右玉人民用半个世纪的植树造林改变了这一切。

在右玉，你会看到令人心灵震撼的塞北硬汉的形象。塞北硬汉是非同寻常的：常年的暴晒和风吹雨打，让他们变得皮肤粗糙黝黑，身材高大健壮，面孔冷峻，目光深邃。

塞北硬汉的形象是独特的，它是右玉精神的高度呈现。广阔而苍凉的右玉大地，因为有了硬汉的存在而被赋予某种历史沧桑感，并使右玉大地具有了心向往之的地域神韵，有了"咬定荒山不放松"顽强意志力。

塞北硬汉的魅力，不仅体现在本质力量的豪放激越，更体现在人对于天灾人祸和自然压迫的不屈与抗争……

出生于山西省朔州市右玉县右卫镇北辛窑村的王文华就是典型的硬汉。

凭着父辈们的秉执善良，18岁那年，父亲王厚用一件白茬子皮袄给他换回了一个身材高大的俊媳妇——北元村张秀莲。

"高个子，丹凤眼，急急奔奔，说话也快，噼里啪啦的，特别勤快。"84岁的马二女老人回忆张秀莲年轻时的样子。

突然从天降下这样一个好媳妇，天知道家里穷得叮当响的王文华有几个晚上做梦都是笑着醒来的。

北辛窑村位于右卫镇老城西北10公里处，这个村地处毛乌素沙漠边缘，与内蒙古自治区接壤。王文华小时候记忆最深的就是这里荒凉、风大、沙多。出门时头上戴的帽子要用绳子捆在脖子上，每年清明前后种地时，前面得有一个人专门挡风，要不种子和肥料就会被风吹走。一亩地到秋天也只有十五六斤收成，除去3斤种子，留不下个啥。

有资料记载，旧时代，右玉县在土地总面积302.7万亩中，就有风蚀、干旱形成的土地沙化面积225万亩，占土地面积的76.29%。这个数字直观地告诉我们，旧时代给右玉人民留下的是一片即将沙漠化的生存空间。

所以，20世纪五六十年代初，右玉北辛窑村人们的生活无比艰辛，为了充饥，所有的榆树皮都被剥下来磨面吃。但是，只要能够站起来，他们照样植树。

"右玉要想富，就得风沙住；要想风沙住，就是多栽树。"在这种理念的呼唤下，张秀莲嫁到北辛窑不久，便担任了一队妇联主任。二队妇联主任是马二女。当时村庄周围，六沟、四洼、两边坡，放眼不见树几棵。

张秀莲嫁到王文华家后，发现北辛窑村和娘家北元村一样，家家户户的门都是朝里拉，而不是往外推，否则第二天风沙过后，门就被沙堵得打不开了。从小植树长大的她，从开始就没把植树当成是普通的劳动，因为这是一场持久战。

北辛窑村人的春、夏、秋里，白天种地，晚上和早晨种树，像蚂蚁一样滚爬在沟沟梁梁、山山水水之间，没有报酬，也不讲报酬。从大人到小孩，从妇女到学生，家家户户用得最多、磨得最亮的就是铁锹。国家没有给他们手中发一分钱，但是栽树有时能分到一点救济粮，只要有饭吃，栽树没商量。

到了冬天和年初，便是大搞农田基本建设，填沟、垫底为开春栽防风林做准备工作。

"当时就是要栽防风林。没有树种，就从我们当地的小老杨树上剪下树枝，挖开渠壕，埋在沙土里。头一年栽不活，来年就补栽。"原二队妇联主任马二女老人说。

由于北辛窑村人民积极种树，该村被评为"十杆红旗村"，张秀莲也被授予"大寨铁姑娘"的光荣称号！

在荣誉的感召下，张秀莲在怀孕期间也从来没有耽误过一天劳动，每一次都是在生下孩子的第三天就主动投入集体劳动。

"张秀莲身体强壮，干活比男人还卖力气。"马二女老人告诉我。

张秀莲是个积极向上的女人，她具备北方烈女子的刚毅与坚强，她孝敬老人，热爱这片土地，热爱自己的家，像一个母鸡张开翅膀努力庇护自己年幼的孩子。

出事的前一天中午，她们在村对面的河湾边吃干粮时，张秀莲还和一起劳动的姐妹说："明天是二月二，我要给我的娃们做糕吃。"那是当时家里最好的食物。

有谁能够想到，那一天是她留在人世间的最后一天。

北辛窑地少，村南一条河湾。

早春的北辛窑，仍是冰天雪地。时令虽然进入农历二月初，大地仍是一片苍凉，河湾的冰，冻得结结实实，丝毫没有苏醒的意思。

冬天与早春，村里都是上午9点出工，中午在地里吃点饭，一直干到下午3点。

这天，张秀莲和往常一样，她起得很早，给全家人做饭，给牲口熬食，收拾屋子。

饭后，她上炕亲亲两岁的儿子王金，抱起嗷嗷待哺的小儿子王辉，孩子的小嘴吸着甘甜的乳汁，两条小腿欢快地舞动着，开心极了。母亲用她那粗糙的手，轻轻抚摸着儿子的头："快点吃，宝贝，吃饱了，妈妈就要上工去了。"

吃罢奶，张秀莲像往常一样，用一块打着补丁的棉被把小儿子包起来，再用绳子捆住，绳子的另一头固定在窗棂上，然后在孩子的小脸蛋上轻轻亲了一口，下了地。

妈妈，妈……刚会说话的二儿子王金拽着张秀莲的衣襟哭着不让她出门。

"哇，哇……"最小的儿子在一边大声哭着。一切是不是不祥的预兆？张秀莲从来不去胡乱猜疑，她只惦记着赶紧出地干活，妇联主任不能比其他社员晚到。

她扛着铁锹，挎着箩筐，穿着一身打着补丁的粗布衣服，大踏步向目的地走去。

这一走，她再也没有回来……

早春的北辛窑，仍然天寒地冻。北辛窑村当时按照劳力分配为两个队，一个队又分为好几个组，张秀莲是一队的妇联主任，也是组长。一起干活的人们，有的用扁担挑着箩筐运土，有的将土装在小平车里，连拉带推运土，这样劳动效率比较高。

但是往往所运的土供不应求。因为天寒地冻，要想铲土必须采用爆破手段。这天，临近中午时分，刚刚爆破完毕，尘土飞扬、泥沙四溅，不甘落后的张秀莲，就抢着跑上去往车上搬冻土块。就在这个时候，不幸的事情发生了，她背后崖上的一块巨大的冻土砸下来了，砸得她顿时趴到地上，一动不动……

一起劳动的姐妹们哭成一片。王文华惊慌失措，含着眼泪和村民赶紧用小平车把她往右玉县城医院护送。但因路途远，县城当时的医疗条件又极差，张秀莲伤势过重，无法医治，当天黑夜就死了。

张秀莲走了，走得那么悲惨凄凉。

河湾冰冻的河面上，流下了她的鲜血，一滴、两滴、三滴……

鲜血与洁白的冰面形成对比，红白分明，是那样的鲜艳夺目，又是那样的惨不忍睹。

然而，再凄惨的哭声也无法唤回自己的亲人。勇敢刚毅的烈女子在死神面前是那样地苍白无力。

是命运的安排，还是勇敢带来的不幸？

那是一种精神。希望人们记住北辛窑村的张秀莲，正是有了她们这样的人，中

英雄地 ——走近右玉播绿人

华民族才可以生生不息。

如今，在村的正对面，张秀莲亲手栽下的小老杨树，历经风吹沙蚀，依然苍劲挺拔。

张秀莲死了。年仅31岁。"张秀莲死得可怜，就穿着那身劳动时穿的破衣服，埋葬了。"老党员马二女老人一边抹眼泪，一边心疼地说。

她走了，身后丢下三儿一女，丢下一个破烂不堪的家。那时，她最大的儿子14岁，最小的儿子未满7个月，还在吃奶。后来，村里出钱雇了个人给孩子喂奶。

张秀莲死了。一个刚满30岁的年轻女人，将自己的青春与生命无私地奉献给了北辛窑村，奉献给了右玉改造生态建设的伟大征程。王文华的"天"塌了，昔日那个活蹦乱跳的"阿庆嫂"躺在那口冰凉的棺材里只停了3天。

那3天，王文华混混沌沌，不知道自己在人间还是在地狱，看到与自己朝夕相处了15年的爱妻，悄无声息地躺在那里，再也起不来，内心有一团烈焰在燃烧，又像有严冬的厚冰在堆积。他机械地做着料理后事的活儿，听着4个孩子凄惨的哭声，他欲死不能。泪光里看着一切都在浮动，他的心情是无法用语言和文字描述的。

3天不知不觉地过去了。埋葬女人后，王文华带着对妻子无限的思念又回到了工地，还像以前一样出力流汗。

张秀莲殉难地（王文华供图）

这就是塞北硬汉，他们有着与险恶的自然环境搏斗、在多舛的命运中锻造出来的坚韧性格。这种性格大多表现为含蓄隐忍和达观宽容，且无一不折射出凝重的右玉精神之光彩。

张秀莲死了之后，王文华一生未

再娶。而立之年的他，既当爹又当娘，无论家里还是家外，他把原本两个人的事情一个人全干了。

"公公活着的时候出去种树，每次都比分下的任务多种6棵树，代表全家6口人，代替我们婆婆种树了。"王文华的儿媳妇随兰告诉我。

"一次父亲喝了点酒，哭着说：'每天出去劳动时就看见你妈妈在我面前监督我，让我多种树，给她也完成任务。'"王文华的儿子王金说。

或许是他们身上流淌着戍边后人的血液，或许是漫漫西口古道磨砺出的不屈与抗争的精神，或许是大自然对人精神的启悟，铸就了右玉人的文化心理：艰苦奋斗，宽容豁达，古道热肠，多情重义，坦诚直率，伦理重于功利，道德超越金钱。

……

一把铁锹两只手，敢教日月换新天。北辛窑人民用生命和汗水完成了改河造地的任务，改了河，又开始植树。旧社会村里没树林、没柴烧，他们在完成农事之余，利用春、夏、秋的空隙栽树。由于气候寒冷，春季土地解冻晚，树坑要提前在秋季挖好。北辛窑人就靠一把铁锹两只手，挖了一个坑又一个坑，在六沟、四洼、两面坡上栽满了树，总面积达到4000多亩。

小老杨，一片片，一层层，漫山遍野……小老杨单棵看上去，不够高大粗壮，但树冠独立倔强，在高地上放眼望去，一棵一棵紧紧相连，层层叠叠铺展开来，蔚为壮观。

学名小叶杨的这种乡土树，北辛窑人亲切地称之为"小老杨"，是因为它根系深长，耐寒耐旱，栽植于干旱沙丘地里也能顽强生长。

北辛窑的四周都种满了小老杨，像绿色屏障一样，把一个村庄严实地裹起来了。正是有了这一棵棵小老杨，北辛窑才挡住了从年头刮到年尾的大风沙。

弹指一挥间。过去几十年里，王文华、张秀莲和村民到底种了多少树，大家已经"算不清"了。早期插在沙土里的小老杨枝如今已经长成二三十米高的大树。

随着时间的推移，王文华老了，日子仍然过得很清贫，历经苦难的王文华，晚年百病缠身，73岁的他于2011年不幸去世了。他尽管一生困难，但从来没有向政府张过一次求助的口。

王文华、张秀莲实乃纯洁质朴的硬汉，充满了阳刚的气度和力量！他们生前平凡的事迹，无不给人带来眼的远视与心的飞翔！

绿化延伸财化　创业再须坚持

秋天，在我的印象中，是一个黄绿相间的世界，是一个故事中的故事。

站在北辛窑的小山冈上，眼前是成片成片的玉米地，一杆杆玉米就像整装待发的士兵，个个英姿飒爽，丰收的玉米棒像一枚枚军功章挂在它们胸前；远处即将收割的黍子，一方方、一条条，橙黄泛赤，深绿带青，随风涌浪。

好一副丰收图！

夕阳下，带着黄土清香的缕缕微风扑面而来，这是怎样的乡韵？这是何等的甘甜？一对中年夫妻，一前一后，挥着长鞭，赶着一群绵羊，从黄绿相间的玉米地旁向村的方向走来。这是王文华和张秀莲的二儿子王金和媳妇随兰。

晚霞中，清风里，让人闻到了长城旁、古堡下、苍头河两岸的土香味儿，醉人心脾。

谈起母亲，52岁的王金仍然两眼发红，鼻子发酸……

50多年过去了，许多往事已被岁月抹去，唯有一件事刻骨铭心。

王金说："小时候放学回家，邻居同学走到大门口就喊：'妈，我饿了。'那时候，我多么想叫一声妈妈。进入右卫中学，礼拜六回家，其他同学的妈妈拿着窝窝头在路口迎接孩子回家，那个时候最想叫一声妈妈。"

王金对母亲没有记忆，父亲留给他的话，除了种树，就是打粮食。也许

王金和媳妇准备放羊，马二女老大娘在其中（王金供图）

是饿怕了，王金对种地情有独钟。

种树，种树，还是种树，右玉人已将种树变成了自己的行为习惯。不种树就出不了家门，不种树就种不下庄稼，不种树就吃不上饭，不种树就娶不上媳妇，就不能繁衍后代……一句话，不种树就没有衣食住行，就不能生活。

草木葱茏，在雨水充沛、自然条件优良的地方、是一种自然天成的美景；而在风沙肆虐、十年九旱、连野草都不肯在这里扎根的黄土高原、塞外风口，就是一种人文奇观、世间奇迹，而右玉人民就是这个奇迹的创造者！他们自豪地说，右玉那满眼看去铺天盖地、绵延无边的绿色，都是他们祖祖辈辈一棵又一棵亲手种下的，都是在他们一年又一年的呵护下成长起来的。

绿色是诱人的。在众多小老杨树陪伴下的北辛窑村，空气愈发清新，土地日渐肥沃，村民正享受着生态变化带来的"红利"。

"现在天上刮的是没沙的清风，地里能种的庄稼也在以前单一的土豆、莜麦、胡麻等老三样之外，增加了玉米、黍子等，产量每亩也能达到500公斤。要是没树，哪来这样的生活？"王金这样说。

林涛翻卷，繁花遍野。植树造林是右玉人的长处，那么右玉北辛窑村人的短板在哪里？

兴学助教的理念有待树立！

知识改变命运的真理有待提倡！

据悉，北辛窑村没有出过几个读书人，靠读书走出大山的人寥寥无几。

当年的王金——王文华和张秀莲的儿子，考上高中没有去读，就是因为没有钱，辍学了。

如今的王志勇——王金和随兰的儿子，考上了本科，也是说没有钱，放弃了。

真的是这样吗？我看不完全是！

姑且不去争议王金小时候的状况，那种困难是可想而知的，但是，在大力开展精准扶贫、贷款助学的今天，轻易放弃一个考之不易的本科院校，我不得不痛心地强调——这是一种文化、理念上的缺陷。

"古堡之乡"右玉的村民，还需要进一步交流和发展，交流才能形成进步、繁荣的思想意识。譬如水稻需要杂交、苹果需要嫁接，才能有新品种和高产量。人，

英雄地 —— 走近右玉播绿人

通过交流才能逐步提高综合素质，意识到读书的重要性。

右玉是晋西北唯一的半农半牧县，种植、养殖有着得天独厚的优势。把特色的做优，把优势的做精，才是一条符合当地特色的富农新道路。

立足于特殊地理条件和自然资源禀赋，20世纪五六十年代开始，右玉县就成立了燕麦、胡麻等农作物研究机构，力争提升全县主要农作物的产量和效益。

如今的右玉，讲求的已不再是一味地简单种树，而是要将绿化转变为"财化"。20世纪80年代，县里制订了"种草种树、发展畜牧、促进农副、尽快致富"的16字方针，并成立了全国唯一的县级沙棘研究所。

王金辍学后，在村里种树、种地，5年之后一个偶然的机会，他有幸来到右玉县农业研究所，成为一名脱毒马铃薯的科研工作者。历时4年，因牵挂着家中老小，心系北辛窑这块热土，他放弃了这份不错的工作，回村当上了村委会主任。

养羊是右玉的传统产业。起先，王金靠贷款养起了30只羊，自己每天放羊。"创业不容易啊，起初以为能赚钱，但是没想到这里头学问还大着呢！"羊死开了，一死就是好几只。后来他学会了用白灰粉刷羊圈，用喷灯在羊圈消毒。

后来，王金养的羊逐渐繁殖到了50只、100只、200多只。但5年的辛劳却饱受市场波动的困扰，王金信心受挫。前几年每年出栏50至70只羊，效益不太明显。今年稍微好起来了，估计收入会有所回升。

"如果有养殖上的经济支持，我还想继续扩大养殖业，创业需要坚持。"王金坦言。

近年来，右玉人民依托右卫镇马铃薯批发市场，进一步扩大马铃薯种植规模；依托右玉玉羊市场，大力发展养羊产业。2010年，王金夫妇在种植上打起了"小算盘"，除了自己家的40亩土地外，他又在村里流转土地160多亩，贷款购买了农用四轮车、小型播种机、收割机，因地制宜，种上了玉米、山药、胡麻、黍子……

玉米颗粒、秸秆作为羊的饲料和草料，羊粪作为上好的农家肥，为种地提供了有机肥。他的纯天然小杂粮，深受八方来客的欢迎。

都说"创业没有成功，只有阶段性的胜利，生命不息，奋斗不止"，如何将绿化转变成财化，这是王金经常思考的问题。

树绿了，风清了。

一路汗水一路歌。60多年来，右玉人民种下了可以把右玉县域覆盖好几回的树，才换来了今天52%的森林覆盖率。

这里有王文华、张秀莲以及右玉千千万万老百姓艰苦奋斗换来的成果。

塞北的人民是真诚朴素的，朴素的东西是最美的。他们浑厚的性格、忍耐的精神、艰苦的作风是宝贵的财富。只有取长补短，才能有无穷的后劲。天大地大、雄浑壮阔的右玉，有其地理、自然以及人文上的特殊性。

我离开北辛窑村的时候，看到当年的河滩都种上了庄稼，四周的沟沟岔岔、坡坡梁梁上都是树。在马二女老大娘和王金老婆随兰的陪伴下，我们一起去河湾框看了当年张秀莲受伤的现场：

时序轮转，岁月侵蚀了当年的痕迹。除了树，还是树。6棵小白杨很有格局地生长在一个四方形的塌洼里，看上去比其他树木显得更加粗大繁茂。这是张秀莲死后的第二年，王文华亲手栽下的6棵树，寓意着全家三代人永远陪伴着他们的亲人。

狂风肆虐、黄沙漫卷的时代过去了，右玉老百姓就是那一棵棵小老杨，耐寒抗旱，代代扎根，筑起锁住风沙的绿色长城。

（作者郑福娥，简介详见第93页）

森林卫士　双拐英雄

——记乔家窑村陈富

王彩蜜

简述：陈富，右玉县李达窑乡乔家窑村人，1985年，乡政府在乔家窑附近的大小山沟建起面积1100亩的工程造林基地。陈富自告奋勇当了护林员，每天自带干粮，早出晚归。为了防止牲口啃树，陈富苦口婆心，磨破了嘴、跑断了腿，成了有名的黑脸包公，"谁要砍我的树，我就砍谁的头"，这话让盗伐者听了不寒而栗，陈富看林几十年来，基地没出现过一次盗伐现象。

陈富多少年来像一只孤鹰，每天用锐利的目光巡视着树林的各个角落。面对雨天泥泞不堪的小道、雪天里光滑如镜的小路，健全人也会举步维艰，别说一个拄着双拐的残疾人了。而陈富就是这样日复一日靠着双拐走遍了乔家窑周边的所有林地。

陈富的事迹感动了许多人，他去世后，时任县长姚焕东为陈富写过一篇文章，发表在当时的各种报刊上，号召全县人民向陈富学习。两位副县长给这位护林英雄开追悼会、立碑、撰写碑文、献了花圈。

一、没有照片的英雄

2017年金秋，我给右玉县武装部工作史馆搜集民兵在右玉植树造林中的突出事迹。退休老干部王德功、刘义、赵润虎一致推荐护林员陈富，向我讲述了陈富的感人事迹。我想找照片上展板，原副县长刘义说，没有照片，只有墓地。

是什么让县政府为这个家喻户晓的护林员立碑？是什么触动了县长为他写碑文？

带着好奇，我请右玉摄影协会的曹军、岳峰老师和我一探究竟。

陈富的墓地在李达窑乡乔家窑村东北，这位护林20多年的护林员就长眠在这片苍翠的森林中。在村民的指引下，我们找到了陈富的墓地，突出的黄土丘上长满了绿茵茵的小草，墓碑是水泥板做的，上面赫然写着"林业功臣陈富，右玉县人民政府立"。碑的背面是当时担任右玉县县长的姚换斗撰写的碑文。

之后，我走访了当时的公社领导、村民等知情人，在大家的讲述中，我一次次走进碑文斑驳的记忆中，陈富的光辉形象、感人事迹，努力穿过漫长的历史岁月，像留在荒野深处的一抹色彩，迎着光亮清晰地呈现在我的视野里。

又一次上山，我抚摸棱角分明的石碑，阅读着已经斑驳的碑文，内心不仅仅只是感动，更感受到了从陈富身上传递出的一种精神力量。

二、挂着双拐的卫士

乔家窑村的老村长讲述了陈富的事。陈富出生在乔家窑村，这个村早年几乎被流沙淹没，寸草不生。连拖着鼻涕的小孩都会念几句顺口溜："大风一起不见天，沙骑墙头驴上房，一茬庄稼种三遍。"旧时人们饥寒交迫、流离失所。为彻底改变困境，右玉人民响应政府号召，开始了与风沙的殊死搏斗，当时20来岁的陈富和所有右玉人一样，积极投入了这场战天斗地的植树造林中。风太厉害了，常常白天千辛万苦植的树，晚上一股风刮来，就会被连根拔起。21岁的陈富是民兵连长，生龙活虎，修大坝、筑公路、植树，他处处干在先，起到了排头兵作用。初冬的塞上寒气逼人，穿着棉袄还打哆嗦。修长门铺水库时，为了堵口子，陈富挽起裤腿，跳进冰冷的水中挖淤泥。正是这次劳动让他落下了病根，后来腿疼导致行动不便，他便挂了拐杖坚持上山栽树。再后来，挂着拐杖也站不稳了。

由于残疾，陈富没娶过媳妇，过着一人吃饱全家不饿的光景，可他不想成为社会的拖累。

这片他和村民辛苦植起的树林，由于没人管护，被畜生啃，被割草人毁坏，陈富看在眼里，急在心里。

英雄地 —— 走近右玉播绿人

1984年春天的一个早晨，陈富拄着双拐，蹒跚着去了公社，当时刘义担任李达窑乡党委书记，见来了位行动不便的残疾人，忙迎了上去，搀扶着走进办公室，倒了杯开水放在陈富手里，笑盈盈地问："您是来找领导要救济款的吧？我也是才调过来，有些事我还没顾得上做，还让您跑一趟，马上给您落实。""书记，我不是来要救济款！我是来找您，想和您说说村东面那片林子的事。"刘书记听了一头雾水，这话竟然是出自一个村民嘴里？他边扶陈富坐下边说："您坐下慢慢说，林子怎么了？""您知道那片树林是咋栽下的吗？以前咱这里光秃秃的，鸟儿都没地方搭窝，春季黄风一起，沙子满天飞，夏天洪水泛滥。30来年了，村民为栽这些树可作过难。你是右玉人，你应该知道咱右玉人过去栽活一棵树有多难，是比养活一个孩子都难。咱这里没水，干沙窝里栽下去好不容易栽活了，因没人看护糟蹋了。我看到枯死的或牲口啃死的树，心都在滴血。最艰苦的日子都过来了，为了子孙后代，我们咋能不守？我虽不能干重活，可能看护树林。我无儿无女，一人吃饱全家不饿，知道咱公社穷，我也不要工资，我就是担心树被糟蹋。"

这番话让刘义书记听了大为震惊，这个农村老百姓的觉悟竟如此高。刘义激动极了，忙拉着陈富的手说："看护林子不是轻松活，咱右玉是个半农半牧的地方，牲口啃树这个现象很严重，健全人也跑不过来，你拄着双拐，行走不方便，会受不了的。再说，这片树林里已有成材的大树，盗伐者肯定会有的，你行吗？你有困难，我们看在眼里，会帮你的。"听了领导体贴的话，陈富感动得热泪盈眶，可执拗的他还是坚持："我来不是要救济，就是想当护林员，您答应不？""你真是我的好老哥，太感谢你了。行，你就当这片树林的护林员吧，有啥困难找我来。"

从那时起，陈富就和这一片土地相依为命了，他在山脚窝风的地方搭了一个茅草棚，从此吃住在山里。

三、害怕山火的"野人"

造林不易，护林更难。

为了宣传爱林护林，毫不夸张地说，陈富可以说是磨破了嘴、跑断了腿。春季风大，最怕明火，他艰难地穿梭在树林里，走路一瘸一拐，脚底磨起了泡，鲜红的血把袜子和脚都粘一起了。哪片林被牲畜啃了，或者被盗伐了，他就跟踪追查，从不徇私情，有时一连几顿吃不上饭、一连几天睡不好觉，直至查清原委，严肃处理。

每年过年的时候都是山林里防火的重要时节，陈富就走在山林里，拿着喇叭宣传森林防火，同时还要防着有人利用春节人们的疏忽盗伐树木。

因此，每年春节人们全家团圆的时候，却是陈富最忙的时候，他在山林里过着"革命化"的春节。当他向人们谈起这些事的时候，他的神情里有几分自豪，自己的心血没有白费，因为他用自己最宝贵的生命年华守住了这一片森林。1998年冬天的一个中午，他挂着双拐艰难地来到一个山头，刚放下的心又悬了起来：他看见了山脚下的浓烟和火光！他浑身打战，又气又急，这火就像是在烧他的骨头、烧他的心！虽然失火处在林子边缘，但如果不及时扑灭，一旦引燃山林，这片山林就全完了，这可是附近村民几十年的辛苦啊！

等陈富跌跌撞撞跑到山下，他身上的衣服已被荆棘扯得长一片短一截，脸上、胳膊上挂满了一溜一溜的血道子；脚下的一双黄球鞋不知什么时候跑丢了，两只脚掌上已起了血泡。他气喘吁吁、大汗淋漓，加上他的头发长长的、胡子黑刺刺的，把人们着实吓了一跳，以为是"野人"下山了。

当陈富看到着火的地方不是林子，而是一堆干草枯叶，而且火已被大伙儿扑灭了，他心里一松劲儿，一屁股瘫坐在地上，好半天才站起来。玩火者是一个不到10岁的孩子，他怯怯地站到老陈面前，不知如何是好。陈富的脸本来就黑，这下更黑了。

时光流逝，山里的墓冢在不断增加，陈富创建了名册，每个墓主埋葬的日子，家人来祭奠的日子，头七、三七、五七、三节、周年，等等，必须清楚，他会及时出现在他们身边，认真提示或警告不要点火，要文明祭祀。还要适当检查衣兜，不让带火器进林子。工作难度极大，年轻人好理解，一来就打招呼："叔叔你放心吧，我们不会点火的。"老年人就不同了：我们烧一辈子纸了，从来没有点燃过，不烧纸先人收不到钱，不是白来了？实在不行，点香吧。香也不行，一点烟火都是祸患，决不能姑息，若心软睁一只眼闭一只眼，后悔都来不及。陈富的犟驴脾气是有名的，附近村民送外号"拐子驴"。

执法，陈富决不怯懦。最初，他脾气生硬，嗓门奇大，因为有理在先。但民众不干了，所以常有语言冲突，遇到脾气火爆的，还对他奉上拳脚。他充满了委屈，以为民众不可理喻。

但后来他渐渐明白了，不点火祭祀必须有个接受过程，千年习俗一下子不可能扭转，更不能戗着来，态度要温和。于是一有机会他就给祭扫人员讲点火的危害性：燃烧纸钱有时会出现小旋风，以为先人来收钱了，其实是地烧热了，风带来冷气，形成小旋风。

苦心人，天不负。

每一个来上坟的人都必须接受他的宣传、劝告和讲解，慢慢地人们接受了现实，工作好做多了。但仍不能掉以轻心，疏忽就会出大事，偷懒就可能酿成灾祸，陈富比平时更加上了十二万分的小心。他挂着双拐深入查看，穿山走沟，夏天露水打湿全身，风吹来又冷气嗖嗖，一次巡下来，要四五个小时。就这样，上午巡了下午巡，雷打不动。

四、不惜性命的山神

陈富与这片山林曾经发生过生与死的较量。

1989年的一个冬天，一群混混去山里偷砍树木，被陈富盯上了。那一伙人挥舞着斧头，叫嚣着，"陈拐子，你再喊，我们弄断你的双脚，让你彻底废了，看你还敢不敢喊"，同时用了最恶毒的谩骂。陈富紧紧抓住一个偷盗者的衣服不顾一切地大喊："抓贼啊，抓贼啊，抓贼啊……"好在刚好有几个村民从这里路过，他才躲过了这一劫。两三天后陈富腰里别了个长铁叉，黑着脸转悠得更勤了。

直溜溜的树可让盗伐者眼馋哩！

可恨陈富看得紧，一柄铁叉，一条黄狗，他总在树林里转悠，再加上腰杆直、脸皮硬，偷树的不敢轻举妄动。

一天，陈富的狗口吐白沫，不明不白地死在山沟里。

好啊，这伙人要上山了。陈富掩埋了狗，拿出侦察兵的本领，开始蹲"潜伏哨"。

半夜，月黑风高，两个黑影钻进树林操起锯子正要锯，突然脖子上顶了个冷冰冰的钢叉，"不许动！"陈富从后面冒出来，偷树的吓得直求饶。

检讨。罚款。

"谁要砍我的树，我就砍谁的头"，这话让盗伐者听了不寒而栗。

从此这片山林安静了许多，许多人说陈富是山神托生，惹不得。

一提到这事，陈富还有一些后怕，如果当时没有人从山边过路帮他，恐怕他真的要被那几个街娃弄翻了。那个时候，社会治安比较混乱，什么事情都可能发生，一些强健的人大白天都还被人抢，何况自己是一个残疾人？

常年同森林为伍的陈富最喜欢的是沉默，老人更像一块沉默而坚硬的石头，谁也摸不准他隐秘的心思。谁又愿意揣摩陈富的心事呢？住在山上的木头房子里，陈富似乎与世隔绝。

守着这片森林没有报酬，还常常得罪人，就连自己的一些亲戚也被他得罪了。

因为他守着山林，几个亲戚私下找他商量，想砍几棵树去赚点外快，但是一次次被他严词拒绝了，亲戚说他："一点也不通人情事故，抱着金娃娃去讨饭吃。"大家不理解他，说："砍几棵树卖了不就有钱了。你一个残疾人丢了几棵树也没有人把你怎么样的？"

但是陈富从来也没有打过这些歪主意。

人虽然残废了，但是心不能残废。他感觉自己已经和大山融为一体了。

五、没有子女的慈父

陈富常说，三分栽树，七分管护。

森林早已成为他生命的一部分了，当看到自己栽种的树木一天天长大，守护的树木一天天成林的时候，他就感到喜悦和一种前所未有的成就感，就感到自己生命的价值在这片树林里延续。

1100亩树林的各个角落都留下了他的足迹，山里的每一棵树都和他相亲相爱着。夏天山上蚊子多，一进山，蚊子就黑压压扑面而来，陈富扬起衣服拼命扑打，但仍有不少毒蚊子在他身上留下一个个红疙瘩，他的手拄着双拐，只能背靠着树干使劲蹭，怪不得陈富的上衣，背部总是烂得最快。

人们问他："别人植树是为了后人，你光棍一个，这样吃苦受累，得罪遍了人，你是为了谁？"陈富回答："作为一个残疾人，我也不想落后，不想拖累别人。右玉人这么辛苦植树，我不能植树了，看护树还是行的，只要人们不觉得我无用就行了。"

像山里石头一样朴素的陈富，没有说过豪言壮语，没有做过惊天动地的事，仍然是和那一片森林朝夕相处在一起，就像山里普通的父亲看护着他的儿女一样。

这片树林是他用残缺之躯和坚强意志守住的。林业系统的干部都说："陈富是我们系统的功臣，他为森林奉献了一切，很了不起的。"

几十年的风里来、雨里去，陈富精心守护着来之不易的树林，工作认真，不徇私情，被人们誉为"绿色包公"。

守山的陈富，把人生最美好的年华交付给了植树造林，交付给了与世隔绝的深山。他每天踏着晨曦上山，伴着夕阳下山，用生命维护树木长高长粗。

植树不护树，等于没栽树。

一个初春的下午，陈富晒着暖和的太阳，领着他的小黄狗在给树刷石灰水。经过一冬的蛰伏，向阳处的树迫不及待地吐出黄绿的嫩叶，暖暖的风一吹，枝叶沙沙作响。

村里一个邻居来了，远远地，陈富警觉地看到了，放开嗓门吼："乔娃子，你怎么听不进人话，不是怕你割草，是怕你把我补栽的小树苗不小心割死。"和陈富同龄的乔娃没理他，径直大步流星朝他走来。

走到他身旁，背朝他站住了，一解背后的绳子，扔下一个白色的面袋子："陈富，这回既不是割草，也不是放羊，是给你送吃的了。去年是我不对，不该和你吵架，你拖着个病身子，护林多不易，况且还是义务护林，我回家越想越觉得心里不安。"

是啊，植这些树时，乡亲们吃了多少苦，糟蹋树就是糟蹋乡亲们的血汗。"我偷偷跑到你住的那个四面透风的茅草屋看过，莜面也只剩下袋子底了，山药蛋让山风吹得都绿了，麻得没法吃了吧？"陈富一脸诧异地望着他，上一年因为乔娃来放羊割草，他俩吵过好几回架，自己硬生生把从小时候玩尿泥长大的伙伴几次撵出树林。每次看到气鼓鼓的乔娃无奈地赶着他的羊群走后，陈富心里也难过。可是看看身旁齐刷刷的树，他只能咬咬牙，硬着头皮狠狠心把村民撵出去。

"老哥，不是我无情无义，我何尝忘记自残疾后乡亲们对我的照顾，我也作难啊！我无儿无女，你们可都有啊，这片树林能让他们得到好处的，我也是为附近村里的后人着想……你们记恨我没啥，我就是要为众人维护这片得来不易的林子。"

听了这番话，乔娃子眼眶湿润了。陈富继续念叨着："兄弟呀，周围被我撵走不让放羊的人都骂我是个老绝户，连条后路也不留，我听了这话可难受了，我这样做是为大家的后人，就没想到过我的后路呀。我都这么多大年龄了，哪天一闭眼，一了百了，不近人情护这林子，真是为了大家……"

慢慢地，周围人理解陈富了。山脚下的小屋里，常常悄悄添了吃的、用的，热腾腾的莜面和羊肉饺子让陈富边吃边哽咽着。

1986年初冬的第一场雪，让右玉气温骤降，陈富的小房子里寒气逼人，水缸里的水都冻成冰坨坨了，陈富把单薄的烂被子披在身上还瑟瑟发抖。第二天早上，早早就听到汽车响动，还没等他走出去看看，他的茅草屋的地下已站了几个人，是刘义书记带着乡里几个人来看他了，提着新暖壶、搬着米面、抱着棉被，满脸笑容的刘义紧紧握着陈富的手，"辛苦你了！我的好大哥，让你吃苦受累了！"刘义几句话让陈富周身暖融融的。

六、一棵老树的归宿

日复一日，年复一年。

一年两年是凡人，三年五载品出苦滋味，20多年7000多天的坚守，这需要多大的动力啊！1110多亩深山丛林没有出现过哪怕一起小火灾，陈富熬过壮年熬到老年，熬出一身病，熬出了心酸，依然不改初衷。陈富的行为，就是建功立业，可列之高尚，可为之自豪，这个挂着双拐的残疾人由"汉子"升级为"英雄"了。

大山里行走，就像在母亲身边一样安心，可最难熬的是一个人守着深山，常常一连数天没人说话，空旷的山林里，一波一波地回荡着他的喊声。他好想和人说说话，可是山上没有人，方圆10公里都没有人烟，他只有自己唱给自己听了。可是他的声音并不美妙，他吼了几声就放弃了。

到了晚上更是清冷孤寂，漆黑的林子里只听见流水声和风声，有时候也有野兽的嚎叫声。

陈富是以林为伴的人，习惯了寒冷，习惯了艰辛，习惯了寂寞，习惯了让沙沙作响的落叶松为他倾诉衷肠。

陈富爱绿护绿，真的成了名副其实的"山大王"。老人似乎被这个世界遗忘了，

英雄地 —— 走近右玉播绿人

他仿佛生活在另一个世界里。

以前和陈富形影不离的是他的黄狗,黄狗被盗伐者毒死后,陈富像掉了魂,一个人更加孤独了。住在一个巷子半辈子的乔三问亲戚要了只小狗,抱着给陈富送到山上。看到毛茸茸的小狗,陈富两眼放光了,自从他的大黄被人毒死就再也没笑过的陈富,终于咧嘴笑了。

多少年来,在他管护的范围内,从未发生过盗伐和牲畜啃树的现象。

日复一日地独自行走在树林,把树当自己的孩子呵护,天做庐,地做毯,与寂寞为伴,只有一只小狗日夜厮守。一边护树,一边还进行修枝抚育,只要在林地,陈富身边总是带着一把砍刀、一条绳子,随时修剪每棵树苗。

陈富深深知道每棵树来之不易,都浸透着植树人的心血和汗水,所以他努力看护,顶着严寒酷暑,冒着风雨霜雪,锐利的目光如鹰一般,用百倍的警觉换来树林的安宁。

看山是个苦差事。

有人栽树,就有人砍树;有人护树,就有人偷树。毕竟山大人稀,看树人受欺负这是常事,陈富也曾几次挨揍。

别处树林的护林员换了几茬,陈富就不信这个邪。为了这一山树,陈富一个人在梁上待了20多年。这20多年,使陈富腿脚更不灵便了,由一步一步挪着走,成了后来的蹭着走,腰也弯了,头发由黑变灰、由灰变白,饱经风霜的脸上,皱纹像刀刻下的,只有那双眼睛,仍然像猎鹰一样警惕地巡视着这片他视为家一样的树林。

右玉的气候让陈富的风湿病越来越严重,附近村民听到他的拐杖声没有以前的响亮了,都在担忧他的身体。

春冬季风大草枯,一根火柴就可能毁掉千万棵大树,一个烟头就可能毁掉千顷山林。些微风吹草动,都牵动着陈富敏感的神经,为了这片林,他可是操碎了心。

陈富老了,走一会儿就累了,于是坐在路口的树下,小狗温顺地靠着他,不时地摇摇尾巴,守在路口,陈富爱抚地摸着小狗光溜溜的脊背。

怕人们把火种带上山,陈富一坐就是一天,兜里揣的只有几个冰冷的烧土豆。坐到太阳西斜才想起还没吃饭,颤颤巍巍剥了皮,掰一半先喂他的小狗,自己才吃。

附近的村民终于明白了，陈富苦苦守护的东团山给他们带来了多么令人神往的绿色希望，从此再也没有来林里放羊割草的了。

风雨霜雪不畏难，义务护林二十年。崎岖山路陡又弯，踏破铁鞋数不完。这是当时一位林业系统的干部写给陈富的诗。他说："陈富是我们系统的功臣，他为森林奉献了一切，很了不起的。"

陈富多少年来像一只孤鹰，每天用锐利的目光巡视着树林的各个角落。

崎岖的山路布满了他一个人艰难的足迹和拐杖的痕迹，日复一日，年复一年，往返的这一条道啊，成了一条坦克履带经过的路。有人看了这条路不禁惊诧，这里是坦克走过还是链轨拖拉机走过？

这是陈富双拐的痕迹！这是陈富双拐的力量！这是陈富护林员20来年艰难、辛苦的护林路！

1996年夏天，一场暴雨冲跑了陈富小房子门口十来棵新补栽的小树。那时候的树苗很珍贵，陈富心疼得就像自己的孩子被山洪卷走了。他顺着山洪拄着拐杖费劲追赶这几棵树苗，好不容易追到了，他摔倒在泥泞里。抓住树苗了，可他磨得光滑的拐杖被山洪冲走了一个，离开拐杖站不起来的他，在泥泞里匍匐着前进，爬到小房子门口。为了就雨水好成活，陈富冒着瓢泼大雨忙扶着七倒八歪的树苗，艰难地跪在地下挖坑。忙乎了半天，树栽好了，可落汤鸡似的他跪在地上起不来了。

陈富病倒了，病得起不了炕了。

他留下的最后一句话是"把我埋葬到东团山的树林里"。

陈富用20多年的时间，用血汗甚至生命看护的这片树林，这片覆盖在东团山上的郁郁葱葱，是右玉拥有的一笔巨大而又珍贵的绿色财富。

右玉县政府所立陈富之墓石碑
（王彩蜜供图）

英雄地 —— 走近右玉播绿人

七、绿色右玉的传奇

陈富最终把自己的生命融入这片绿色中。

在右玉人民心中,陈富已化作东团山上的一个神,一个永远活在人们心中的令人崇敬的森林守护之神。

没有留下豪言壮语,也没有鲜花和掌声,倾听右玉人给我讲的这个平凡的人物做出的不平凡事迹,我不禁潸然泪下……

守山的陈富,把人生最美好的年华交给了植树造林。他的踪迹路知道,他的善良树知道,他的冷暖狗知道,他的精神人民知道!

平凡的陈富的不平凡的事迹感动了多少人!

陈富去世后,时任县长姚焕东为陈富写过一篇报道,当时发表在各种报刊上,并号召全县人民向陈富学习。

追悼会那天,雨整整下了一天。

那是天也为之动容了!

陈富所做的一切,老天看在眼里。

山风呼啸,整整呜咽了一天。

那是山神对朝夕相处了20几年的陈富的不舍。

枝叶沙沙,整整摇动了一天。

那是他精心呵护了20来年的儿女因他的离去而撕心裂肺的哭泣。

当时担任副县长的刘义和赵润虎给这位护林英雄召开了追悼会,全县所有的干部、附近村民都自发赶来了,人山人海。当主持人声音哽咽着讲出陈富的感人事迹时,周围的人都落泪了,村里几个看着陈富长大的老人再也控制不住,放声大哭起来。刘义、赵润虎给陈富立碑,撰写碑文,献了花圈。

这个葬礼在右玉是最特别、最大规模、最高礼节了。

一辈子无儿无女,可送殡的却人山人海,从县领导到村民都来了;一辈子无官无职,可县委、县政府给树碑立传;一辈子默默无闻,死后却因姚县长一篇情真意切的报道名扬三晋大地。

如今陈富永远长眠在他看护了30多年的这片树林里了,他虽死犹生,他的英魂还在看护着这片曾经相依相守的树林，他那种爱林护林的精神永远留在人们心中。

我相信已经作古了的森林老人并未走远，他的魂依旧在右玉浩瀚的森林里。

或许老人已经变成一棵参天古松了吧？树是他的前身、树是他的兄弟、树是他的儿女、树是他的灵魂，跟树木厮守一辈子的陈富，怎么可以离开蓊蓊郁郁的森林呢？

你听，微风吹过，树叶沙沙作响，好像是陈富还挂着他的双拐行走在那条清幽的林间小路上，脚步沉稳而有力。

右玉的绿色，总有故事，总有奇迹。

陈富不孤独，在他的精神感召下，右玉又涌现出了多少造林英雄。右玉这块神奇的土地上，有无数陈富这样的人，他们不计收获，默默奉献，用汗水乃至生命描绘着右玉光彩夺目的画卷。

【作者简介】王彩蜜，女，山西省朔州市朔城区人。中国诗词研究中心暨中国诗词研究会会员，作品散见于当地报刊。出身农村，故土情深，作品多以写家乡风情为主。商海弄潮多年，初心依然，以诗歌的方式拥抱生活，用文字唤醒生活里点点滴滴的美与真。

种树遗传　造林宿命

——记马头山村李云生

王泽民

简述：美国哲学家泰勒曾经在《尊重自然》一书中写道："采取尊重自然的态度，就是把地球自然生态系统中的野生动植物看作是具有固有的价值的东西。"山西省右玉县李达窑乡马头山村李云生十余年来倾其所有打造马头山生态养殖园区，全神贯注地抒写着马头山的绿色人文画卷。几多风雨春秋，几多辛酸坎坷，李云生就是那么倔强，就是那么执着，狂风吹不倒，暴雨摧不垮。在李云生的思想意识里，马头山应该是青枝绿叶、金杏飘香的马头山；在李云生的精神世界里，马头山始终是巍然屹立、和蔼可亲的马头山。李云生用自己的实际行动见证了只有人去尊重自然，只有人把自然生态系统中的动植物看作是具有固有价值的物，才能实现人与自然、人的认识与客观存在的统一。

一

那是 2008 年夏天的一个后半夜，几片乱云浮在西边的天空中。稀疏的星星像一群挤眉弄眼的小幽灵。不远处，一弯清月若有所思，不动声色，似乎在回忆着一个古老的传说。此刻，李云生仰卧在马头山腰南面两块巨石旁边的草丛里，两眼痴呆呆的，心里空荡荡的。他不知道自己是在什么地方，他想喊，喊不出声来；他想看，什么也看不见。他只觉得眼前有无数棵树苗在一团神秘的火光中时隐时现，变幻莫测，他只觉得身子被一片绿叶托起，时沉时浮，飘游不定。

这是在迷惘的梦中，还是在死亡的门前？

李云生清楚地记得，那是在2001年中秋节前夕，他回村探望父母时听说曾经养育过他的马头山村被右玉县委、县政府列入首批移民并村的重点村，率先走出了贫穷偏僻的马头山，搬迁到移民新村应洲湾。理由是马头山村山大沟深、风大沙多、土地贫瘠、人口稀少、交通不便，已经不适合村民继续居住了。不管这种解释是否合理，马头山整村移民搬迁已成铁定事实，谁也无法改变，谁也无权扭转。马头山村民起初实在不忍丢弃那朝夕相处的破房破窑破院，还有那和蔼可亲的山根山腰山顶，以及那赖以生存的耕地荒坡沟岔。男人们蹲在大门口呆呆地望着远方空旷的田野，一个劲地抽水烟，似乎还有难以割舍的心事；女人们从堂屋到院里来回转悠着、张望着，总感觉还有什么不放心的事；村口两条大黄狗失去往日的欢快，显得闷闷不乐、心神不宁，看一眼主人，又把脑袋转向村外。

很快过了秋收季节，经过村干部一番耐心的说服，马头山村民最终牙一咬、心一横，硬生生把"走一处不如守一处"这句老话丢在一边，做出决定，收拾家当，拉着耕牛，领着大黄狗，一步一回头地离开了马头山故居，搬迁到应洲湾新村。马头山村里村外，房前院后以及山腰那些耕地、山根那些沟岔便一下子沉寂下来，没有了往日的生机和活力。

李云生看到曾经熟悉得再也不能熟悉的村子一下子废弃了，感觉有点突然，说荒芜就荒

李云生在自己亲手种植的葱茏万木中（王泽民供图）

英雄地 —— 走近右玉播绿人

芜了,让人没有一点思想准备。当他看见人去村空、断壁残垣的情景时,脑袋感觉沉甸甸的,心里感觉空荡荡的,时而心尖上涌动着一阵酸楚,时而眼前出现一幅美丽的乡村风景。一个不知居住了多少个年头的村子就这么说搬迁就整体搬迁了,眼前出奇的寂静,村口那棵歪脖子树耷拉着脑袋,无动于衷,显出无可奈何的样子,似乎准备向这个在外面漂游了数十年的游子诉说些什么。

李云生童年的记忆里,马头山是村里小伙伴们的乐园,每天大家三五成群地往山上跑,掏雀割草拾干柴,爬山比赛挖野菜,多么幸福的时光啊!那时,坐落在马头山半山腰的村子还有36户人家,120余人,这里的一草一木、一沟一壑、一山一梁,对于李云生来说,是那么熟悉、那么亲切。他记得18岁那年高中毕业,当年冬天就应征入伍了。临走前夕,他特意约了几个童年好友再次爬上马头山顶,登上北面那个"马耳朵",东瞅瞅、西望望。北面,明长城顺着山根向西延伸而去,长城外面是内蒙古凉城县境内,远处山坡梁上散落着几个村子,庙沟、三道沟、五墩窑、八墩窑等口外这些小村子,房屋院落,依稀可见;西面,近处有抗战期间挖的战壕,还有好几处用石块堆砌起来的好像做掩体用的工事,远处是大坡、残虎堡,还有隐隐约约的明长城和大片农田。再登上南面这个"马耳朵",视野很开阔,沟壑纵横,一览无余,李达窑、大庙山依稀可见。沿着东面那12个"寡妇堆"往东望去,韩家窑、二三墩仿佛是几块小积木随意散落在半山坡上……

李云生怀着依依惜别之情离开马头山,到了部队,一干就是整整10年。在这10年期间,他记不清有多少次在梦里回到村里,相约童年好友爬上马头山嬉戏玩耍,在战壕里模仿八路军游击队向日本鬼子开火,当然他们的武器都是用向日葵杆做成的。10年时间弹指就过去了,他从部队复员回家,老远就看见马头山依旧屹立在那里,心里踏实了几分。"魂牵梦萦的马头山、日思夜想的马头山,我们又见面了,从今以后我就守护在你身边,哪儿也不去了。"李云生心里这么念叨着。但命运之神还是把他和马头山分开了,因为工作需要,李云生被分配在左云县机动车驾驶员培训学校当了20多年校长。

时序刚进入21世纪,马头山村发生了翻天覆地的变化,整体迁移到应洲湾,刻不容缓!

李云生站在海拔1800多米高的马头山山顶上极目远眺,巍巍马头山上空飘过灰色的游云。云层重重叠叠，前呼后拥，像是谁把千万高山峡谷一块儿抛上九霄。高空的风，恣意地追逐着、嬉戏着，撕扯着云朵。那千奇百怪的云朵，一会儿像温顺的小花猫，一会儿像昂首抖鬃的骏马，一会儿像甩着长袖起舞的仕女，一会儿像面目狰狞的魔怪。风，卷着云；云，驾着风，在铅色的天空中展示着右玉人粗犷、豪放的性格。那时，李云生的心情是复杂的、激动的，他望着那方圆近7.6平方公里的荒山耕地，空旷冷清的景象让他的脑海里急速地翻腾起朵朵浪花。蓦然间眼前一亮，如果再给马头山披上一身绿装，彻底改善马头山生态系统，景观林和经济林相结合，各类树都栽上，只要能活，多栽一些树，无论是松树还是杨树、杏树，还有其他果树，真正把马头山变成青枝绿叶、金杏飘香的花果山，变成林涛阵阵、硕果累累的生态园，那么马头山一定会充满无限生机和活力的。想到这里，一个承包马头山、绿化马头山的计划迅即涌上李云生的心头……

李云生首先和担任多年村支书的老父亲商量了一下，老父亲对儿子的想法表示赞同，认为可行，就是暂时没有收入，只有自己掏腰包买树苗，花钱雇人种树、护树。征得老父亲同意后，李云生连夜写了一个报告，次日上午就去找右玉县委主要领导，县委领导听完李云生的汇报后，欣然同意他的想法，并作了重要批示。这样，李云生心中有数了，能得到领导认可，第一步总算迈开了。他又去找右玉县李达窑乡主要领导。乡党委领导热情接待了他，并认真听了他的汇报，感到李云生出资承包治理荒山的举措应该全力支持，随即回县里找县委书记作了汇报。得到县委领导的同意和支持后，2002年4月8日，李达窑乡政府与李云生正式签订了50年不变的承包治理合同。合同签订后，李云生果断地辞掉了时任左云县一家驾校校长的职务，带着妻子一起回到马头山村。一进村，李云生便兴奋地一口气爬上马头山顶，几乎是带着哭腔大声地向马头山喊道：马头山啊马头山，看来我们真是缘分未尽，这回我可要真正守护在你身边了，真的，50年，50年，呵呵，你听见了吗？整整50年的合同！我李云生要治理你马头山，我李云生要改变你马头山。若干年后，我要让全天下人都知道马头山成了花果山，我李云生就是"美猴王"。

李云生记得，他正式注册成立右玉县马头山综合生态养殖园时，承包的是马头山村东至马头山村东沟与韩家窑村地交界，西至残虎堡与马头山村地交界至郭家沟小路，南至后沟与马头山交界大坟南60米，北至马头山山脚跟底的3万余亩的荒山荒坡耕地。这里面，有些荒地适宜种松树，有些荒地适宜种杨树，有些耕地适宜种杏树，有些耕地适宜柠条、紫花苜蓿的生长，舍饲牛羊更是具有得天独厚的条件。起初李云生并没有盲目动手，他先外出考察，请专家规划，确立落叶松、油松、樟子松、杏树、柠条为主栽树种，又制定"风口栽松沟底杏，阳坡牧草混柠条"的策略。继而就是"哪有风沙哪里栽，先把风沙锁起来；哪里有空哪里栽，再把窟窿补起来"……

李云生记得，2002年他发动亲朋好友及附近村民在马头山栽植了"三松"（落叶松、油松、樟子松）1500多亩，在靠近马头山的高坡处栽植柠条1000亩、油松500亩，同时购买了30头牛、120只羊，试着走一条林牧同步发展之路。哪知道刚开始还算顺利，后来越走越艰难了。2003年春天，他又托人从阳高县购回13万株杏树苗，栽植杏树1000亩。2004年，他在高坡地段栽植柠条1000亩、杨树1000亩，同时投资30多万元从山下引上了自来水，打了两眼井，修防渗渠3500米，改造了电路，栽种了松树、杨树、柠条3500余亩，育杏树苗6万株，建种草围栏4000米，舍饲肉牛50头、羊300只。这么一来，马头山周边生态环境看起来大有改观，种植养殖生态园也好像逐渐成形……

李云生记得，马头山林木成活率居然成了一件头疼事，这有点出乎他的意料，几乎没有一点思想准备。为了确保马头山林木成活率，2005年，他虽然对前4年栽植的地块再度进行补植，但是，由于邻村的羊群和自己所养的500多只羊全系散养放牧，还是给已成活的幼树造成了一定破坏，加之外调树苗不适应当地气候条件，当年补植面积就达400余亩……几年的实践使李云生认识到，要保证树木的成活率，必须适地适树。2006年他再次投资15万元，在马头山上兴办了"三松"苗圃，定植各种松树苗5万余株。2008年自育松树苗3亩，为日后的大面积栽植奠定了苗木基础。

然而现实与他当初的计划差距实在是太大了，原以为实施右玉县马头山综合生态养殖园区项目工程，投资少、风险小、周期短、效益高、辐射广、发展快，是生态经济稳步快速发展的一条好路子。但令他万万没有想到的是，由于个人资金技术力量有限，发展速度比较缓慢，步履艰难，尤其是因为技术和经验不足，好容易栽上的从外地买来的上万棵树苗，结果却"全军覆没"，没有一棵活下来。看着一大片枯死的树苗，他非常痛心，那滋味可不好受啊。吃一堑，长一智，李云生经过认真反思、总结经验、吸取教训，他大胆地设想：如果在现有基础上再投资50万元，建一座小型水库供牛羊饮水和种草灌溉，大面积栽种柠条和紫花苜蓿，扩建舍饲牛羊园，水库可以截流山水对土地的冲刷，柠条可以遏制土地沙化、水土流失，紫花苜蓿可以喂养牛羊，舍饲牛羊不仅无"三废"产出，还可提供20万担优质有机肥料供种草，效果也许会好一些。

可是，资金，资金，这可是50万元资金哪，天文数字，到哪里寻找这么多资金呢？李云生深知自己的经济状况现在已经陷入困境，欠的一屁股债尚无法偿还，如今到哪里再筹集这50万元资金呢？他苦苦地思索着、盘算着，所有可能借贷的路子都已经跑遍了，他有点失落感，甚至有几分绝望了。放弃？念头一闪而过，瞬间否定，不，不，万万不可放弃，他已经向马头山大声承诺，他不能食言，不能啊……

二

朦胧中，李云生觉得自己扛着铁锹正走在一条漫长的沙漠之路上，没有边际，没有尽头。好像前面起风了，飞沙走石，黄烟弥漫，愁云四起。不，要下雨了，这不是雷声的轰鸣吗？一道白光划破夜空，天崩地裂般的炸雷当头掠过，鸡蛋大的冰雹劈头盖脸落下来。他好像又在艰难地爬着崎岖的山路，对，是马头山，今天，尽管山路险峻难攀，却是千回百折，令人意气风发。他记不清以前来过多少次了，但这一次给他印象最深刻，是妻子陪他一起来的。他们在马头山顶编织着未来希望的花环，他们在马头山顶构想着未来美好的蓝图。

李云生计划将来把栽树"接力棒"交给儿子，让儿子来管护马头山大森林应该错不了。儿子现在太原上大学本科，在学校里学习很用功，成绩十分优秀，老师经常表扬，如果好好培养他，以后会有出息的。但他隐隐觉得妻子不会同意，妻子说儿子大了，人家有自己的志向，有更大的事业要干，不可强求儿子回来栽树，要尊重儿子的选择。

李云生隐约听见了妻子的说话声，似乎感觉妻子靠在自己的怀里。他跟妻子说："对，老婆，你说得对。老婆，你在哪儿，在哪儿？老婆，将来这里成为大森林了，到处是青枝绿叶、金杏飘香，那个时候马头山的自然景观，不，还有人文景观，将成为晋北地区,不,应该是华北地区的旅游胜地了。呵呵,这里是枝繁叶茂的大森林,大森林。老婆,你说,将来马头山成了大森林,会不会有野猪啊?会不会有老虎呢?会不会有秃雕?会不会有兔子呢?呵呵,别怕,它们真要来了也是远道而来的客人,我们才是马头山大森林的真正主人呢……"

李云生感觉自己好像漫步在田间小道上,尽管狭窄难行,却有豆谷飘香,令人心旷神怡。好像是一步一坑的沙滩,好像是举步难行的泥潭,好像是无边无际的荒原。极目远眺,人迹渺无,只有死一般的沉寂。啊,多么难走的路,多么累人的路!

歇下来吧,躺下来吧!沙滩是暖和的,泥潭是柔软的。让大地温暖你冰冷的身躯,让春光抚摸你劳累的筋骨。李云生好像听见死神在冥冥之中低声轻唤着他,对他说了几句掏心窝子话:

"李云生,你这样拼命不行啊,你这是挑战自己的生理极限吗?你已经在超负荷、超强度干活了。你真以为自己是钢铁做成的吗?你已经年过半百了,马头山那可是1万多亩啊,你要全部绿化不是一件容易的事。你太累了,好好歇一歇吧。李云生,就你那点心思,就你那点精力,就你那点资源,一定要在有生之年让马头山旧貌换新颜,让马头山彻底变成美丽生态园,谈何容易。且不说是开山取石围堰,也不管是拉土整地平田,单是为了那成千上万个鱼鳞坑,为了那成千上万株小树苗,你已经着了魔似的拿出所有积蓄,恨不得付出所有代价。又是种树又是护树,种树时费心,护树时开心。

"李云生,你给马头山换绿装,这是件利在千秋、惠及子孙的头等大事,需要很多人来做,光靠你自己不行,你累死了,谁来做呢?你以为自己是谁呢,愚公吗?山神吗?你要循序渐进,慢慢来,不能太着急。

"李云生,听说你从来都是披着星光上山,借着月光下山,中午饿了就随便吃点干粮,渴了就随便喝点冷水。直到夜很深了,你才拖着疲惫的身子下山回家。你经常吃冷饭、喝凉水,中午不休息,感冒上火,嘴角生疮,肠胃难受——不生病才怪呢。听说你长年累月在山上拼命地干活,你经常用胶布裹着开裂的手指头,不裹不行吗?不行。你想多栽一棵树,对吧?

"李云生,听说大前年你为了给马头山多植树,居然磨秃十多把铁锹,有这事吧?你看看自己的手现在成了什么样子,简直像松树皮,再看手心,布满厚厚的老茧，你不会是爱树爱疯了吧？你做梦都是树，是吗？你不觉得累吗？你不觉得苦吗？你不觉得无聊吗？你这样做到底为了什么？有意义吗？你安歇吧！长眠吧！"

啊，这么歇下来多好，永远歇下来有多好，什么也不想，什么也不知道。没有烦恼，没有悲伤，没有劳累。

可是，不行啊！马头山还等着我李云生去绿化呢，我李云生已经向马头山立下军令状了，马头山有好多事等着我李云生去做呢，我需要改变一下战略战术了，之前损兵折将的教训该吸取一下了……

"大哥，大哥——"

这又是谁的声音呢？李云生感觉是妹子在呼唤。对，好像是妹子，是妹子。妹子，你不是在太原吗？你这时候回来干什么？妹子，你怎么回来了？这里有大哥呢，这是大哥和马头山的事，你就别跟着瞎掺和了。不过你回来也好，大哥正要告诉你几句要紧的话。啊，你怎么哭了，你不就是问大哥吃过饭了吗？一会儿吃，一会儿吃，大哥一会儿回去就吃饭。我的好妹妹，大哥这不好好的吗？今天就是有点冷，说话声音稍微有点打战，大哥为了多干点活，今天就少穿了一件衣服，正好凉快，下火。别哭了，妹子，啊，妹子真懂事，你从小就很懂事的，你从小就很听大哥的话，记得小时候在村里，你就喜欢看大哥对小伙伴们发号施令，长大了遇到不开心的事就想和大哥说。妹子，等开了春天气暖和时，你再回来看看大哥栽的树，真多啊，一定让你大饱眼福……

"孩子，你不能这样蛮干啊！今天栽不完那些树，还有明天呢，你自己栽不完，还有妈呢，妈来帮你栽树，就是拼了这条老命也不能让你累坏身子。你又不是铁打的，你看看你都瘦成啥样了，最近你脸色不好看，孩子。"

这又是谁的声音呢？这么熟悉？是她，是她，对，就是她。老母亲，您又来唠叨儿子了，儿子没事，真的没事。您赶紧回家吧，今天有点冷，小心着凉啊！不用您来栽树，您这么大岁数了，还栽树呢。您看，儿子没事，没事。唉，其实我这个做儿子的真对不起您呀，整天还让您操心，不就是栽几棵树吗，儿子能行。

"儿子，好好干，你能行，一定行！雄鹰的翅膀是飞出来的，骏马的铁蹄是踏出来的，弓只要拉开就要射出有力的一箭。你当初和老子商量承包马头山的意愿始终不能改变。坚持，再坚持！人的能力是由动力磨炼出来的，人的动力又是从压力而来，没有压力，哪来的动力？从某种意义上来说，压力并非是坏事，你要感谢压力，是压力逼出你的资源，是动力释放你的潜能。儿子，老子知道你现在压力很重，也理解你此刻复杂的心情，但是，你万不可放弃；放弃，那就意味着前功尽弃，放弃，那就意味着你在马头山面前吹了牛皮，彻底认输了，而轻易认输可不是你小子做人的风格啊⋯⋯"

这分明是老父亲的声音，底气很足，吐字清晰，雄浑有力。

李云生隐约看见70多岁的老母亲蹲在鱼鳞坑边，正在全神贯注地看着老父亲用绳子测量鱼鳞坑的尺寸，尔后老父亲用铁锹轻轻地修改一下鱼鳞坑一角，往坑里倒了一点水。老母亲两手轻轻扶着树苗，旁边老父亲用铁锹在小心地培土。李云生似乎听见两位老人家一边栽树一边拉呱：这得栽几年树呢，去年又枯死不少树苗，今年也枯死不少树苗，已经补栽了好几百亩，也不知道能活不。唉，在这干山头，弄活一棵树比拉扯一个小孩子都费劲、费心，啥时候能看见一片青枝绿叶、金杏飘香的树林，难啊。

"爸爸，爸爸——"

这又是谁的声音呢？好像是冬儿，对，是冬儿，李云生的儿子。你不是在太原上大学吗？回来干什么，学校放假了吗？不是，儿子，到底发生什么事了？你怎么了？快跟爸说。什么，没有伙食费了？你已经两天没有吃饭了⋯⋯天哪，钱呢，赶紧给儿子弄点伙食费，我这个当爸的实在有点不合格，明知道把所有的钱都投入马头山，都买了树苗，哪来的钱呢？李云生，你居然连儿子上学都供不起！不称职，不合格！李云生呀李云生，你得赶紧想办法解决儿子的伙食费啊。办法，办法，哪来的办法？就在一筹莫展时，李云生心头突然闪过一丝光亮，老师，老师，赶紧给学校的老师打电话，求助儿子的老师，试试运气吧。真是天助我也，电话打通了，老师居然爽快地答应了，谢天谢地，老师借给儿子100元钱，总算解了燃眉之急⋯⋯

这又是谁的声音呢？好像是妻子的声音，是妻子在唱山曲，对，就是她，除了她，别人不会唱，也唱不好。"老婆，你不是在医院里吗？你不是在输液吗？你不是前几日只顾帮我栽树累倒了吗？"李云生妻子阎爱云是内蒙古凉城县人，当年在双古城中学文艺宣传队里那可是顶梁柱、名角，她很有表演才能，演唱时字正腔圆，有板有眼，音域宽、底气足。当然那个时候是革命样板戏，不唱山曲，不搞春晚节目，如果是现在,她的粉丝会很多吧。李云生经常自豪地夸赞妻子以前是歌唱家,是艺术家。可是人家为了我,毅然放弃了自己的爱好,一心一意扶持我李云生干事业,说实在话,我李云生这辈子有这么贤惠善良的老婆陪伴着,是莫大的幸福!听听,多少年了,她从来不轻易唱,还是我们刚结婚时兴致来了给唱几句,现在只顾忙着栽树,哪有心思唱山曲?那么亲切,那么温柔,却又那么遥远,仿佛从九天之外的另一个世界飘来:

麻阴阴天气雾沉沉,毛眼眼哭成个泪人人。
想哥哥想得走了神,搽胭脂拿起了糨糊瓶。
三月开河满河河凌,想哥哥想得心尖尖疼……

这是在什么地方?啊,是在一片青枝绿叶、金杏飘香的天地之中。碧绿的马头山山顶,水晶一般透明。红的、蓝的、紫的、白的身影在山顶上飞翔。那欢乐的笑声,好像要把这透明的宫殿震穿!李云生和妻子手拉着手,穿梭在人流里。笑脸,一张张笑脸,他都看不见,他只看见妻子,妻子穿着火红色上衣,与绿色世界相映生辉,那是多么快乐的日子啊……

青枝绿叶、金杏飘香的马头山,清幽旷寂,李云生和妻子相依站在马头山顶北边那个"马耳朵"上,一缕缕微风吹拂在他们的脸上,拨弄着他们的头发。他们不觉得冷,四只手紧紧地握在一起,俯视着山脚下的明长城,远处的双古城水库以及口外那些零星的村落……

李云生妻子有一双会说话的眼睛,有一张美丽的小嘴,有苗条的身材,有活泼开朗的性格。为了减轻丈夫李云生的心理负担,她把全部母爱投入马头山,因为她深知李云生的心思:认准的事一定要干下去,而且一定要干出点名堂来。她完全理解丈夫,全力支持丈夫,哪怕前面是刀山火海,她也要随丈夫去闯;哪怕前面是枪林弹雨,她也要替丈夫去挡。为了李云生与马头山,她已经病倒好几次了,她太累了,她太苦了。李云生每次见到妻子,总感觉有点歉意,没能让老婆享受幸福,反而跟着自己受了这么大委屈,前一阵子还瘦了一大圈……

三

　　李云生觉得空气压抑极了、憋闷极了，他想透口新鲜的空气，他想坐起来，试着动了动，浑身上下就像散了架。还有许多事未能如愿，我不能躺在这里，我要干活，看看东沟那些鱼鳞坑，瞧瞧北梁那些新栽的杏树苗。对了，妻子还在医院里输液呢，因为栽树累倒了，我得赶紧回去看看。老母亲也感觉腰酸腿疼，唉，亲人们都因我李云生受牵累了。李云生感到眼眶里湿漉漉的，有什么东西要涌出来、两颗泪珠从他的脸颊不情愿地滚落下来。他忽然觉得很疲劳，一种从来没有感到过的极度的疲劳。这疲劳从头到脚震动着他，眼前的情景变得陌生了。

　　手软了，腿软了，整个身子好像都不属于他自己的了。眼睛累了，睁不开了，嘴唇干了，动不了了。渴啊，渴啊，到哪里去找一点水喝？

　　他那干枯的嘴唇颤动了一下。

　　树苗，树苗，树苗……

　　一车车树苗接连运来，在李云生紧闭的双眸前飞掠而过。

　　这车树苗是从凉城运来的，

　　这车树苗是从阳高运来的……

　　李云生努力地张了张嘴，嘴唇很干裂，他慢慢地睁开了眼睛。一缕微风从面前掠过，感觉脑袋清醒了一些，身边两块巨石就像两头狮子蹲在这里，难道它们也在守护着马头山？我怎么会躺在这里，记得上午在马头山顶和一个煤老板谈过话，因观点不一致，不欢而散。人家一行人先离开马头山，自己又忙了一阵子，中午忘记带干粮，心想着坚持到天黑再回家。当他走到两块巨石跟前时，说什么也走不动了，双腿就像灌满了铅，每前进一步，都非常艰难，平时可不是这样啊！脑袋里就像钻进无数蜜蜂，嗡嗡作响，他下意识地蹲下身，心想稍微歇一会儿再走，但后来就什么也不知道了……

　　李云生试着动了一下手，感觉有柔软的东西，倒吸了一口凉气，不好！这一吃惊彻底使他清醒了。他本能地坐起身，回头一看，啊，是他喂养的大黄狗不知什么时候来到他身边守护着他。李云生感激地摸摸狗头，对大黄狗说道："小黄，你怎么知道我在这里，呵呵，谢谢你来陪伴我。"大黄狗见主人醒过来，无比兴奋，格

英雄篇

树在成长，便是儿子长大了（王泽民供图）

外激动，绕着李云生亲昵地转了好几圈。原来夜幕降临了，李云生没有回来，因为他经常是这样，起初大黄狗以为再等一会儿主人就回来了，可是已经大半夜了怎么还不见主人的影子？大黄狗心急如焚，有点不安稳了，还不见李云生回来，便毫不犹豫地跑上马头山，不费吹灰之力就找到了李云生。当它发现李云生躺在巨石旁边昏迷不醒时，大黄狗试图弄醒主人，伸出爪子推了一下李云生没有动静，又伸出舌头舔了一下李云生，还没有反应，索性就守护在他身边，耐心地等他醒过来。

李云生扶着巨石站起来，借着浓浓月色、点点星光，举目眺望，原始而古老的马头山不动声色地隐藏在夜幕中。

李云生试着往前迈了一步，比之前轻松多了。大黄狗欢快地向前跑几步，又返回来迎接李云生。李云生对大黄狗说："小黄，这回我可就没事了，放心走吧。"

李云生一边慢慢地往回走，一边盘算着下一步计划，应该出去拜访一下专家，如何提高树苗成活率，这是个大问题。他想起昨天见到的那个煤老板说过的一句话，这倒提醒了李云生，尽管那家伙别有用心。

提起煤老板，李云生就一肚子气。

昨天上午突然来了一位煤老板，他起初说来考察马头山周边的生态环境，李云生热情接待，一路陪同。哪料到快到中午时，这个煤老板"现了原形"，他来考察马头山的动机不良啊，他想"收编马头山"，想以千万元为筹码接收马头山生态园。李云生得知来意，气不打一处来，差点翻脸，当场严词拒绝："啥话，想接收我的马头山？你想得真美，没门儿！是的，我李云生现在缺资金，手头没有一分钱，简直穷得要命，去年过春节想购置点年货都捉襟见肘，翻遍身上所有的衣兜才摸出几

英雄地 —— 走近右玉播绿人

块零钱，至于想换一件新衣服，那简直是遥远的事。尽管如此，我李云生从未产生放弃的念头，我怎么会让别人'收编'，简直开天大的玩笑。现在缺资金，可这并不意味着我李云生永远缺资金啊，我会想办法解决的。可如果没有了马头山，我无论如何是不行的，马头山现在是我生活里的重要组成部分，我不能失去马头山，不能，万万不能！"

煤老板不死心，对李云生说："你在这干山头上栽树谈何容易，没有专家指点，恐怕你支撑不了几天。好吧，你可以好好考虑一下，不着急，反正我们有的是时间。想好了就来个电话，这是我的名片。"

李云生毫不示弱，义正严词地大声说道："我早就想好了，你现在就是搬来一座金山也休想换走我的马头山。人活在世，金钱，生不带来死不带去，为人一世应该给后人留一份厚礼，我知道你们很有钱，没什么了不起的。我可以把那78头大黄牛和586只大绵羊全部卖掉了，实施短期休牧，既确保幼树成长，同时又可弥补大面积绿化造林的资金缺口。这几年的资金投入，我已花空了自己的全部积蓄，还向亲戚们、同事们借债上百万元，但我从来没有后悔过。不管今后遇到多大的困难，我李云生认准的路一定要走下去，我准备与右玉县委、县政府取得联系，争取县里在资金和技术上的有力支持，在前几年大面积绿化的基础上，聘请有关专家重新规划，利用沟壑水源充足的优势，实施封沟育壑的精品工程，一定要让马头山成为青枝绿叶、金杏飘香的世外桃源。"

李云生这么想着，不觉回到村子里，一进家，先给大黄狗找了点吃的，表示谢意，大黄狗高兴得一个劲摇尾巴。然后自己烧了一壶水，泡了一包方便面算作晚餐。一看表，已经是凌晨3点半了。李云生想用热水泡一下脚，好好休息一下，今天确实有点累。可是当他一脱袜子，傻眼了，脚底下不知何时磨起了好几个血泡，赶紧找根缝衣针刺破血泡。

李云生和衣躺在床上，想迷糊一会，打一个盹，再过一会儿天就亮了，东边就会泛起鱼肚白了。此刻，他居然毫无睡意，索性坐起来，信手拿起一本书翻了几页，这书是朋友送给他的。其实李云生很喜欢看书，床头边、柜子里经常有一堆书，有时候自己出去买，有时候让朋友捎带买。他经常对人们说，书是人类进步的阶梯，知识就是力量，业余时多读一些书很有好处的。这些年，李云生读了多少本书，他自己也记不清了。他很少做笔记，因为他记忆力特别好，读过的书大部分内容不会忘记，而且能够把一些理论性较强的东西一套一套讲述出来。

李云生，有时候乍一看也像个种树汉子。但是你可千万别让他的表象蒙蔽了，通过交流探讨，你就会发现，李云生口才其实不错的，表述准确，思路清晰，逻辑严密，有自成体系的风格。比如他对当前生态价值和右玉精神的观点就有独到之处：

> 就目前形势来看，右玉生态文化领域会面对各种挑战，同时也可能存在各种问题和缺陷，必须大力推进右玉生态文化的观念创新和内容创新。右玉生态文化作为中国北方民族文化的重要组成部分，它的软实力不仅具有强大的凝聚力和推动力，同时也具有强大的辐射力和传播力。右玉精神是右玉生态文明建设理论创新的重要内容，代表了一种超越传统生态文化建设发展方式的全新的发展模式和发展道路的选择与确立。右玉精神的传承弘扬，必然要求有与之相适应的生态价值观，从某种意义上说，没有一定的生态价值观的支撑和引领，右玉精神的传承弘扬就很难落到实处，也很难真正发挥其应有的作用。
>
> 是的，当今世界，经济全球化趋势的迅猛加强，已经成为不可抗拒的潮流，国际竞争的焦点已转化为以生态文化为核心内容的竞争。在全球化背景下，21世纪必将是生态文明的世纪，生态文明必将成为人类社会文明的主导，这是社会历史发展的必然趋势。人与自然的关系并非是单纯的索取，而是为人类的生存发展提供了宝贵的财富和生存条件，人类只有尊重自然，顺应自然规律的约束和支配，与自然保持长期和谐共处的关系，才能使人类的生态文明得以延续和发展。

不知底细的人偶尔接触他，听他这样"高谈阔论"，还真以为李云生是学者呢。李云生不是学者，但他喜欢结交专家学者，在李云生的朋友圈里就有不少专家学者。近几年他们来马头山考察，每次都是李云生热情接待，陪同上山，陪同吃饭，专家们在李云生家里一边吃着炖羊肉、大烩菜，一边和李云生交流着马头山的话题，谈笑风生，气氛热烈。李云生深受启发，经常和人们自豪地说，受益匪浅，听专家一席话胜读十年书。

英雄地——走近右玉播绿人

2015年4月11日，李云生陪同中国人民大学历史学院博士研究生导师魏坚教授考察马头山，尽管那天气温下降，冷风嗖嗖，但李云生热情高涨，一路上健步如飞，说笑间已经轻松地爬上马头山顶。魏坚教授一行人气喘吁吁，紧跟在李云生后边，不住地夸赞李云生："老李，您是爬山运动员吧？看您爬山那么轻松，真羡慕。"李云生呵呵一笑，淡定地回答："我哪里是爬山运动员，从小就在马头山长大，每天爬上来好几次，习惯了，隔几天不爬山身体还觉得有点不舒服呢。"

魏坚教授是国内考古界的权威专家，他这次专程来考察马头山顶那两个"马耳朵"，他指挥助手测量了"马耳朵"的高度和底部周长，又仔细观察了"马耳朵"的形状，其中南侧的"马耳朵"跟前出现一个很深的盗洞。魏坚教授钻进洞里仔细地观察了洞内夯土层，推测"马耳朵"与北魏拓跋鲜卑墓葬有关，不过还需进一步论证。魏坚教授吩咐李云生一定要好好看管，千万别让不法分子再来这里乱挖了，这是右玉的宝贵财富。李云生坚定地说："您放心吧！人在'阵地'在，只要我李云生在，任何人休想来动我的'马耳朵'，我就是'马耳朵'的守护人，放心吧，魏教授，非常感谢您来指点。"魏坚教授非常信任地向李云生点点头，然后和李云生在马头山合影留念。考察完毕，一行人下山回到李云生的住处，只见热腾腾的大烩菜、香喷喷的炖羊肉端上来，大家欣喜万分，毫不客气地吃起来。大家边吃边聊，李云生仔细地听着，不时认真地回答魏坚教授提出的问题，偶尔也向魏坚教授请教几个疑难问题。其实李云生很有心计，当他听说"马耳朵"和北魏拓跋鲜卑族有关，就小心翼翼地问魏坚教授："鲜卑族为何把墓建在山顶上，无依无靠，他们不懂得风水吗？"魏坚教授微微一笑，便打开话匣子耐心地给李云生讲解起来。魏坚教授围绕北魏拓跋皇权的建立和发展这条主线，向李云生介绍了曾经发生在晋北地区的一个个惊心动魄而又可歌可泣的动人故事，展示了一个个性格鲜明而又感人至深的人物形象。以通俗而详尽的历史资料为依据，讲述了故城善无与百年魏都的风雨沧桑，描述了拓跋鲜卑与汉族人民杂居在一起，相互影响，形成了中国历史上北方民族大融合的景象，一直讲到北方少数民族婚丧礼仪的风俗习惯……

李云生听得简直入了迷，心想，专家就是专家，魏教授这么一讲，他对马头山更是肃然起敬，原来这里还有很多神奇的故事需要专家们来解读。

2015年8月29日，李云生陪同中国第一历史档案馆吴元丰研究员考察马头山。

吴元丰研究员紧随李云生好容易气喘吁吁爬上半山腰，赶紧坐下来歇息一会儿，抬头见李云生一脸轻松，不由心生敬意，这个老李这么好的身体。吴元丰研究员哪里知道李云生从小就在马头山长大，摸爬滚打，这些年又在绿化马头山，每天在山上爬来爬去，早已练就一身硬功夫，尤其是他那两条"飞毛腿"，一般人根本追不上他。你还在半山腰喘气，李云生早已爬上了马头山顶。

吴元丰研究员精通满文，对杀虎口和右玉历史文化颇有研究，曾在2006年8月应邀来右玉参加首届西口文化论坛，并作了《清代右卫驻防八旗的设置及其沿革》的学术报告。2010年10月份，由中国第一历史档案馆编辑、中华书局正式出版发行的《清宫珍藏杀虎口右卫右玉县御批奏折汇编》所辑公文档案中，满文档案313件，满汉文合璧档案32件。为了便于中外学者、专家和广大读者查阅利用有关杀虎口、右卫和右玉县的档案史料，促进杀虎口和右玉地区的历史文化研究，吴元丰研究员将这些满文档案全部翻译成汉文，倾注了吴老先生大量的心血。此书收录的公文均属首次公布，是第一手珍贵的历史资料，不仅对右玉县地方史研究具有十分重要的价值，而且对清代驻防八旗制度、榷关制度、内地与蒙古族地区贸易史研究也有很高的价值。

吴老先生此次重返右玉考察马头山，看起来非常高兴，他说是故地重游，他对右玉很有感情。李云生陪同吴老先生登上马头山顶，站在北侧那个"马耳朵"上，吴老先生环顾周围，神情专注，感慨地说，难怪右玉这地方历来是兵家必争之地，这马头山位置独特、视野开阔，当属军事要地，不过就目前形势来看，完全可以打造成旅游名胜景区。接着吴老先生夸赞李云生具有战略眼光，有超前意识。中午时分，吴老先生恋恋不舍地下了马头山，返回李云生的住处，照例是炖羊肉、大烩菜热情招待，吴老先生兴高采烈、神采飞扬，一边吃饭，一边和李云生交流着、探讨着。李云生照例仔细地听、认真地记，不时向吴老先生请教几个疑难问题……

在专家学者朋友心目中，李云生选择改善马头山生态环境，建设生态文明作为实现人与自然、人与社会和谐共存的目标，显示了他的价值取向和思维方式，充分发挥了他的主观能动性。按自然规律、社会规律建立起来的人与自然、人与社会良性运行、和谐发展的社会文明形态，使马头山生态文化发展建立在生态系统良性循环的基础上，实现了人与自然的和谐发展。从某种意义上说，马头山生态文明建设就是通过发展去真正实现人与自然的和谐以及人文景观与生态环境的平衡,实现植根于现代文明之上的金山银山。

在李云生心目中,马头山生态系统的生态价值远远高于其经济性资源价值,经济效益应该服从于生态效益。只要马头山生态系统能够健康稳定地存续,其生态价值、经济价值和人文价值就可以反复地实现。开发马头山生态系统的生态价值和人文价值,也是实现马头山生态文化可持续发展的重要途径。在李云生看来,生态系统的生态价值是难以用经济价值来衡量的……

四

李云生经过多次外出请教专业人士,加上自己反复精心琢磨,终于制定出一个切实可行的办法:在采购树苗时先用塑料袋裹住树苗根部,以保持足够的水分,栽树苗时,再把塑料袋上面的口子打开便于浇水,下面口子打开便于树苗扎根。这样一来成活率就提高了,但他后来发现从外地买树苗成本很高,这样下去还是不行,新的问题又出现了,那就必须想办法解决苗圃问题。

李云生带着这个问题昼思夜想,反复琢磨,最后果断决定自己办一个苗圃,这样可以降低成本、节省运费、省钱省工,三年就可育成树种,尤其是能够保证树苗的成活率。他说到做到,时隔不久,一个方圆50亩的苗圃建成了。可是,光有苗圃没有水源怎么办?光靠老天那点雨水显然是不现实的,到几公里以外的山泉里肩挑手提也不是最佳选择,还能怎么办呢?常言说得好:"儿要自养,谷要自种。"自己打一口大井吧,没有别的捷径可走。没多久,马头山脚下出现了一口大水井,那是李云生亲自雇人打的,这样,可以用抽水泵把水抽到苗圃里用以灌溉……

这些年来,李云生治理马头山累计投入600多万元,建起50亩大的一处苗圃,先后栽植"三松"(落叶松、油松、樟子松)3000余亩、柠条4000亩、杏树近1000亩、杨树1000亩,使上百万株树苗在马头山7.6平方公里的山岭上扎下了根。

这些年来,李云生的双脚踏遍马头山的沟沟峁峁,不知磨起了多少血泡,不知流了多少汗水,不知栽了多少棵树、又补栽了多少,用数字是难以计算了。但是当他一走进马头山森林里,看见那些青枝绿叶的树苗,心里顿时愉悦起来,精神为之振奋起来。尤其是看见那些野兔、山鸡、狍子、狐狸、野鹿之类的小动物在树林间快乐地嬉戏，有时候情不自禁地对它们开玩笑说："小家伙们，这里倒成了你们的乐园，看清楚啊，我可是你们的房东，你们尽管在这里安居乐业、传宗接代，但有一条需要你们注意，千万别损坏我的小树苗！"

话虽是这么说，可当他独自一人走进那浓密的松树林里，偶尔听见动物们古怪的叫声，还是感觉头皮有点发麻，浑身直起鸡皮疙瘩，他不敢再往深处走了。

这些年来，随着马头山植树面积的增大，李云生外债的数量也在增加。李云生的名气在不断提升，影响力也在不断扩大，无论是市级、县级劳动模范，还是"造林功臣"，似乎都与他有关系。以前名单上没有他，他也似乎习惯了淡泊名利。后来，偶尔有省市专家、领导们来马头山考察和访问，别人取笑他怎么不和名人合影留念，他却乐呵呵地说自己在马头山上已经习惯了，除了马头山这些树苗是他日常生活的主要内容外，其余都无所谓了，至于和名人合影留念，那好像是别人关注的事。

2017年5月，中央电视台《我有传家宝》栏目中，李云生居然亮相了。其实这不是偶然，而是必然。尽管李云生做梦都没有想到，他已经习惯了看电视上有关栏目出现的人和事，那都是名人的事，自己只是一个普通得再不能普通的种树汉子。平时招待朋友吃右玉炖羊肉、大烩菜时口若悬河、谈古论今，而当被请到中央电视台时，居然有点腼腆，有点语无伦次。看得出来，他的心情是无比激动的，似乎有很多话要说，用他的话说，就是似乎有点不习惯。

当主持人让他作自我介绍时，他动情地说："我叫李云生。右玉是一个国家级的贫困县。右玉人为了改善生态，为了人在那里（能）居住、能生存，每年植树的时候，人人都得参加。我呢，参军在部队当了十几年兵，（复员）回去以后，看到我们这个地方，自然环境比较差，很难改善，就主动承包下1万多亩荒山，自己在那里种树。现在我基本上把那12000亩荒山都种上树了，全都绿化了。过去的不毛之地，风吹石头跑的环境，现在到处是青枝绿叶，云也白了，天也蓝了，水也清了。这个右玉呢，像我这种情况（大有人在，还有很多）都是这样了，所以有好多的企业，（比如）食品加工业，都落地右玉，就是因为右玉的生态改善了、环境好了，（现在）有十几家企业在右玉扎根了。"

随后中央电视台第九套节目也播放了有关李云生与马头山的纪录片，这下子，

英雄地 ——走近右玉播绿人

李云生真的成了名人了。亲戚朋友们从电视里看到李云生的镜头，纷纷前来祝贺。李云生没有流露出一点得意自满的神情，仍然是一脸憨厚。其实李云生心里很清楚，当初自己不惜一切代价，花光所有积蓄买树苗，结果全部枯死，只能再投资。众人都说李云生纯粹是疯了，放着好好的日子不过，拿着钱吃苦受累往山上扔，劳神费力治理那个连国家都管不过来的荒山秃岭，有啥好处，真可笑。但李云生从不做过多的解释，他牢记老父亲的教诲，坚持，坚持，咬紧牙关再坚持！

李云生的老父亲叫李三白，早些年那可是马头山村里的头号人物，说话办事有板有眼，严谨认真、干练豁达、作风正派，不喜欢拖泥带水，永远充满活力，他对李云生的影响实在是太大了。可以说没有老父亲在背后撑腰，就没有李云生今日的辉煌。李云生记不清曾有多少次在逆境中挣扎，但是每次关键时刻都是老父亲出手力挽狂澜。漫山遍野的鱼鳞坑，尺寸都经过老父亲严格把关；成千上万棵树苗，株距和行距也是经过老父亲亲自测算验收。老父亲衣兜里经常带一根绳子，以便随时拿出来测量。李云生资金陷入极度困境时，好几百只羊雇不来合适的羊倌，正在发愁时，是老父亲主动承担起放羊任务。他经常对李云生说，遇事别发愁，办法总比困难多，坚持就是胜利。

如今李云生在电视栏目上亮相，尤其是在央视亮相，这对于一般人来说也许成了到处炫耀的资本，但对李云生来说，他从来不提及这事，好像从来没有发生过这事。这"美丽的光环"丝毫没有影响他，他还是一如既往地继续拼命栽树。用他的

身前松柏岭，身后马头山（王泽民供图）

话来说："那有什么了不起，不就是上个电视吗？树还得栽，苗还得补，只不过得比以前栽得更好一些、更多一些，千万别让人笑话。如果上了一回电视就不好好栽树了，那不是我李云生做人的风格。"

李云生的老父亲去世已经6年多了，每年清明节李云生给老父亲上坟时总要详细汇报一下马头山种树的情况。他这次在中央电视台上亮相一事，那是肯定要向老父亲汇报的，同时把下一步计划也说给老父亲听听。当然还有老母亲，老人家今年84岁，还健在，只是腿脚不太利索了，但对李云生栽树的情况仍然十分关注，妻子阎爱云病倒了，睡梦中还觉得自己在马头山树林里干活。正是因为他们一直以来竭尽全力支持着李云生在马头山栽树，正是因为有他们无私的奉献、无尽的关爱，李云生才可以放开手脚拼命地种树！李云生认为如今自己取得了一点成绩，被社会认可，被政府认可，被媒体认可，其实这名誉、这成绩更应该属于父母和妻子，属于他的亲朋好友，属于一切关照和支持他的人们，他们才真正有资格拥有这份美誉，他们才是我李云生前进的动力，我李云生就是一个普通种树的李云生。

后　记

历史是一条长河，一条激荡着历代王朝风云变幻的河，一条看遍了苍野桑田的河。月光下，河水淙淙向前，带着欢乐，带着希望，带着幸福。然而你可知道它是从哪儿来的吗？它是怎么冲破乱山碎石的阻挡，虽千回百转却一直向前，永不回头、永不停息的吗？悬崖最是无情，把它摔下深渊，粉身碎骨，化成迷蒙的雾。在幽深的谷底，它却重新结集，重整旗鼓，发出了反叛的吼叫，陡涨了汹涌的气势。河涛的吼声明确地宣告，它是不可阻挡的。

时间是一湾小溪，一湾流淌着理想和追求、喜悦和痛苦、贪婪和满足、凶险和温情的小溪。人人都在这湾小溪上表演，各显其能地露出了自己的芳颜尊容，人人都在经历着自己生命轨迹的每一个迹点，人人都按自己的心曲弹奏着一个个五颜六色的音符……

右玉的人物热情善良、坚强无畏。在右玉这方热土上，曾有站在时代的风口潮头运筹帷幄、点石成兵的智者，曾有无往不胜的领导策略，曾有可歌可泣、令人深思的故事，曾有你来我往的竞争心法，曾有因为对进退、方圆的认识不足或把握不到位，而导致的一系列令人扼腕的历史悲剧，曾有高屋建瓴的处世之道，曾有紧要关头毫不犹豫挺身而出、舍己为人的勇士，更曾有特定历史条件下创新求治、艰苦奋斗、迎难而上、敢于进取、全心全意为人民服务的精神。

李云生在右玉人物名录里是极其普通的一位，但在他身上所体现出来的特点与风格是令人敬佩的。这不仅因为他是一位普通的种树汉子，更因为他是一名中国共产党党员，因而他的身份和影响力也是特殊的。在某种程度上，他是右玉精神的传承者、践行者，他在生态文明建设中毫不犹豫地扮演了重要的角色。

李云生身上有右玉人特有的韧劲、犟劲、执着劲，无论遇到多大的困难和阻力，无论遭到多重的失败和挫折，他都紧紧盯住右玉县境内马头山的自然环境目标不动摇、不懈怠、千方百计、矢志不渝、顽强不屈地改善着马头山的生态环境。他没有把马头山自然环境视为被征服的对象和索取物质利益的仓库，而是将马头山视为自己的伙伴，并产生一种尊重马头山自然环境的态度，形成强烈的责任感和生态保护意识。

李云生视树如子、爱山如家，他在改善马头山生态环境的同时，还在绘制马头山文化蓝图。他不仅想还原给人们一个青枝绿叶、瓜果飘香的马头山，他还想展示给世人一个内涵丰富、意蕴深刻的马头山。他在小时候就听老人们一次次念叨着马头山上的美丽传说、神奇故事，直到现在他仍然对马头山情有独钟。他不是历史学家，但他确定马头山一定是存在着非同寻常的历史信息。如果说右玉的历史兴衰更替、源远流长，那么马头山的文化便是积淀深厚、多元并存。马头山这座古老的大山自古就是北方多民族文化碰撞、融合之地，是长城文化的见证者。李云生不是考古学家，但他坚信马头山一定蕴藏着有研究价值的历史遗存。他不是生态学家，但他立足于生态文明发展战略的角度，按照以人为本的发展观、一心为后代谋福利的道德观、人与自然和谐相处的价值观，十余年努力不放松，改善着马头山的生态环境，在右玉生态文明建设史上取得了重大成就，基本上实现了马头山生态环境的改善。深入解读李云生的实践探索，对于揭示与右玉精神相适应的生态价值观，具有重要的理论意义和实践意义。

（作者王泽民，简介详见第41页）

育苗育人　威远女杰

——记威远城村王月兰

柳　敏

简述：年轻的王月兰除了质朴的本性外，更多的是勤劳吃苦的秉性与百折不挠的精神。她一直相信"笨鸟先飞"是对的，并以此为每天早晨鞭策自己的钟声，激励自己，警示自己。王月兰正是以这种低姿态，成就了她卓越的业绩。当然，王月兰虽然实在，但还是一个善于思考的人。她始终觉得，人活一生不容易，要活得有意义有精神，要雁过有声，流水有痕。正是怀有这样积极向上的人生情怀，王月兰把植树绿化当作自己人生的目标。

其实，王月兰确定培育150亩树苗的想法，是获得1970年"全国植树造林标兵"的那一刻产生的。当时，王月兰手里捧着红彤彤的荣誉证，心情激动，耳边是右玉县、山西省、林业部的领导对她寄予的厚望，希望王月兰戒骄戒躁、艰苦奋斗，继续建设威远三八苗圃，扩大苗木产量，为右玉县、山西省及全国林业战线做出榜样，为右玉县的绿化做出更大的贡献……

说戒骄戒躁，自己一个农民，能得到这么大的荣誉，来之不易，哪能哪敢骄傲自满呢！要是真翘尾巴，自己真是不知天高地厚、海有多深啊！说艰苦奋斗，自己一个穷出身，没见过大世面，一直以穷为根，以苦干为本，把三八苗圃当成自己的家，把树苗看成自己的孩子，不管刮风下雨，苦累不记，一心呵护树苗，再苦再累也心

英雄地 —— 走近右玉播绿人

甘情愿。说要扩大苗木产量，那只能扩大苗圃，增加苗木种植面积。但苗圃周围不是庄稼地就是河滩沙滩，怎么扩大苗圃面积呢？占用农田吧，生产队肯定不可能把打粮食的庄稼地让你种树苗。只有苗圃南面的饮马河是一片乱河滩，西面是荒草乱石滩，无人打理。扩展苗圃，只有在饮马河边或乱石滩上想办法了。但在这些地方扩建苗地，那得付出多大的辛苦哇！

就在王月兰左思右想，着手扩建苗圃的时候，她病了。病是头年感冒后留下的后遗症。当时，大队修建灌溉渠，取土挖沟，王月兰便是这挖渠者之一。当时，王月兰干得汗流浃背，而沟底潮湿阴冷，稍不注意，王月兰感冒了。她觉得自己年轻、身体好，没有把这头痛脑热当一回事，就没有休息吃药，继续劳动。结果感冒一直好不了，拖了一个月，最后落下一个咳嗽的毛病。这样，咳嗽快一年了，时断时续，时好时坏，一直没有除了根。第二年开春，王月兰咳嗽得厉害，直到咳出血来，身体虚弱得动不了了，她才躺在家里休息。其实，躺在家里的王月兰虽说是在养病，其实还一直在考虑150亩苗圃的事。她心里算计，现在苗圃有80亩，这80亩树苗是用5年的时间清石去淤、挖土填沟，逐步培育成育苗良田的，要发展到150亩，还得扩建70亩，这70亩苗田只能和饮马河道去要，和荒滩去要！

王月兰把自己的想法和当时的村支部书记毛永宽说了，毛永宽非常赞同，鼎力支持。但有一条，现在没有人手，想拓荒建苗圃只有现在在苗圃劳动的9个女孩子。听到这句话，王月兰当时就傻了眼。苗圃现在的9个女孩子，都是刚刚初中毕业的小孩子，体力弱，体质差，不是干重活的人。常言说，寸土难移！要这些女孩子去干移土填沟的体力活，是根本不可能的事。怎么办？是挺着腰杆干，还是知难而退，打退堂鼓呢？

王月兰有男人般的勇气，更有知难而进、勇于挑战困难的气概。她没有退却，而是与书记毛永宽立下军令状，年底争取建成150亩的苗圃，扩大苗木产量，明年为村和公社提供更多优质苗木！

人们常说，说话容易做事难。但在王月兰看来，说了就得做到，说话必须算数。抱着这样的想法，王月兰撸起袖子，扑下身子，身先士卒，带领9名女队员开始了艰难的开荒拓地。

春天的右玉，风大沙多，乍暖还寒，根本没有一点南方的春意或绿色。但在古城威远城外的饮马河畔,却是另外一番景色,9个姑娘在王月兰的带领下,一改过去的学生模样,掘土装车,填沟平坑。每个人铲挖刨掘,样样能干。毛淑珍家里条件好,兄弟姐妹都有好工作、好生活,唯有她进了庄稼地,干了体力活儿。但毛淑珍没有一点娇生惯养的习惯,更没有不满和怨言,装车费力,她抢着装车,看到小平车陷在土坑里,她扔下铁锹,跳进土坑,把小平车推了上来,根本看不出她是家里的娇小姐的模样。沈存梅人小体单,锹比人高,筐比她大,看到她的样子,人人都会心生怜惜。但她人小心大,干活毫不逊色其他人。在三八苗圃的工地上,只见锹头舞动,看不见人在哪里,肯定是沈存梅;只见车动不见有人推拉,似无人驾驶,这肯定是沈存梅。当然,苦活累活干得最多的肯定是王月兰。从她心里来说,她疼爱这些孩子们,如果条件好的话,她们应该在课桌上读书识字,或在父母亲前撒娇要爱。还有的队员与自己沾亲带故,或本族或姑表。王月兰明白,自己既是她们的队长,更是她们的大姐或者婶婶,于情于理,都应该把最苦最累的活儿留给自己。看着队员们埋头苦干的场面,王月兰心里既高兴又有疑虑。她觉得,扩地育苗的事不是这么简单,不会这么风平浪静,肯定有波折、有坑洼。

　　如王月兰所料想,不多时日,问题就出现了,女队员们出现了情绪波动。她们觉得,苦苦干了半个月,付出了那么多汗水,为什么不见效果呢?回头看去,事实确实如此。饮马河畔像猪拱了几下一样,只是多了几片鲜土,根本看不出田地的样子,70亩苗田什么时候才能拓出啊?

　　人在大自然面前永远是渺小的,但我们不能因为人的渺小而悲观丧气,而应该以愚公移山的精神,持之以恒,不言放弃,坚持实现自己的目标。王月兰一边思考,一边鼓励队员,努力说服她们,不影响队员们劳动的积极性。但问题还是出现了,王萍请了假,要退出三八苗圃。王月兰知道,前几天王萍在劳动中,因为溅了一身泥巴和其他队员们有些误会。是因为这个事退缩,还是因为劳动太艰苦退却?王月兰理解队员们的苦衷,也理解王萍的退出。但她想问清楚是什么原因使王萍退出。到了王萍家,王萍很热情,看到王月兰真诚的态度和她心里的疑问,王萍有些愧疚,她低声说:"我觉得苗圃的苦太重了,没有前途……"听到王萍的话,王月兰明白了,是自己有错,不体谅女队员们的体质,以自己成年人的体力要求孩子们。王月兰马上检讨,给王萍赔礼道歉,请王萍原谅她的粗心,希望她在新的劳动岗位上取得成绩。

英雄地 ——走近右玉播绿人

王月兰的真诚和处处为别人着想的做法感动了王萍。第二天,王萍给了王月兰一个惊喜,她又出现在威远三八苗圃的劳动场地上。其实,前一天的王萍心里很矛盾,她觉得种树苗毕竟不是农村的主业,不是个长久的活儿,但听了王月兰对三八苗圃未来的规划,她动心了。再看到王月兰真诚的心,王萍改变了主意。王月兰以自己的抱负和一腔真情,感动了一个队员,也教育了全体队员。

刚刚解决了退队危机,右玉大地春旱显现。一些树苗刚刚吐出嫩芽,就出现干枯的迹象。王月兰马上组织人手和器材,修渠挖沟,抗旱救苗。她和女队员们说,每一棵小树苗就像一个孩子,稚嫩脆弱,经不起一点灾难,我们要像爱护孩子一样爱护树苗,帮助它们渡过干旱,闯过难关,让它们茁壮成长。队员们知道王月兰的人品,也理解了王月兰的良苦用心,纷纷抛弃怨言和消极情绪,积极投身抗旱救苗,也顺利地渡过情绪低落的阶段。春天的威远三八苗圃,又呈现出火热的劳动场面。队员们有的浇地,有的挖土拓荒,青春的活力点缀着这片土地,辛勤的劳动创造着不朽的业绩。

"有路就有树"是王月兰等植树人奋斗的目标。如今在威远古城周围,到处可见这样的林荫道(中共右玉县委宣传部供图)

就在队员们勤奋劳动的同时，旱情更严重了。热浪滚滚，田地干裂，干旱肆意掠夺她们的劳动成果，摧残着三八苗圃的美好春天，怎么办？要想救助更多的树苗，必须昼夜加班浇灌。王月兰把自己的想法说出来后，队员们积极响应，主动要求加班加点、多浇多灌。王月兰把队员们分成三个组，人员休息机器不休息，日夜工作，轮班浇灌。队员们人小没有经验，经常出现或浇灌不透或浇灌过盛的情况。还有几个队员胆子小，怕黑，不敢黑夜加班。王月兰就不能休息，连续跟班工作。这样，王月兰几乎每班都跟着操劳，日夜工作，整天整夜奋战在苗圃。丈夫追到苗圃，要她注意身体，想替换她。王月兰说："都是女孩子，你一个大男人说不能说、喊不能喊，怎么行呢！"有的队员也劝她休息，怕她累倒。但王月兰没有听从他们的劝说，一如既往，没明没夜地操劳。

一天夜里，王月兰累得实在不行了，就靠在一棵树上，想休息一会儿。由于过度疲劳，王月兰睡着了。队员们年轻不懂事，觉得她太累了，太需要睡觉了，就没有叫醒她，希望她好好睡一觉。结果，荒郊野地睡觉，王月兰受了凉，第二天，咳嗽的病又复发了。剧烈的咳嗽震动得胸腔疼痛，王月兰腰都直不起来。队员又是心疼又是懊悔，硬是把她送回了家。丈夫既疼爱又气恼，说累成这样，这回该歇歇了吧！王月兰心里理解丈夫的埋怨，更理解与队员们朝夕相处的感情，她何曾不想休息，调整自己疲惫的身心？她何曾不想休息，为一双儿女和丈夫做一顿热乎乎的饭菜？但想到苗圃，想到为它付出的汗水和渐渐枯死的树苗，王月兰心疼不忍。第二天，王月兰又出现在苗圃抗旱的现场，与队员一起挖槽培土、开渠浇灌了。

说实在话，这时候的王月兰根本无法安心休息，她的心里除了干旱的苗木，心里一直惦记着她的目标——150亩的苗木。尤其是后者，一直压在王月兰的心头。在她看来，既然承诺了，就要兑现。既然说出口，就要为之奋斗！但怎么才能实现这个目标，决不能食言，常常困扰着她。王月兰想到人们常说的"不怕慢，就怕站""平时一点点，日后一大片"。这些话非常有道理，只要坚持干，一点一点做起，就一定能实现目标。这个"点"字启发了王月兰，从一个点一个点干起，一寸一寸干起，一锹一锹挖起，以点带面，以点形成规模。王月兰同时想到，沙滩开荒更合理，要暂时避开河道拓荒，向西面沙滩发展。王月兰把自己的想法和大家一说，队员们一致赞同。王月兰说："咱们不能贪多求大，一口想吃个大胖子。要一块一块地整，

英雄地 —— 走近右玉播绿人

一点一点地干,今天整出一平方米大的土地,就是实实在在的成果。今天一平方米,明天一平方米,一平方米加一平方米,150亩苗木的目标一定能实现!"

有了办法,有了目标,干起来舒心,也顺手。饮马河畔,新鲜的土地在一寸一寸延续,三八苗圃在一点一点发展壮大!

威远村三八苗圃的快速发展与建设,引起了右玉县许多人的关注。他们惊讶苗圃的整洁与漂亮,也惊叹这里苗木的优质,更惊讶一个普通农村妇女能做出如此卓越的成绩。年轻的王月兰能有这样的谋略与成绩,除了她质朴的本性外,更多的是靠自己的勤劳吃苦与百折不挠的精神实现的。她一直相信"笨鸟先飞",并以此为每天早晨鞭策自己的钟声,激励自己,警示自己。王月兰正是以这种低姿态,成就了她卓越的成绩。当然,王月兰虽然实在,但还是一个善于思考的人。她始终觉得,人活一生不容易,要活得有意义有精神,要雁过有声、流水有痕。正是因为有这样积极向上的人生情怀,王月兰把植树绿化当作自己的人生目标。

春天过去,又到了给树苗施肥的时候了。由于当时化肥奇缺,苗圃施肥一般以人的粪便为主。因为这个活儿太脏,以往在这个时候,队里会抽调几名男社员帮助三八苗圃的妇女,淘粪送肥。这次,农田活儿太忙,队里抽不出男社员,让苗圃自己想办法。王月兰明白,能有什么办法?只有自己干了。她二话没说,挑起粪桶,拿上粪勺,跳进粪坑,干了起来。臭气阵阵袭来,让人反胃恶心。王月兰忍耐着坚持着,埋头干活,没有一丝退缩的样子。远处,队员们都回避着,不想看到王月兰在粪坑劳动的这一幕,或扭头逃避,或好奇偷窥。但看到王月兰担着一担粪料进了苗圃,她们便纷纷跟过来,帮助她卸担施肥。榜样的力量是无穷的。在王月兰的带动下,郭秀兰、毛淑珍、沈润女、沈存梅等队员纷纷加入担粪运肥的行列。但最苦最脏的淘粪勺,始终掌握在王月兰的手中。以至于晚上回了家,平时亲近的儿女都捂着鼻子,喊着臭,躲到一边去了。丈夫代存贵说:"看你臭成啥了,连孩子们都嫌你!"王月兰却说:"我这身臭是不白臭的,我是用臭换来了郁郁葱葱的一片苗圃,用臭换来了道路、河渠、田畔的绿树荫!"

是啊!正是有王月兰等一群不怕苦、不怕累、不怕脏、不怕臭的无私奉献者,古城威远才能呈现出有田就有渠、有渠就有树、有田就有路、有路就有树的田园美景。时至今日,古城威远的农田,到处成长着三八苗圃队员们栽培的树木,大树参天,郁郁葱葱，防风护田，美化景色。人说岁月有痕，同样，劳动有痕、奉献有痕！

勤劳质朴埋头干，荒滩秃岭换新颜。

威远古城确实变了，变得山清水秀、景色宜人，变得山水如画，让人心旷神怡。如此景色，是王月兰等一个个普通百姓付出汗水、付出泪水而成就的。

还是在这一年的夏天，威远古城风和日丽、清爽凉快，人们尽情享受着夏日难得的凉爽。这一天，天气突然闷热起来。按以往的经验，这是要下一场雨的前兆。看看干旱的土地，确实也需要一场雨了。人们企盼着、等待着，希望这雨来得快一点。正在三八苗圃锄草的王月兰，擦着汗水，默默祈祷着雨水快来滋润饥渴的树苗。瘦弱的沈存梅有些恶心眩晕，可能是中暑了。王月兰急忙把她送到苗圃唯一的乘凉点水井房休息。这时，黑云突然卷来，狂风骤起，飞沙卷石。接踵而至的是电闪雷鸣、狂风暴雨。就在招呼队员们避雨休息时，王月兰突然想到自己的儿子和女儿还在村子外面玩耍，他们在哪里？现在怎么样？王月兰着急了。面对雷雨，母亲的力量是巨大的，面对母爱，暴雨何足挂齿。王月兰二话没说，顶着一件衣服闯进了急风暴雨中。雨越下越大，雨点像石子抽打着王月兰，可她无心顾及这些，一心担忧着孩子。威远古城淹没在风雨中。风雨中，不时传来一个母亲呼唤孩子的声音，雨水泪水交融在一起。终于，在一处破狗窝中，王月兰找到了蜷缩在里面的一双儿女。寒冷惊吓使两个孩子面色青白，浑身发抖。王月兰心疼、愧疚，伤心与委屈瞬间爆发，母子抱在一起，大声痛哭。哭声感天动地，雨下得更大了。

其实，对儿女遭受的这场磨难，王月兰除了心疼，更多的是愧疚。回忆自己走过的路，从嫁到威远村起，就没有一天悠闲。一年四季，不是锄田就是收割，不是修渠就是挖沟，从来没有清闲的日子。她不认为这是苦，而是觉得只有辛勤劳动、无私奉献，才能建设出美好的家园，也包括自己的家庭。王月兰是这样想的，也是这样做的。但这样做的后果就是无法关照自己的家庭、无暇顾及关爱自己的孩子。看看别人孩子的衣着，看看别人孩子的容貌，再看看自己的孩子，王月兰就觉得自己欠孩子们太多了，欠下的这笔亲情债永远无法补偿、无法还清。

王月兰心里隐隐作痛！

当然，有失就有得。王月兰虽然很难有时间照顾家庭和子女，但她得到了众口一词的赞誉。在威远村，人们一说到王月兰，包括现在的村民，都会竖起大拇指：王月兰，人实在，无私，能吃苦……

"金碑银碑，不如老百姓的口碑"，这句话用在王月兰身上最合适、最恰当了。这是无字的丰碑、无声的赞歌！

人们的赞誉是发自内心的，是王月兰以无数的事实赢得的。也就是在这一年，威远村遇到了多年未见的蝗虫灾害。蝗虫铺天盖地而来，吞食着所有的绿叶，包括三八苗圃的树叶。王月兰心急如焚，带领女队员们开始灭虫。当时，大队组织回来的农药，优先用于农田，以保粮田、保粮食。王月兰心里是赞同这样做的，但看到自己用心血浇灌的树苗被蝗虫糟害，还是忍不住心疼焦虑。没有农药难道就让它们猖狂吗？得想办法，不能坐等蝗虫肆虐。思来想去，王月兰想出用网纱网、用人工抓。当王月兰把办法告诉队员们后，姑娘们胆怯了。看到蝗虫，她们下不了手。王月兰心急上火，开始骂人，骂姑娘们心狠、没心没肺、见死不救，骂姑娘们胆小，不配做一个合格的植树人……许多姑娘让她骂哭了，只能抹着眼泪抓蝗虫。蝗虫有绿汁，一抓一手，恶心、胆怯、委屈，内心像打翻了五味瓶。这是王月兰第一次骂人，也是第一次对队员们发火。其实，王月兰嘴里骂着人，心里却暗暗自责，这样骂姑娘们、逼姑娘们，真是于心不忍啊。但面对害虫，能有更好的办法吗？只能这样逼迫她们去做，去除害虫……

正在王月兰心里自责和矛盾的时候，大队送来了农药。她暗暗庆幸，天无绝人之路，地有好生之德啊！树苗有救了，苗圃有救了！王月兰马上组织队员抓紧时间喷药。这时候，蝗虫还在泛滥，只有连续喷药，才能遏止蝗虫。三八苗圃的队员们没时没晌地喷、没明没夜地喷，以至于鼻子被农药熏得都嗅不出其他味道了，嘴里和鼻子里都是农药的味道。这时，王月兰发现，有的姑娘在喷药中呕吐起来。随着时间的延续，呕吐的姑娘越来越多。她明白了，农药有毒，姑娘们中毒了。王月兰马上让姑娘们出去休息，到苗圃外喝水，呼吸新鲜空气，排毒解毒，而自己还留在苗圃喷药灭虫。她心里明白，自己已经儿女双全，没有后顾之忧了，可姑娘们年龄还小，将来还要结婚、生儿育女，不能因为这个事，影响了姑娘们的未来。王月兰的想法是无私忘我的，是周全的，但她也是血肉之身、米粟之躯，怎么能经得起农药的侵袭呢！这天傍晚，王月兰终于抗不住了，眩晕、呕吐，甚至有些幻觉。她实在不能干了，才拖着软弱的身子回了家。刚刚打开门锁，便跌倒在地上，昏迷过去。丈夫儿女回到家里，看到这一幕，哭成一团。哭声唤醒了昏迷中的王月兰，她安慰家人："没事，今天不能给你们做饭了……"丈夫代存贵嗔怪她："饭是小事，你这样不顾身体，铁打的人也会垮掉的，你累垮了身体，这个家怎么办呀！"

丈夫说得对，自己垮了，这个家就垮了，孩子们可就苦了。想归想，思归思，在王月兰的世界里，劳动是首要的，苗圃、树苗是第一位的。她根本没有珍惜身体、爱护身体的想法。劳动是她立世的根本，苗木、苗圃、150亩树苗是她的目标，为了达到心中的理想，王月兰在所不惜！

在所不惜，奋不顾身，是每个追求理想的人必须具备的特质，也是历史滚滚向前的重要动力。正是有这样的人，我们的世界才生机勃勃，充满了绿色，充满了光明。

为有牺牲多壮志，敢教日月换新天。这是那个时代的诗句，也是那个时代的真实写照。在这起起伏伏的奋斗中，在王月兰的不懈努力下，威远村三八苗圃逐步扩大，苗木数量逐步增加，胜利的目标就在面前。但世事常常应验"屋漏偏逢连阴雨，船迟又遇打头风"这条俗语。这一年8月，三八苗圃遇到了十年不遇的洪水。洪水袭来的时候，威远古城风和日丽，天空没有一丝乌云，根本没有一点洪水来袭的预兆。就这样，洪水突然间从饮马河的上游滚滚而来。正在苗圃锄草的王月兰听到西面隐隐传来轰鸣声，她以为是雷声，但天空晴朗，西面没有浓云，不可能打雷。仔细一听，轰鸣声越来越近，寻声看去，洪水正顺着饮马河奔腾而来。王月兰惊呼有洪水，她马上召唤队员集合，然后组织全体队员向苗圃的高处撤退。这时，洪水卷着杂物，从苗圃南面的饮马河奔腾而来。王月兰发现，洪水是从上游来的，只在河道内奔流，并没有再往大发展的趋势，目前也没有冲上河岸的迹象。但河道旁边的苗木却受到洪水的侵袭，渐渐地，苗木或被淹没，或被洪水冲走。王月兰心如火烧，焦急万分，眼看着150亩苗木的目标就要实现了，天公不作美，洪水又来添乱。王月兰急了，她不顾洪水的威胁和队员的阻拦，往苗圃南面走去。洪水肆虐，冲刷着树苗。每冲走一棵树苗，如冲击王月兰的心肝。她急忙找到一些锄倒的杂草，捆绑成一捆，放到河沿上，想阻止洪水的冲刷，但草捆轻，瞬间被洪水冲走。王月兰又搬来石头和杂草捆，把它们捆绑在一起，有石头的重量，杂草捆就停留在树苗旁，保护住了树苗。

英雄地 —— 走近右玉播绿人

队员们看到王月兰的做法,纷纷效仿着,捆绑杂草树枝,再塞上石块,把一捆捆杂草等物品投到树苗旁。有的草捆投准确了,有的草捆却扔得不到位,被洪水冲走了。看到这个情况,王月兰慢慢站进了洪水里,把队员们投来的草捆等杂物准确摆放,这样,草捆防洪的效果明显提高,起到了保护树苗的作用。就在王月兰聚精会神地劳作时,突然,一股洪水冲来,把王月兰冲倒在污泥中,污泥瞬间涌上身来,淹没了王月兰的身躯。看着在洪流中挣扎的王月兰,队员们被吓得不知所措,大声呼救,呼救声招来远处的人们,才把王月兰救上了岸。

事后,人们庆幸洪水是远处的雨水形成的,来到威远村时,冲击力已慢慢减弱,才没有冲走王月兰。同时也庆幸她们自己投下的杂物,使慌乱中的王月兰有了抓住东西的机会,成了她的救命草,使她不被洪水冲走。

威远古城的湿地和林木(中共右玉县委宣传部供图)

虽然王月兰获救了，但寒冷的洪水击倒了她，也击垮了她的健康。王月兰病倒了，她持续高烧、咳嗽、哮喘，疾病使她神志不清，时清醒，时昏迷。昏迷中的王月兰梦到自己出生的穷山村，看到自己的母亲步履艰难地向她走来。母亲患有腿疾，行动不便。前一年母亲就捎话，让她回娘家，母亲知道她咳嗽得厉害，想看看她，给她捶捶背，给她抚抚胸，以缓减她的咳嗽，还为她炸了一盆她最爱吃的油炸糕……

身边的丈夫代存贵，一手护着自己受伤的腰，一边为她热敷。她后悔，不该让丈夫一个人去修补漏雨的房子。如果她在家，帮助他递送泥瓦，他可能不会掉下来，摔得至今腰疼腿肿，行走不便，以至于两个孩子像没娘的孩子一样，平日里总是饥一顿饱一顿、热一顿冷一顿，无人照顾……

一阵剧烈的咳嗽震得王月兰头晕眼花，她又有些迷迷糊糊了……迷糊中，她想得最多的是树苗，那个让她为之奋斗了六七年的三八苗圃。她想，苗圃与饮马河接壤的地方应该垒成石坝，增加高度，以预防饮马河的水灾。进苗圃的路该铺些沙石了，春天拉树苗的车多，把路面压得有些损毁，坑坑洼洼的，人车不好走，下雨还积水。想到水，还得打一口水井，苗圃大了，树苗多了，用水也多了，一口井救不了急。尤其到了旱季，用水多，每天都得浇灌……还有……

王月兰昏迷着。她依稀看到三八苗圃在阳光的沐浴下，郁郁葱葱，生机勃勃。钻天杨长势最好，它按捺不住生命的力量，拼命生长。刚刚试种的一片油松，一改过去软绵绵的样子，挺直了腰，探头探脑，开始成长。远处的饮马河，流淌着多年未见的清澈的河水，流水潺潺，吸引来多年不见的水鸟，鸟鸣蛙叫，生机盎然，一片祥和。燕子也飞回来了，它们成群结队盘旋在苗圃的上空，欢呼雀跃，在歌唱这个充满绿色的世界……

这场病使王月兰落下了哮喘的病根，此后她常年以药抗病，日常生活受到严重影响！

后记：王月兰，女，1948年12月生，右玉县威远村农民，20世纪70年代右玉威远村三八苗圃的创建人，全国植树造林模范。现年老体弱多病，患有严重的哮喘病，为低保户。丈夫代存贵残疾，现在在右玉县城附近经营一个卖水泥的小商铺为生。

2017年9月

【作者简介】柳敏，右玉人，山西省作家协会会员。多年来一直从事艺术工作，2006年导演拍摄了32集系列短剧《刘主任的社区》，在中央电视台二套播出。曾在《山西文学》《黄河》《佛山文艺》《山西作家》《电影作者》《现代美术》等刊物发表多篇小说和评论。近年来，曾参与电影《天注定》《山河故人》《我的青春期》等多部电影的拍摄。

红了沙棘　绿了西口

——记杨家山村曹满

王彩蜜

简述：荣华可放，享乐可弃；生活可简，官职可轻。家乡不忘，沙棘不离；专业不易，矢志不移。

右玉人曹满，一个几十年如一日潜心研究沙棘的人。而右玉巨大的绿化成就中，沙棘恰是扬绿海之大波者；曹满驾一叶小舟荡漾于波中，做大沙棘产业，做大右玉品牌。他的红与绿，正是右玉精神之色彩所在。

曹满是右玉县高家堡乡杨家后山村人，生于1965年，7岁上学，勤奋好学，14岁以乡考第一的成绩进入右玉县第一中学高中班学习。1981年7月，他怀着报效家乡立志改变家乡落后生态面貌的宏大志向报考了山西省林业学校，1984年7月毕业时学校按计划和表现要将其分配到山西省林业厅直属单位工作，他却主动要求回到家乡右玉县林业局工作。从此与沙棘结缘，34年矢志不渝，取得了丰硕的研究成果。1991年2月，曹满作为右玉县最年轻的优秀干部被选派到威远镇担任副镇长。正在被人们认为仕途一帆风顺的时候，1992年10月，他主动要求调回县沙棘研究所继续开始自己挚爱的沙棘事业。为了让沙棘在发挥生态价值的同时充分发挥其更重要的经济价值，他开始专注于沙棘的开发加工利用，先后于1994年创建右玉长城沙棘油厂，1996年参与创建朔州久伴沙棘饮料厂，1998年12月参与创建北京汇源集团右玉有限公司，2011年8月创建

英雄地 ── 走近右玉播绿人

山西塞上绿洲食品饮料有限公司，2016年招商引资创建山西汇源猷果园生物科技有限公司，并分别担任管理和技术职务，为右玉沙棘产业快速发展做出了重要贡献。34年沙棘情结，获得了沉甸甸的成果和荣誉。生命不息，奋斗不止，曹满将继续以创新思想为引领，潜心沙棘工艺技术创新。

夙　愿

人生精彩，没有踏不平的坎坷；内心执着，没有闯不过的关口。这里讲的不是美丽的传说，也不是虚构的故事。在右玉，一个土生土长的山里娃，用他的精彩和执着谱写了一支雄浑高亢的开拓者之歌。

他放弃了留在省城工作的千载难逢的机会，回到右玉，把人生最宝贵的青春年华奉献给了沙棘调查研究和沙棘的开发利用。他对沙棘从热爱到痴迷，用30多年的艰辛和努力，让改良沙棘红满右玉。他让沙棘系列产品畅销全国，让这满山遍野的沙棘林不仅绿了大地，更造福了父老乡亲……他就是右玉沙棘大王——曹满。

在讲述曹满的故事之前，让我们先了解一下沙棘。沙棘是一种广泛生长在我国西北地区的灌木植物，是耐寒冷、耐干旱、耐瘠薄、抗风沙、抗盐碱、适应性强的树种。尽管过去无人重视，随意砍伐，但这种野生植物凭借它特有的生物学特性和超强的生命力，顽强地生存下来。它不仅具有强大的生态功能，防风固沙、防洪护岸，保持水土、改良土壤，还有巨大的经济价值和社会价值。生长过沙棘的土地用来种土豆，无须施肥，增产一倍，甚至连种几年不衰。在沙棘丛中栽杨树，生长速度增长一倍。沙棘浑身是宝，不仅可肥田，也是牛羊的上等牧草。沙棘营养丰富，是食品工业的新秀，医药、保健作用是其他果品不能替代的。

沙棘，确实是人类的一大瑰宝。

然而，30来年前，沙棘的作用还远远没被人们认识。

在右玉，看到满山遍野的沙棘，人们自然而然就想到曹满，因为曹满是让沙棘品种改良，让沙棘发挥最大效益，让沙棘植根右玉、造福后代的领军人物。曹满把人生最宝贵的34年青春年华都献给了沙棘的研发和利用，为右玉沙棘事业的发展做出了积极重大的贡献。

曹满，右玉高家堡乡杨家后山人，1965年出生在这个贫穷偏僻的小山村。自记事起，出门就是大风，黄沙遍地，曹满从小就立下誓愿，长大后一定要学好本领，改造这恶劣环境。母亲靠烧酸刺（沙棘）熬和子饭养活儿女长大，盼望着儿子有朝一日能走出大山，端个铁饭碗，为曹家改换门庭、光宗耀祖。

懂事、聪明、好学的曹满没辜负父母的殷切希望，1981年中考，取得了优异的成绩，能够填报卫校、煤校、水利等学校，可曹满就没有多看别的学校一眼，毫不犹豫地填报了山西省林业学校。父母当然有说不出的高兴，邻居们也都夸曹满有出息。

1984年，要毕业了，由于品学兼优，省林业厅直属单位到学校要人时，校领导推荐了曹满，这可是千载难逢的好机会。许多同学都投来羡慕的目光，可曹满一点也高兴不起来。

想起家乡右玉穷山恶水少粮少柴的光景、黄沙漫天光秃秃的面貌，这个山里娃难受极了。

静悄悄的夜晚，宿舍的同学们都进入香甜的梦乡，他却辗转反侧怎么也睡不着，想起了爷爷常和他说的"狗不嫌家贫，儿不嫌母丑"的老话，想起了自己小时候的理想，想起了中学毕业时老师语重心长的一番话："同学们，当你们学有所成时，不要忘记了贫穷落后的家乡，母亲眼巴巴等着你们来用你们所学的知识建设、美化家乡，改变家乡面貌。"

第二天，他找到校长，表明自己坚决的态度："我是右玉农民的儿子，家乡母亲用瘦土薄地养育了我，培养了我，我明知家乡贫穷落后，条件和省城没法比，可我一定要用所学的林业知识，建设家乡、绿化家乡、装扮家乡。"

曹满回来了！怀揣着儿时的梦想，如愿以偿到县林业局工作。他不像其他年轻人一样爱玩好耍，领导看到曹满是个上进的青年，就安排他写材料，风不吹，雨不淋，干干净净。林业局的办公室虽算不上富丽堂皇，对乡下的青年来说也挺有点"谱气"。积极向上的曹满参加了民兵组织，并光荣地加入了中国共产党。

在简陋的宿舍里、昏暗的灯光下，曹满就像念书时一样，如饥似渴地学习林业知识，不知熬过多少不眠之夜，摇曳的灯光闪烁出一簇簇理想之光，照亮他纯净的心灵。他不愿碌碌无为度过一生，他要用汗水挖掘埋藏在心底的潜能，用所学知识开辟一条奋发有为的人生之路。

1985年，针对右玉特殊的地理条件和地上的物种，县里成立了沙棘研究所。

曹满二话没说，辞掉多少人羡慕的"坐办公室"的工作，和领导请示要去研究所，理由是所学专业还没有用的地方呢。曹满的话让局长感到很意外，从这个小伙子坚毅的目光中看到了沙棘的希望，高兴地答应了他的请求，鼓励他："年轻人，好好干，咱右玉沙棘调查研究全靠你了。"

母亲问沙棘是啥，他说："就是咱们烧火用的酸刺。"

"啊？沙棘就是酸刺？那有啥值得研究的？我和你父亲和圪针（沙棘）打了一辈子交道，还不是个穷，一辈子烧圪针，落下个满手是刺，你研究它有啥用？"

"妈，您不知道沙棘还有多少用处，我会让沙棘给右玉人带来意想不到的好处的。"

"别人是削尖脑袋往办公室钻，你倒好，好不容易考个学校，坐了办公室，却又往野地跑。"

"妈，我进研究所就是让沙棘不光是只能当柴烧，要发现沙棘还有别的作用。"

母亲知道儿子的执拗，认准的事十头牛也拉不回来，也就不说啥了。

自古英雄多磨难，从来纨绔少伟男。美丽的凤愿，始终孕育着坚定的信念。

跋涉

右玉沙棘研究所成立之初，只有曹满和郭振兴两个人，郭振兴是老清华大学生，从水利局副局长位置退居二线后专门和曹满搞沙棘调查研究项目。

于是这一老一少骑着自行车，背着简陋的仪器，踏上了漫长而又艰难的调研之路，这一走再也没有停下来，一直走到现在。

风里来，雨里去，调查野生资源量、雌雄株的比例、结果量、病虫草害种类、防风固沙和水土保持等效益和沙棘生理生化成分，发现沙棘的巨大开发前景，因为这是塞北小县独一无二的水果资源。

他们开展的第一项工作，就是深入全县的山坡沟崂调查。每次十天半月，走时背上干粮，带上防身工具，深一脚浅一脚行进在深山老林之间，饿了啃口干粮，渴了喝口河水，困了就蜷缩在已废弃的山上的破草棚或烂窑洞里，足迹遍布大半个右玉，采集了40多个优良沙棘种源，为开展科研试验取得了第一手资料。

当时研究所有个任务，每半个月采集一次野生沙棘鲜果样本，送中国林业科学研究所生理生化实验室，用来化验营养成分。从9月份采集到次年1月份，周期很长。

在右玉县境内有5个采样点，其中海拔高达1987米的曹洪山就是一个重要的采样点。

从威远出发，第一天骑自行车住到右玉城；第二天早上骑车到赵家窑村，把自行车寄放在村民家，再步行15里，才能到达曹洪山。曹满在陡峭的山上扶着年已花甲的郭振兴艰难地向上攀登。沙棘长在最高最陡的地方，年轻

曹满在研究现场（曹满供图）

的曹满像一只猴子，抠着石头缝，上蹿下跳，剪下来的沙棘枝丢给郭振兴，再揪着杂草往上爬寻找其他沙棘，在山上一待就是一天。累了，找个比较平缓的雪窝就地躺会，西北风一吹，冻得直哆嗦，手被冻得不听使唤。他们忍着饥饿、忍着疲乏，采一回样就像红军长征爬一次雪山。

"上山容易下山难"，这话一点不假。

下山时背着一大包沙棘，积了雪的山坡很滑，一不留神就会掉下山去。上山时手脚并用；下山时有时候坐在地上往下溜，一点点挪动着，如履薄冰，小心翼翼。为了防止掉下去，只能抓着杂草甚至沙棘，手被扎得血迹斑斑。

由于曹洪山海拔高，10月份就积了厚厚的雪。下得山来，衣服上的雪化了，凛冽的寒风一吹，衣服硬邦邦的，走起路来嘎嘎响，像是穿上了将士出征的铠甲。

好不容易下山来，顾不得饥肠辘辘，顾不上筋疲力尽，背着沙棘再步行15里回到赵家窑村，用自行车驮上，马不停蹄赶回县城，再辗转大同乘火车，往北京中

国林业科学研究院送采集样品，因为采集的小样只有两天的保质期。

20世纪80年代的山西，交通不发达，交通工具只有火车，从右玉到北京还没有直达列车，辗转大同，从大同再到北京，别说卧铺了，就是买个硬座也比登天还难。

瘦弱的曹满把装样品的四个纸箱分两组用绳子捆绑起来，担着摞起来比他还高的纸箱，在拥挤的人群里，艰难地挤上火车，努力寻找着能够放纸箱和他立脚的地方，太累了，只能爬到别人的座位下睡一会儿。

上下车时，由于扁担和纸箱会碰着周围的人，他常常遭受白眼和谩骂。他心里明白，来北京是为了沙棘的研究，只要能把这些"宝贝"平安送到就是胜利，"对不起""劳驾"说个没完。

好不容易挤下火车了，再挤公交，往中国林科院生理生化所走。

皱巴巴的衣服，乱糟糟的头发，熬得发红的眼睛，沉甸甸的沙棘，跄跄的脚步，路人投来的异样的眼光……这个山里娃对外面的精彩世界很好奇，望着首都的车水马龙、高楼大厦、辉煌灯火，街上白白净净的行人，想起故乡右玉的贫穷落后和恶劣的环境，想起家乡人因为四季黄风不住而被吹成清一色的黑红脸膛……

这一切深深刺痛了他的心，他的眼泪吧嗒吧嗒掉了下来，为了家乡的沙棘品种改良，为了把沙棘变成钱，让父老乡亲能过上好日子，再苦再累也得做好这份工作。想到这里，曹满咬咬牙继续向前走去。

采访时听曹满讲起这么苦的事，我不禁唏嘘不已，谁知曹满风趣地说，这算啥，又给我讲了几次与死神擦肩而过的事。

1987年，右玉沙棘研究所和中国林业科学研究院、北京林业大学和山西农业科学研究院合作，在威远镇建立研究基地，承担国家"七五"重大科技攻关项目——沙棘种植资源综合研究，内容有沙棘生态效益、野生沙棘林改造、工业化人工沙棘种植园技术、无性繁殖、良种选育和沙棘病虫草害调查及防治试验等项目，由于科研所人员少，调研任务重，曹满既是副所长和研究组组长，又是采样工和搬运工，但他自己感到如鱼得水，出去沙棘窝，回来研究所，没有星期日，更没有节假日，常常是迎着晨曦来、顶着星斗回。

1985年1月17日，快过年了，曹满还在忙研究所的事，加完班一出门发现很晚了，才想起家里还有一大堆事要做。自行车骑得飞快，与迎面而来的拉货汽车撞上了，车子被碾得粉碎，人被碰飞到汽车大盖上，又重重摔到地上，昏迷过去。后被送到医院，经检查竟无大碍，只是软组织受伤，昏迷了一个小时。醒过来后曹满还召集朋友，喝酒庆贺，感谢老天爷给了他第二次生命。朋友们劝他不要为沙棘玩命了，他却幽默地说："阎王爷看我沙棘研究没完成，不收我，送回我是为继续搞沙棘研究，右玉人还等着我的研究成果呢。"

1991年，年仅25岁的曹满由于在沙棘研究所做出的突出贡献，被提拔为威远镇副镇长。

这是多少人梦寐以求的事啊！可曹满放不下他的沙棘，离开沙棘他抓心挠肝地难受。

干了不到两年，曹满找领导要辞去这个职务，要求再回沙棘研究所搞沙棘研究。朋友们说："踏上仕途路，就踏上了个人发展的快车道。凭你的能力，很快就能干到镇长，干到县里。这一走，你还再有当官的机会吗？"曹满轻描淡写地说："我学林爱林，用我的专业知识为改变家乡面貌尽力，是我一生的追求，人这一生得为有价值的理想而奋斗，我既然走上了研究沙棘的路，就准备一直走下去。"

是啊，不经历风雨，哪能见彩虹！

1987年，右玉沙棘研究所与北京林业大学合作，扩大规模，补充人员，在威远镇正式建所。当年12月，担任副所长的曹满向县里借了辆双排座工具车，去北京拉设备，当天的气温零下30摄氏度，路况不好，路窄车多，颠簸不平的土路上，运煤车很多，傍晚被堵在半路上一动不动。前不着村，后不着店，没个吃饭的地方。饥肠辘辘，寒风呼呼，车子薄薄的一层铁皮，密封不严，但油钱是凑的，舍不得打着车取暖，曹满和他的伙伴们只能蜷缩在车上不时搓着手、跺着脚。寒风刺骨，身体没了知觉，直打哆嗦，用颤抖的手指碰碰鼻梁，只有麻木，多么难熬的寒冬之夜啊！他们分分秒秒盼着天明。

右玉到北京走了整整两天一夜，车上人的耳朵、手脚都冻得生疮化脓了。

在磨炼中成长，在逆境中崛起。寒来暑往，甘苦自知。

1990年，曹满在野外沙棘林中搞调查，接到通知说省里来了沙棘考察人员，让他对接。他担心客人久等，骑自行车飞快往县城赶。下坡时，坡道长，闸失灵了，车子飞快地往前冲，耳旁的风呼呼地响着，他就用脚磨着后轮子，希望缓冲一下自行车的惯性。慌乱中，脚被绞进轮子里，连人带车子摔倒在马路边的水沟里。曹满的腰摔坏了，十来天起不了床，去医院一检查是腰椎间盘突出。从此腰落下了毛病，做了两次手术还不见好，这些年求医问药没间断过，饱受腰痛的折磨。

一件事，一个人整整做了34年。用"废寝忘食""兢兢业业""如醉如痴""欲罢不能"等词语来形容，一点也不夸张。

人的时间和精力是有限的，曹满把他的时间和精力都给了沙棘。在工商银行上班的妻子赵美玲多少次吃起了沙棘的醋，每次拌嘴都会气呼呼地说："你和你的沙棘过去吧！家里有老有少，都让我一个人管。"话虽这么说，可同样忙碌的赵美玲理解丈夫的事业，丈夫的事业是属于全右玉的，关系到改善环境，关系到向沙棘要经济效益，并不是只属于这个小家。她把家打理得有条不紊，老人孩子其乐融融，只为让曹满可以专心搞他的沙棘研究。

曹满在研究现场（曹满供图）

别人出差，会给家人带回礼物，而曹满出差只能带回沙棘研究的资料。他如饥似渴地学习，从书本上寻找着沙棘造福百姓的秘籍。

踏遍青山人未老，风景这边独好。艰难的跋涉，期待着新的突破。

破 茧

十年铸一剑。

细数多少个不眠之夜，认真比对成千上万份材料信息；天道酬勤，实验室的灯火闪耀着他的理想之花，见证着他对沙棘的挚爱痴情，历经酸甜苦辣、艰辛曲折，曹满终于见到成功的曙光。

这段探索沙棘真味的艰难岁月，使他从一名林业技术员成为一名让沙棘遍布右玉的沙棘王。

他的研究培育，创造了奇迹，他的贡献不容置疑，他创建了心中的伊甸园。

十年寒暑，十年辛苦，十年的科研、十年的呕心沥血让曹满破茧成蝶。

曹满提出了沙棘用途广的新见解，县委书记给予肯定和赞同，在当时全国唯一的县级沙棘研究所，曹满作为科研骨干并负责技术这个主要阵地。

县委、县政府接受了曹满的关于沙棘品种改良和把沙棘作为经济林大面积种植的建议，并在全县推广。

十年辛苦铸一剑。

曹满的科技成果如润物细无声的春雨，滋润着山川沟壑，催开一地之花，结出满山遍野蜜一样的红果。

几分耕耘几分收获。拓荒者曹满在沙棘的开发利用研究方面取得了卓越的成绩，使右玉焕发出勃勃生机，引来无数嘉宾塞上行。

截至1995年，共有中央、省、市各级领导和国内外知名专家、学者近600余人次来右玉考察、研究、交流经验，这很大一部分都要归功于曹满辛苦调研的成果。

1986年9月4日，时任水利电力部部长、中国工程院院士的钱正英来到右玉，视察了沙棘林，调研了威远沙棘研究所。

看了曹满他们的试验基地和沙棘研究报告，钱正英部长回去后向时任中共中央总书记和国务院总理打了报告，建议把沙棘资源建设和开发利用作为黄土高原地区水土保持治理和治贫致富的突破口。

从此，右玉沙棘的开发利用引起了党中央、国务院的高度重视。

1986年10月3日，美国联邦农业水利部泥沙考察组工程师加利·那尼克博士一行四人来右玉考察水保和沙棘种植情况，对曹满提出的"放宽林距，林中混交"种植沙棘的办法大加赞赏。

1989年10月9日，林业部牵头组织鉴定委员会对以曹满为主要研究成员完成的右玉野生沙棘改造技术的研究进行鉴定。一致认为右玉野生沙棘改造技术措施简单易行，达到国内同类研究水平，建议在类似条件的沙棘改造中加以推广。

上级对他劳动成果的肯定和重视，像是给曹满打了一剂强效兴奋剂，曹满的干劲更足了。

1990年，曹满因在"七五"期间沙棘开发利用工作中的贡献突出，受到国务院全国水资源与水土保持领导小组的表彰和奖励。由他参与完成的沙棘遗传改良传统研究项目获国家科技进步一等奖和林业部科技进步一等奖，并颁发国家科技进步奖证书；参与合作的沙棘改造技术研究项目，因创造出带状间伐改造、疏伐改造等科学方法，使右玉野生沙棘产果量提高7倍，为此获得了林业部科技进步三等奖。

村里人靠卖沙棘果都致富了，家里劳力多的一家一年就能收获上千斤沙棘果，卖给饮料厂就是上万元。原来穷得娶不上媳妇的光棍，手里有了钱，周边的姑娘动了心，主动上门了。曹满听了沙棘媳妇的故事，心里甭提多高兴了。

1995年，右玉沙棘研究所野生沙棘林改造技术试验基地的沙棘果亩产从当初的30公斤提高到960公斤，这沉甸甸的果实里倾注了曹满多少汗水和心血啊！

有志者事竟成！荒山不负有心人！

在改良沙棘育种方面，曹满下了大辛苦，付出了大心血。这个外表粗犷的男人像个女人般心思细腻，对待沙棘，像侍弄婴儿般小心翼翼；对待沙棘种子，像是对待价格不菲的珍宝。

多少个日夜的精心照顾，经过无数次失败，几年的心血没有白流，终于取得了成功。曹满和他的科研团队采用清水泡穗、草帘覆盖等方法，培养出我国第一代大果无刺沙棘，此项科研成果填补了国内空白。

国内不少专家前来右玉考察研究，一致认为右玉脱贫致富的希望在沙棘开发上。由曹满研究编写的《沙棘病虫草害名录》填补了省内空白，获山西省科技进步二等奖。

曹满的4篇沙棘科研论文被收入第一、二届国际沙棘论文集；一篇沙棘科研论文被收入第19届国际昆虫学术论文集。

1990年12月，全国水资源与水土保持工作领导小组沙棘办公室授予曹满在"七五"期间沙棘开发利用工作中贡献突出奖。

2007年7月，曹满荣获第4届山西省青年科技奖，获得"山西省青年科研推广革新专家"称号并获得山西省五一劳动奖章。

凭自己半生不懈的努力荣获赞誉无数，曹满家里的奖状摞起来有半人高。

人们都说沙棘是曹满的生命，沙棘种子是他曹满的孩子。

不管是走过的不平凡的沙棘路还是育种取得的成就，曹满对沙棘生命的守望、呵护、培养，堪称这个领域的奇迹。

追 梦

曹满热爱他的事业，爱得义无反顾。

"沙棘人"曹满，像右玉的沙棘花一样在家乡绽放自己的青春年华。晶莹如红珍珠般的果实在曹满的精心培育下，向右玉人奉献了一个又一个惊喜，小沙棘成了大气候，沙棘资源转变为经济优势。

风华正茂的曹满有自己的追求，一颗梦想的种子在脑海发芽、成长，伟大的创业激情在心间澎湃，他要从生他养他的土地上起飞，干出一番事业，让这块土地受益，让农民受益。

沙棘种起来了，漫山遍野，沙棘研究也进入顶峰，曹满却又在思量着一个更大的课题，即进入沙棘产业的开发利用时代。

曹满到处搜集资料，打听关于沙棘的信息，得知外面的沙棘饮品已经五花八门、琳琅满目，曹满坐不住了，想出去看看。辽宁，河北，内蒙古的赤峰、呼市、包头，青海，河南等地都留下了他的足迹，曹满如一名虔诚的信徒，跋山涉水，走遍大半个中国，求取真经，寻找适合右玉沙棘开发利用的良方。

1993年1月，中科院西北高原生物物理研究所的杨海荣教授研究出沙棘油提取技术。沙棘油不仅营养价值很高，而且药用价值也很高，对人体肠胃、心脑血管、癌症等多种疾病有辅助治疗作用。这个信息太重要了，曹满坐不住了，决定马上去西宁跑一趟。

这回媳妇生气了，抹着眼泪说："自从结婚后，你陪沙棘的时间比陪我多多了，你一年到头忙沙棘，心里只有沙棘，对家不管不顾，快过年了，你却又要出去。"曹满耐心解释着："我是县里选拔的沙棘研究技术员，我的责任大着呢，右玉的沙棘不是只能烧火和扎篱笆墙，乡亲们眼巴巴等着从它身上榨油呢，我想让父老乡亲靠这满山遍野的沙棘过上好日子。"

妻子的怨言和劝说都阻挡不住曹满迫切见到杨教授的行动，家人知道他的秉性，明白拦不住，要是这件事不落实，年也过不踏实，只能安顿他早去早回。

这次去西宁，满载而归，杨教授为曹满的精神所感动，提供了所有资料，并答应给予技术指导，还有对曹满的鼓励和称赞。

当他兴冲冲到火车站买返程票时，才发现正赶上春运，车票十来天前就卖完了。售票员告诉他，除非有退票的。听了此话，曹满失望地呆在一边。

眼看就要过年了，身上的钱也快花完了，那时候没电话，一走就杳无音讯了。他知道家人担心他的安危，他焦急地在火车站徘徊，不敢住店，裹个棉大衣，吃不下，睡不着，一会儿就问问售票员看有没有退票的。得知他的情况后，工作人员给他买了张很难得的站票，途径西宁、兰州、银川、呼市。火车上挤得水泄不通，他整整站了两天。

回到家已经是腊月二十八了，曹满胡子拉碴、眼睛睛布满血丝、满嘴都是泡，妻子心疼得直掉眼泪："你是为了沙棘，连自己的命也不要了。"

1994年3月，在县林业局的大力支持下，曹满开始筹建沙棘油厂。

万事开头难。

他常鼓励员工说，现在的困难就是未来的希望。

他不顾腰椎刚做完手术，忙里忙外。没有资金，到处筹借，一切都是从零开始，厂房是租的，设备由自己按图纸找当地机械加工厂加工，自己安装，调试、投产……

一个月没顾上回家，日夜盯在车间，昼夜奋战，经过4个多月的紧张施工，厂子建好了。

曹满瘦了，眼窝深了，胡子拉碴，头发像喜鹊窝，只有那永不言败的信念更加坚定了。

终于，第一瓶沙棘油问世了，曹满像钻取人类第一颗火种那样兴奋，让小沙棘变成药用价值与营养功能兼具的梦想变为现实了，他用执着的双手开辟出一条希望之路。

开始时，销售非常艰难，资金短缺，曹满带领工人用最原始的方式做宣传，油印机打印宣传资料再到处散发，火车上，大街小巷里，戏园庙会……这就是厚朴的黄土地造就的男子汉曹满的艰辛开拓之路。

随后，曹满又参与创办了久伴沙棘饮品有限责任公司，所生产的沙棘系列产品也上市了，可销售不畅。

曹满常说，市场是前线，前线失守，后方的日子不会安稳。市场反馈的信息使曹满坐不住了。

挑战就是原动力。真爱编织乡亲情结。

怀着一腔热血，他辞别了家人，背上样品，脸上印着小儿子的甜吻，心里揣着母亲、妻子的叮咛上路了，跋山涉水，不厌其烦宣传推荐自己的产品。遭遇多少白眼、冷遇，但他不在乎，一个月磨破一双胶鞋，用最初级的推销手段硬生生地在呼市、太原、安西等地挖掘出一块块绿地，开辟出来之不易的市场。

很快，问题又出来了，由于资金链断裂，没钱收购原材料了。有人提议先向农民赊欠，曹满急了："我研究沙棘，开发沙棘，是为老百姓谋利益，他们家里都眼巴巴等着用钱，我宁肯去求人，也不能给乡亲们打白条。农民太不容易了，办不好企业就觉得对不住他们，对不住他们期盼的眼神。在许多农民眼中，咱这沙棘厂是他们赖以致富、挣脱贫困的希望所在。"

为了创办沙棘系列饮品，虽然竭尽全力，但让曹满没有想到的是，贫困山区要想创建个牌子是何等艰难，几个企业运行一段时间后，依然走不出土打土闹的小圈子，不满足于现状的曹满又一次陷入痛苦的深思之中。

机会永远是留给有准备的人的。

执着孕育机遇，奋斗成就大业。

曹满把自己的资料、提案一遍遍送到领导的办公桌上，汇报酝酿已久的想法：要让小沙棘成大气候，一定得走招商合资之路。

1998年2月，县领导带领曹满六次赴北京汇源果汁总公司商谈来右玉建厂事宜，早有准备的曹满细致条理地介绍了右玉的沙棘资源优势、加工技术和销售市场前景，还有右玉沙棘研究所的研究成果。

精诚所至，金石为开。

终于，北京汇源果汁总公司总裁朱新礼安排总经理率领有关人员来右玉实地考察了。北京汇源公司看中了右玉丰富的沙棘资源，也相中了鼎鼎大名的"沙棘人"曹满。

英雄地 —— 走近右玉播绿人

1998年11月30日，这是右玉沙棘开发利用史上最重要的日子。北京汇源果汁集团总公司与右玉县政府正式签订了合资建设北京汇源果汁饮料集团右玉有限公司的协议书，决定合作开发右玉的沙棘资源。

慧眼识珠的朱新礼聘请曹满为北京汇源饮料食品集团右玉有限责任公司副总经理，2001年提升为汇源集团右玉有限公司总经理。2006年曹满又被总公司调到北京担任汇源新建设项目经理。

北京汇源右玉公司的成立，不仅使高品位的沙棘饮品走向全国，而且有力地促进了右玉的农民增收和社会就业。沙棘种植加工成为右玉财政增收的一大支柱产业。

2007年3月29日，北京汇源集团董事长朱新礼一行再次来到右玉，对右玉的沙棘资源做了详细的了解，他说："要依托右玉丰富的沙棘资源，进一步扩大沙棘种植规模，实行合作双赢，使右玉的经济和汇源取得又好又快的发展。"

在北京总公司主管销售的曹满主动请缨回右玉，他说自己是右玉人民的儿子，自己的根在右玉，他离不开这里。

朱新礼对曹满这个合作伙伴大加赞赏，肯定了曹满的贡献和成绩，委任曹满为新项目负责人。

选厂址时，曹满建议用旧厂址，可以资源再用，不要轻易占用农民的命根子——耕地，朱新礼采纳了曹满的建议。

2007年4月10日，北京汇源集团公司投资2亿元人民币，新上沙棘深加工、果汁饮料项目。

曹满自进汇源以来一直不负众望，严把技术关、质量关，把公司干得风生水起，这回朱新礼又把总经理这个重任交给曹满，让曹满这颗"星星"终于在浩瀚宇宙中找到一个属于自己的位置。终于到了这个沙棘王大显身手的时候了。

至2008年底，右玉汇源公司累计实现销售2.94亿元，上缴税金2660万元。每年消化3000多吨沙棘，为农民增收9000多万元，带动运输包装等相关产业增收5000多万元，取得了极大的社会经济效益。

2009年曹满又被调到北京汇源负责新项目，这个高天厚土的儿子，时时想着自己的责任与担当。

但他对右玉沙棘魂牵梦绕的牵挂和挥之不去的惦念，对热土的情感、乡亲的依恋，让他如坐针毡。

听不到乡音，看不到沙棘，曹满心乱如麻，现代繁华的大都市留不住这个执拗的"沙棘人"，曹满又一次从北京总公司辞职回到右玉沙棘研究所。

北京汇源集团右玉有限责任公司让沙棘真正成为右玉改造生态、农民脱贫的功臣，被评为朔州建市20周年十大功勋企业。

曹满这个引路人功不可没。

2011年10月，曹满又招商引资，再度创业，创办了山西塞上绿洲饮料食品有限公司，担任总经理。

2016年7月，北京汇源献果园食品有限公司来右玉县创办了山西汇源献果园生物科技有限公司，计划总投资15亿元人民币，重点上马沙棘深加工产品，并为企业进行技术指导和服务，实现了一年建设一年投产的速度。

在曹满留下的一串串闪耀着奋斗火花的足迹中，是找不到休止符的。

曹满的梦想在他不懈的努力下终于一步步变为现实，他用他的汗水心血浇灌出满山遍野火红的沙棘。

咬定青山不放松，任尔东西南北风。执着的追求，叩响了真理的大门，使平凡的沙棘焕发出勃勃生机。

情 怀

曹满，一个普普通通的右玉人，一个执着追求的沙棘人。一次次靠近，让我一次次仰望。

曹满，因在少年时一颗梦想的种子在脑海发芽，青年时一种事业的憧憬在心头澎湃，便用半生的跋涉与追求，从右玉起飞，干出了一番沙棘事业，让土地受了益，让农民得了利。

有人说，曹满为了沙棘，误了升迁和进步，失去人生诸多乐趣。曹满说："我30多年前报考林校的初衷就是要改变家乡面貌，为此我无怨无悔。"

在右玉小南山的丰碑里，林业功臣曹满的名字赫赫在目。有人说曹满是当代"愚公"，可我觉得他比"愚公"多了一份执着、多了一份情怀，还多了一份智慧。愚公是要把挡在他家门前的山搬走，而曹满则是靠艰苦奋斗让"荒山披上绿衣裳"，

英雄地 ——走近右玉播绿人

靠科学技术把土生沙棘改造成质优产高的经济林，靠市场开拓让山里人摘掉了穷帽子。

30多年来，他硬是把"研究"做到了荒坡秃岭，把"实验"搬到了田间地头，把"论文"写到了山沟坡梁，把"财神"送到了千家万户。从此，他完成了一个专家教授或者是学者真正意义上的"植根"和"深扎"，在右玉创造了一个科技助飞的神话和传奇。

沙棘，是贫困山区人民向命运抗争的象征。

没有沙棘林，就没有"塞上绿洲"，是沙棘让"塞上绿洲"充满魅力。

"我愿意是右玉的一丛沙棘，把根永远扎在这里。"

曹满终究不是一丛沙棘，他的思想境界，他的精神意志，他的艰苦奋斗，他的创新观念，他的励志故事，已经成为一座让我们崇敬的大山，巍峨、壮观、绚烂、风采卓然、解读不尽。

采黄金的，淘走了黄金，把污染抛向江河；采煤的，用煤换成钞票，给大地留下千疮百孔。而曹满本着改善生态环境为父老乡亲谋利益的理念，站稳脚跟，打造了产品品牌，完美地诠释了以生态建设为本的内涵。

他开口闭口就是沙棘。

在他看来，人们对沙棘的需求，就像埋藏在地壳深层的岩浆，在不久的将来会轰然爆发。

火红的沙棘，火红的人生。

作为山西汇源献果园生物科技有限公司引进人的曹满侃侃而谈他的沙棘情怀和理想。

经过34年的研究探索，曹满最近又有了惊人的发现，野蛮的采摘和粗放的加工造成沙棘资源的极大浪费，沙棘的综合利用率不到30%；传统的高温加工工艺技术导致沙棘营养成分严重流失和破坏，有效成分的保存率不及40%。工艺技术创新势在必行，时不我待，一定要让宝贵的沙棘资源100%被利用。

曹满对沙棘的前途充满信心，他拿出资料让我看，国家科研机构把沙棘作为战略研究课题，让沙棘造福人类。

在这层层叠叠的碧林深处，聆听曹满振奋人心的发展构想，我的思绪亦如遍野的沙棘一样起伏不已。

曹满说："我的前半生都用来研究开发利用沙棘了，后半生还要继续努力，为了大地铺满绿装，为了依然贫穷的乡亲可以早日走出困境。大地母亲养育了我，我要报之繁荣富裕。"没有豪言壮语，没有惊天动地，却让我感动震撼。

莫愁前路无知己，天下谁人不识君。西口绿了，绿得郁郁葱葱；沙棘红了，红得如火如荼；曹满笑了，笑得如糖似蜜。

从毛头小伙子到知天命的年龄，曹满把岁月写在荒山野岭中，愿追梦人永远年轻，有情怀的人走得更远。

在右玉的道旁、街边，到处是习近平主席的题词："绿水青山就是金山银山。"

在右玉，沙棘和沙棘人曹满，就是绿水青山转变为金山银山的纽带。

曹满就是让沙棘红满山的探路人。

曹满对沙棘如醉如痴的挚爱，就是对右玉精神的诠释与践行。

（作者王彩蜜，简介详见第145页）

头雁篇

右玉县文联供图

树根人根　根深威远

——记威远城村毛永宽

郭　虎

　　简述：1968年，18岁的毛永宽开始担任威远大队村干部，从大队会计、民兵营长很快干到大队主任、大队支部书记，聚10年之功，带领威远乡亲植树造林、修路架桥、开渠平地、发展畜牧。在28岁时，毛永宽被活活地累死了。毛永宽卒于1978年12月。1979年10月，右玉县委、县政府发出通知："向优秀共产党员毛永宽学习，为绿化右玉大地不懈奋斗。"毛永宽为右玉献出了青春壮丽的生命，他成为全右玉的一面旗帜。

　　毛永宽其实还是一个新一代的乡村知识分子，他热爱文学，有着高远的生命理想，命运把他和威远城牢牢地捆绑在一起，直至不能分割，直至血肉之躯全部融入泥土，成为她的一部分，成为这块土地上的绿荫与传奇。

　　右玉的冬天是豪放粗野的，最能体现这一性格的是那些飘雪的日子。

　　那是1978年12月9日,这天,右玉县威远城笼罩在漫天飞扬的雪花中。雪太大了,迷蒙了远方的视线。所有雪中的景物,都像一张黑白版画,凸显着生动却又有点凄凉的意境。

　　这时候,一辆三匹白马拉的皮车从雪中走来。车后,是一道6里多长的送葬队伍……

紧跟在车后的人缓缓地走着，大家扶老携幼，在愈来愈密集的风雪中低泣或哭号……

那是威远城人们最悲怆的一天。

从掌灯时分的几声鞭炮到黎明前的几声哭泣，人们慢慢意识到这位一心带领大伙穿越贫瘠、走向富裕的年轻人毛永宽，已经真的离开他们，也将永远离开他们了……

那一年，毛永宽才28岁。

"太可惜了！这孩子……"

一位老人用袖子抹着眼角的泪花感慨。

到底是什么让右玉县威远城人如此惋惜这位英年早逝的年轻人？又是什么使得这个年轻的生命过早离开了亲人和家乡？

有些人来到这个世上，就是为了做事的！

毛永宽1950年出生在右玉县威远城。我1963年也出生在这方热土。

威远，颇有历史遗迹的一个地方。这里是秦汉时期的中陵古城，明正统三年（1438）设过威远卫，被誉为右玉县第二大古堡。这里也曾经是右玉县第二大人民公社所在地。

1966年7月，16岁的毛永宽以威远中学初中第一名的成绩毕业。他是一名很优秀的学生，从小学到初中，各门功课都是第一，而且他爱好广泛，象棋、篮球、乒乓球、画画，样样出色，让老师和同学们惊讶不已。可"文化大革命"开始，他还是回到家里，做起了地地道道的农民。

然而毛永宽积极向上，即便在农村里，也时时处处干在别人的前面。因此，他年仅20岁就担任了当时的大队主任，21岁再被组织安排为大队支部书记，到他28岁过早地离开了人世。威远人永远不会忘记毛永宽带领他们用短短的8年时间，在自己的家乡创造的一个又一个奇迹。

如今，30多年过去，人们脚下走的，仍然是毛永宽带领村民修的那些路。威远的牲畜用水、浇树灌地用水，使用的也仍然是毛永宽当年带领村民打的大口井和机井里的水。夏天村里人们喂羊的树枝，冬天生火用的干柴，都是他生前带领大家栽种的那些树的枝干……

时光流转，毛永宽虽然不在了，但他留下的业绩依然恩泽故里，意义更显博大绵长。

威远多年来建立的苗圃，提供的绿化树苗占全县苗木的一多半。

长满沙棘的高山河谷，成群结队的野生动物，正向这里集结。

这是毛永宽热爱的土地。他已完成和未完成的、他的欢欣和秘而不宣的种种情感，都种植在这里。

毛永宽的祖籍在山西省五台县，祖上时来到右玉。那时候他家境贫寒，可谓上无一片瓦、下无一垄地，他姐妹兄弟五人，毛永宽排行老二，头上一个姐姐，下有两个妹妹和一个弟弟。

毛永宽的父亲毛功，早年就是一名共产党的地下工作者，在驴蹄沟与人合伙开了一间油坊，明为油坊，实为党的地下联络站。

驴蹄沟位于右玉县与平鲁县交界处，地理位置特殊，村名因张果老骑驴路经此地的传说而得。那蹄印至今仍清晰可见，令人称奇。

后来，毛功物色了一位合意的妻子，他没有多少要求，只一样：听话。

"哦，你把我娶过来，原来就是为了这个？"

毛功笑而不答。

毛功的妻子叫郭凤英，她回忆说："那时候，他白天让我坐在门口的大石头上，手里拿着个鞋底子衲，眼睛却在四处张望，耳朵竖起，看有谁来没有。如果听哪里有不正常的动静，就赶紧咳嗽一声，或者跑回来报信。开始我还有点怕，后来慢慢也习惯了，后来才知道，那就是放哨。"

1944年春，由于汉奸出卖，毛功被日本人抓走，烧红的烙铁、辣椒水、老虎凳，历尽严刑拷打，他咬紧牙关，没说出半个字。后来，右平县游击队指导员石生荣出了200块大洋，才从日本人手里买回毛功一条命。

解放后，任内蒙古自治区组织部部长的吴达平这样评价毛功："毛功同志为中华人民共和国的成立出了不少力，给党提供了很多有价值的情报。"

毛功先是在右玉县四区工作，后调到县联社当书记。上级准备调他到县里任副职，但是，在县委工作当时要求达到小学文化，毛功没有文化，大字不识几个，组织上只好将他调到县商业局。最后，分配回威远供销社当书记。

毛功好多战友在各个部门担任要职，但他对孩子们说："即使将来见到他们，咱也不能提任何个人的要求。"

"你比布尔什维克还布尔什维克。"

毛功的老伴儿冲着他耳朵大声嚷嚷。

"咱供销社卖减价处理的东西，你自己当书记，可我和孩子们想买东西，就是挤死，你也让我们自己排队，从来没指望你给我们娘几个开个后门。"

毛功一听嘿嘿笑了，说："我这个供销社书记是党给的权力，党要我为大伙服务。供销社是为大伙开的，又不是咱自己家的。"

英雄的优良传统传给了儿子。

作为大儿子，毛永宽让父亲感到骄傲。

每天晚饭后，毛功竖起耳朵，用仅存的微弱听力，听着毛永宽讲述那些革命先辈的故事。毛永宽大声对父亲说："我心目中的榜样，就是保尔·柯察金……"

毛功十分高兴，自己老了，但儿子年轻。儿子有思想、有主见，尽管时代不同，但父子俩的心思和美好信念却一脉相承。

他希望自己没有做到的，儿子毛永宽能够做到。

毛永宽没有令父亲失望，1970年，他被任命为村主任。同年，20岁的毛永宽正式成为一名中国共产党党员。

也就是在这一年，年轻英俊的毛永宽和代桂花成亲结为夫妻。

由于他思想超前、敢想敢干，上级领导对他十分器重。1971年春，毛永宽被公社任命为威远大队党支部书记。

威远共400多户人家，村民2000多，分5个小队，是全县第二大村。威远既是大村，也是穷村，更是全县的老大难村。每年从县里派来的下乡干部，谁拿威远的穷山恶水都没有办法，来了走，走了来，换了一拨又一拨。下乡干部们说，威远之所以穷山恶水，都因为威远是典型的黄土丘陵地带，坡梁沟壑坎坷不平，四野空阔风沙肆虐，换做谁，再大的能耐也很难把这里的面貌改变好。

毛永宽上任之前，威远土地总面积2.7万亩，80%以上不平整，没有一块可以上水的土地。再加上自然条件十分恶劣，沙化现象特别严重，粮食产量居全县下游。威远人靠天吃饭，听天由命地活着，"春种一坡，秋收一瓮，除去籽种，吃上一顿"。年景好的时候，人们要想填饱肚皮都成问题，更何况年景差的时候。因此，解决温饱问题是威远人长久以来的愿望。

回想当年，还是少年的毛永宽伫立在威远的西城墙上，目光搜索着每道山梁。从历史深处走来的古城近在眼前，那每一个烽火台都有一千个故事，每一寸土壤每一块砖瓦都有一万个思想。可他没有心思去观赏风景，他在苦苦思索，规划威远的远景；他立下决心，要凭自己的一腔热血，让威远变个样……

一上任，毛永宽就想办法让家家户户通上了电，结束了威远点煤油灯的历史。同时，他着手规划威远的未来。他亲手绘制威远平面规划图，哪块地是几队的、东西南北各是多少米、方地还是斜地，在他的草图上都一一标明。威远的房、路、渠、树、田、井，每一寸土地，他都要走遍；每一个地方，他都亲自用步丈量……

针对威远的实际，毛永宽决定做三件大事：

一、兴修水利；

二、植树造林；

三、整地修路。

经过反复勘察，毛永宽将他的设想与村里其他同志反复研究，并仔细地在这张图纸上作了具体的规划。

威远，距右玉县城10公里，位于正西处，史载这里早在战国时期就有人居住，秦汉、北魏、隋唐各代均属军事要塞。只是岁月的侵蚀使古城遗迹早已荡然无存。

在毛永宽的规划里，威远的城门外要建设三环路，一路跨双渠，方格框墙，林网护地。他要利用西河湾的洪水和常门铺水库的储水兴修南干渠和清干渠；利用古城河湾的水修北干渠；在四个门外，各队在利用价值最高的地方打上水井；为防止西北风入侵威远，给威远带来危害，他规划了三道防风林带，分层阻挡风沙。

他说："兵来将挡，水来土掩，风沙来了，我们用树挡住。"

"水利是农业的命脉。"这句话被毛永宽写在大队的黑板上，写到威远大队每一处最醒目的地方。

"威远要想发展农业，没有水不行！"毛永宽说。

没有专业人员指导，他买来很多关于水利方面的书日夜研究，自学成才。他一边看书，一边设计水利工程图纸。没有仪器测量高低，他就完全凭眼睛目测高低平缓……

1971年，毛永宽组织全村劳动力利用春秋两季农闲时间开始实施规划中的水利工程。

他带领社员按照规划先动工修筑南干渠和清干渠，工程所涉及的南城壕和西河湾拦坝、修渠两项做好将会对威远产生深远的意义。到时候，不仅威远不会被山洪搅扰，干旱的农田也会变水地。这两股水，一股是西大河下雨发下来的山洪水，另一股是常门铺水库的清水。

我们且看毛永宽设计的大胆和巧妙。

所谓南干渠和清干渠，即分天干和雨涝天气，修好的水渠，下雨时利用洪水，不下雨时利用常门铺水库的清水，这样就需要修两条渠，引洪水的渠叫南干渠，引水库水的渠叫清干渠。南干渠远看为一道渠，其实可以流两股水，从西河湾经威远南门外一直到饮马道湾，由西向东3.5公里。洪水从西向东流，清水从南向北流，如果两条渠汇合后走一条水道，年长日久，洪水里的泥沙就会将清干渠口淤积堵塞。毛永宽大胆决定在由西向东的南干渠北侧修一个回流渡槽，这样就躲开了南干渠的泥沙。让清干渠由南向北，穿越南干渠，穿越时将清干渠水位降低，从南干渠底流过，形成一道2米宽、1米高的密封水泥板暗渠。暗渠的顶部与南干渠渠底是一个平面，形成立交渡槽，保证了两股水的长期利用……

构思之奇妙，设计之合理，超出了专业人员的能力。

1971年秋后的一天，微风拂过。在右玉，这是多么难得的温文尔雅的好天气呀。这天，毛永宽他们开始用铁丝在准备拦水的河槽里编网。这样的网是欲将泥沙石头固定在一块，使其拦成坝状，达到截流蓄水的目的。

人们手脚并用、肩挑车推，经过数十日艰苦不懈的奋战，一条5米宽、2米高、3500米长的干渠，由西向东笔直而去。

毛永宽年轻气盛，要求大伙拼命苦干，力争南干渠在大地封冻之前竣工。

而同时威远南干渠两侧的土地也在开工平整。工地上红旗招展，人们早出晚归，一派精神焕发和欣欣向荣的繁忙景象。

一切按部就班地完成了，毛永宽的脸上整天都洋溢着兴奋的笑容……

那一年，毛永宽才刚21岁，在众人的眼睛里，他还是一个毛头小伙，可做出的业绩，却令所有人为之钦佩不已。

为了能使威远真正改观，把水利建设搞好，毛永宽决定成立威远大队水利专业队。他从村里的青壮年民兵中抽调一拨精干的人马组成水利专业队伍，常年负责修补建设好的水利工程，空闲时间就补植路旁渠旁和空档处的树苗。

那是个火红的年代，每天一大早，人们都能听到专业队出工时排队喊操的声音。他们一路唱着《我们走在大路上》《三大纪律八项注意》奔赴修渠工地，一边精心地维修水渠，或者浇树，一边把喜欢的歌声唱响在那希望的田野上。

3500米长的南干渠水从西向东畅流无阻，为威远的农田送去的甘霖。那水泛着浪花，一路欢歌，汩汩流淌，一股脑儿地冲垮了当初许多人的嘲笑和质疑。

威远城西2.5公里处有一个村庄叫古城。古城村南有一条河，河水绕古城村东而过，一年一年，缓缓向北流淌。历朝历代，人们一直以为威远与古城处于同一水平线，毛永宽经过测量却发现，古城的河湾与威远的城墙才是处于同一个水平线。这个发现令他惊喜不已，他脑子里随即闪出一个大胆设想：利用西高东低的地形，在古城河湾筑坝修渠，兴修北干渠。

敢想敢干，雷厉风行，是毛永宽的一贯作风。

1975年春天，他又带领威远的社员们展开了一场艰苦卓绝的大会战。

地动山摇，昼夜鏖战。很快，北干渠修通了。

毛永宽最懂得在水渠边上栽树的好处，于是他决定在北干渠两旁各栽8行、支渠两旁各栽两行大叶杨。形成一个个四方框，框的四边各栽两行树阻挡风沙，形成一个个树的方块。

而渠两旁的土地，平整后打成框墙，支渠与北干渠接通，再向南北的框地延伸。支渠另接无数毛渠，由毛渠完成最后一道浇灌程序，水直接注入地里……

毛永宽在实践中不断摸索，他几乎要成为一个水利专家了。

他很有土法技巧，充分利用自然法则顺应天时地利地改善农业种植结构。他根据地形，每到一个落差处，就做一个跌水，让水跌下一个台阶后再往前流。在跌水

英雄地——走近右玉播绿人

上方的闸门两侧兴修了支渠，各向南北延伸，用以浇灌两侧的农田。相对地形在一个平面的跌水闸门上方，分流工程称做"斗"。整条北干渠平均每两个跌水修一个斗。北干渠从古城河湾经威远北门，一直到东河沿全长5.5公里，一共做了16个跌水、8个斗，由西向东，依次叫一斗、二斗……直到八斗。

这真是一个个奇迹，极大地缓解了土地连年干旱的农业困局。

每年，当到了夏季偶下大雨时，清干渠、南干渠、北干渠就成了威远人开闸放水漫地的绝佳时机。这时候人们总能听到毛永宽第一时间在队部的喇叭里喊："全村人能出动的都出动，快去干渠上放水……"

于是人们披衣拿锹，纷纷从家里出来奔向两条干渠放水漫地。

再后来，不用他喊，放水漫地早成为威远农民的一个习惯。

"一年淤灌，两年不旱。"

洪水从干渠放进支渠，从支渠又疏出毛渠，从毛渠流进地里，放水的多少以不淹没庄稼头为准。每一道支渠正好浇灌相对应的几框平缓土地。

渠和人一样，尽职尽责。威远的土地，在毛永宽的土法治理下，得到科学合理的灌溉，粮食产量逐年增高，比周边村庄一下子高出几倍，从根本上改变了农业生产的落后面貌。

修渠引水的同时，1972年秋，毛永宽又带着各小队开始打大口井。他倡导所有井顺着井口往地边儿修一道防渗渠，并将电线拉到了井边。水井配备齐全后，地里稍有缺水干旱，水泵便可以欢歌不断地为地里灌溉浇水了。

威远人从此露出了笑颜。这可是几辈庄稼人做梦都想不到的好事啊！地成良田，日子翻着滚儿地好起来。

那年，威远5个小队共打了6口大口井，除每队各自打大口井外，又集体大会战打了一口东风大口井，直径有10米……

当年五小队的队长沈连生回忆说："秋天开工打井，冬天人们都穿上棉裤了，还在打井。如果当年不把那些井打起来，前功尽弃，有的井就会彻底报废，所以必须完工。那些日子，井上面的人被风刮得双脸生疼，井下面的人停一会儿不动，衣裤就结成了冰凌块。打井时，毛永宽总是在井下第一线，他全身泥水，几乎让红胶泥裹成个红疙瘩……无论做啥活儿，毛永宽总是抢最重的干，哪里最苦最危险，他就在哪里，到底还是落下了大毛病……"

他的话，把我们又带到了那个艰苦的年代。

沈连生说得没错，毛永宽是个有梦想的人，他在为威远谋求发展的每一次工作中，从来不考虑自己的利益得失。

1977年秋，毛永宽继续规划。他一鼓作气，决定在离渠较远、上水较为困难的地方，每队再各打3眼机井，5个队共打机井15眼。就在那年冬季，这15眼机井全部顺利完工。

从此，威远除拥有南干渠、北干渠、清干渠外，又拥有了1个蓄水池、7口大口井、15眼机井。井、电、机全部配套，为威远农业生产打下了坚实基础。威远城四周的土地，几乎不留死角地都可以灌溉了。

他为了确保所有设施能够顺利使用，派出了沈金瑞和胡润英前去大同学习缠水泵电滚子技术。后来他们学成归来，抽水泵一遇烧毁，当即自己解决，大大提高了生产效率，快捷方便，又省钱实用。

毛永宽那辆烂永久自行车的后座上永远备有四样东西：铁锹、雨衣、雨鞋、手电筒……

每当电闪雷鸣，天要下大雨的时候，无论黑夜还是白天，他都要亲自去检查一下干渠。

有一次，他发现北干渠出现一道裂缝，险些被洪水冲一个大口，情况紧迫，来不及回去叫别人，就一个人马上用锹加固干渠。整整一夜的挥汗如雨，直至凌晨时分，毛永宽才回到威远北街。当几个早起的妇女看到原来是她们的支书浑身泥水地站在面前，再问是整夜都在为大家加固干渠时，一时感动得说不出半句话来……

如同右玉的每个村庄一样，威远的地形地貌也是坡梁沟壑，高低不平，典型的丘陵地区。要将这样的土地都变成水浇地，难度可想而知。在新修水利设施的同时，必须进行农田基本建设，平整土地，以实现所有农田灌溉。

新修水利和农田基本建设必需同时进行。

从1971年每年的开春起，土地只要一开始消融，威远的平整土地大会战就拉开了帷幕。

说实话，要将所有的圪梁、圪堆、老坟，这些高的地方修平整谈何容易。而将那些圪凹、圪壕、圪巴、水沟等低的地方垫起来更是难上加难……

为此，毛永宽带着大家全副武装地坚持每天奋战在平田整地的战场上。

锹、镐、镢、桶、平车、箩筐、扁担就是他们的武器……

太高的地方地下仍冻着，坚硬无比，他们就用杠钎打眼，装上自制的土炸药炸松冻土，再人工一筐一筐地往低洼处担……

1972年到1973年两年的秋季，每当将地里的庄稼收回场后，毛永宽就带领社员平整东门外4000多亩的土地。他们夜以继日地奋战，肩挑车推，以愚公移山的精神将坑坑洼洼的地全靠人工铲高垫低，直到可以用水浇地为止。

1973年春，毛永宽雇来县水利局一辆铲车帮助他们平地。

他在前面指挥，铲车在后面作业，人工加铲车，那些地全靠他的目测和设计，以达到基本水平……

由于威远是古城，周边乱坟岗很多，占地不少。这些乱坟岗一般人都不敢碰，大概是当地人那种传统的迷信思想在作祟，更有一些人私心严重，认为铲他们的老坟是应该给一些补偿的。毛永宽不信邪、不畏难，他下决心要将这些无主坟和老坟堆全部铲平，改为粮田或林地。

在平一处老坟时，一辆铲车无故熄灭，司机数次尝试打火还是打不着，吓得他对着坟堆下跪，一边还念念有词："各位祖宗，你们要怨也怨毛永宽，是他让我铲的，跟我无关！求你们饶恕我，不要再作怪了……"

毛永宽知道后，表面无所谓，可心里却涌起一股暗暗的酸楚。

"真是滑稽可笑！"

1973年后秋，东门外的那些不平整的土地终于全都平完了。那横看成岭侧成峰的地块，瞧着就心爱不已。它们都被修成了四方形的框，根据地形，每一个框有3亩或5亩不等。为了保证各框里的土地全部能够上水，因地制宜地建起了框墙。这些框墙均是底宽1.2米、顶宽0.6米、高0.6米，如此坚实的框墙，保证了高低不平的地界不会渗水和跑水。他们还在框墙的四周都栽上树，用来防风固沙。紧挨框墙的一个边再修上支渠……

没有改造以前，威远通往县城梁家油坊的道路绕来绕去、曲曲弯弯。"绕坡绕沟绕坟堆,还绕一个烽火台",这是威远人留在嘴边儿的话。

毛永宽重新规划后,把坡放低,把沟垫起,把坟推平,依然是利用铲车开道、人工辅助,他手指到哪儿,铁锹就挥到哪儿。仅用了两个月工夫,一条笔直的大路就通向县城……

与此同时,平整北门外土地、拓宽取直北大路、拓宽通往辛王郭家堡的路等项工程一并开始。这些工程一边进行,一边在道路两旁各栽下3行树,随路而行的还有笔直的防渗渠……

路渠整洁,点线规矩,两旁的框地一框一框平整坦荡。这是一个人最美好的梦想,他在为自己的家乡勾勒着一幅早日实现四个现代化的美妙蓝图……

在毛永宽的规划下,威远一出城门,无论去往哪一个方向,道路都是笔直、宽敞的,让人看去顿觉心里舒畅。

然而,在威远,还有一个最令人头疼的西门。

威远的南门、东门、北门外的地都平整好了,昔日的沟坡也都成了水浇地,但西门却不行,原来是因为这里有肆虐的西风在捣乱。

右玉向来盛刮西北风,而威远犹以西风最烈。连年的风沙早已将威远西城墙的内外夷为沙化的缓坡。

黄风一起,沙土飞扬,云悲河哭,天昏地殇。

那时候的人们大都说"大黄风"有速度、有重量,你只要伸出手往风里捞一把,手里就是一两多的沙子……

其实,右玉老城的北城墙像威远的西城墙一样,也是生生让沙给堆起来了,好端端的一座古城,成了沙子堆。

风过沙走,沙进人退,右玉老城的遭遇让人心痛不已,县城也因此不得不在20世纪70年代迁往一个叫梁家油坊的地方……

想当年,在威远,学生白天点油灯读书属家常便饭。课余时间,学生们结伴去西城墙上或坐或趴在独轮小木车上,顺坡而下,仿佛坐天然土滑梯的感觉,好玩又刺激,下去后再提着小木车爬上城墙顶部……一次次爬上冲下,乐此不疲。经常有孩子连人带车翻滚而下,一个个刚挖出的土豆一般的灰头土脸,引得同伴

英雄地 —— 走近右玉播绿人

大笑。

少年不识愁滋味，孩子们玩得不亦乐乎的黄土沙坡，却令一代又一代威远人愁肠百结……

"为了威远的明天，为了子孙后代——向西风宣战！"

"如果把西风挡住，威远就会清净许多。"

"风大沙多来势猛，不信树多挡不回！"

毛永宽痛下决心，发誓将这个祸害了威远人无数代的风魔给治治。他设计了三道防风林：一道顶大风，一道滤沙尘，一道变和风。

1976年春天，威远全民打响了攻坚三道防风林带的战役。第一道防风林，设在威远西城墙外，紧挨城墙的背风坡；第二道防风林，设在范家坟到现在的三联苗圃；第三道防风林，从古城梁直到西河沿。从西向东，每隔12500米一道防风林。三道林带，背靠背，肩并肩，严防死守，威严地阻挡着风沙……

全民参战，风雨无阻，披星戴月，挥汗如雨。

从无到有，第三道防风林种完了。

由远及近，第二道防风林种完了。

当毛永宽领着大家栽种最后一道防风林的时候，却招来骂声一片。

俗话说，"城墙不高三丈六"，这三丈六都是背风土，在这上面栽树简直开玩笑。上了点年纪的老人说："这孩子不是栽树栽红眼，就是栽昏头了吧？"

毛永宽认准的事情是没有回头路的。他把那些风言风语当做耳旁风，毅然决然地继续着他的设想。

一天，毛永宽骑着自行车刚好从西街路过，三队一个后生在他身后大喊一声："毛永宽，你等等。"

毛永宽从自行车上下来。

"啥事？"

"你个栽树的疯子！栽树栽得连你老子也不认识了！"

刘双生唾沫星子乱溅，可以看得出，内心里的气是不打一处来。

可毛永宽是个会被风凉话吓倒的人吗？错了，他才不在乎这些。

他二话没说，只是笑了笑，就又骑上车子走了。

毛永宽心想："随便你怎么骂，但树还得栽！"

第一道防风林在威远西城墙下的背风土上栽树，他为每个有劳动能力的人分了栽3棵树的任务，而且让人们利用收工后的农闲时间栽植，还要必须栽活才算。

毛永宽以身作则，家中老少，每人必栽3棵。

毛永宽的父亲毛功是一位供销社退休干部，老人家同样不例外，紧跟着儿子去栽下了3棵树。只是给树浇水，就要累毛永宽了。

毛永宽带领全家人挖坑、植树，再给树拦一个大圆圈，力争把水浇透……

他是全村的主心骨，事无巨细，工作繁忙。那些天，尽管他没日没夜操心着整个村子的所有事情，身子早已疲惫不堪，但收了工后，他仍要坚持栽种好分到自己家名下的那些树，并且第一个完成……

"树栽下的当天，小树苗一定要浇透水。"毛永宽这样嘱咐着村民。

"只要有了水，背风土上栽树，一样能活！"

……

一个如此执拗的人，别人还能拿他怎么样？没说的，跟着干吧。

白天，大家照常出工到地里收庄稼。晚上，整个西门外被风刮起的那道坡上人头攒动，只听到叮叮咣咣的铁锹与地上石块碰击发出的声响、水桶与扁担碰撞发出的声响……

栽树，浇水。

挑水10担一个工分……

已是夜里12点多了，威远城西南角的一口水井旁，依然有人在打水浇树……

月影朦胧，疑是一些夜游神在给人间劳作尽力……

如今，威远西城墙外那一片高大挺拔的白杨林仿佛一个个手执兵器的威武战士，忠诚地守护着威远的西大门。

今天，威远也有风，但风是清的。

那些小动物们的屋子到了冬天也暖和多了。小松鼠在树洞把玩秋天采集的松果，麻雀家族好像正挤在老榆树上开晚会。一只老鹰瞅着村口，一声铿锵有力的鸣叫于空中回旋……

"只要有了水，背风土上栽树，一样能活！"

旷野上空，久久地回荡着毛永宽浑厚的声音。

威远人用自己勤劳的双手验证着毛永宽这句铿锵有力的话。

凡是成功的，就是好经验。

十几年后，右卫城北城墙外背风土坡上栽的那些树，学的就是威远毛永宽的经验。

每年春秋两季，威远人农闲时就植树、平地、修渠、打框，专业队常年维修网状的防渗渠，补栽环形防护林，再加上每年的统一植树大会战，威远的渠水灌溉率和树木覆盖率早已经大大超出周边村的比例。

威远，这个威武远大、威震远方的小城正在美丽的塞北大地上尽显着一处处郁郁葱葱……

那毛家岭西梁、后坪、二台梁、小梁、古城梁、南坪、大小凹、饮马道湾、杀场凹、老虎坪……

那一道道整齐修长的干渠、支渠，像仙女一般……

那条条或笔直或蜿蜒的大路、田间路，俊朗坦荡……

那一方方环抱着土地的框墙和四周林立的树木，竟然惹得北京的大画家们都眼馋心跳，贪婪地将那一笔笔浓墨重彩无尽无私地送给它们……

渠、路、林、机、电、井……

威远的天，是湛蓝的天；威远的未来，必将走向安逸和富足。

路拓宽了，树种好了，如何让这些辛苦栽种的树顺利成长，是又一个问题。

毛永宽组织了护林专业队，队员由部分退休干部和老党员组成，专门负责护林和浇树。

五队的胡老大、胡老二俩兄弟，一天出北门外私自砍了几根死树桩子，想拿回家烧火。被护林队发现，报告给了毛永宽。为了防止私砍滥伐，避免有人在砍死树枝时把活着的好树也夹杂砍死带回家，毛永宽责令二人在大会上向公众检讨，写悔过书。并责成他们兄弟补栽北门外大路两旁的死树，补栽到不剩一个空坑，以示惩戒警示。

自此，很少再有人私砍树枝树干，威远的树木得到了很好的保护。

但威远是个深处塞北的地方。塞北辽阔，威远辽阔，即便毛永宽带领大家这样没日没夜地干，也还是有好多大山沟壑仍然荒凉肃杀。

威远绿化任重道远，植树修整土地，应该是祖祖辈辈坚持不懈的事情。

在这样一种心理的催促下，毛永宽想到了一件事：树苗。

威远每年植树造林所需的树苗均要去外面购买。县里给联系好的要稍稍便宜些，但威远要植树，植更多更多的树，树苗用量自然会更大。大队的集体经济实力，实在是难以满足如此庞大的树苗需求量。还有，毛永宽也确实想到了经济紧张这个问题。如果自己村里能够修建一处专门培育树苗的苗圃，那该多好啊！这不仅可以缓解自己需用大量树苗的问题，更可以将多出来的树苗卖给邻村，对自己村里的集体经济紧缺也是一个补充。

毛永宽是个说干就干的人，他和其他同志碰个头，随即决定全村人利用午饭后到出工前的空闲，无偿加班筹建大队苗圃。苗圃选在威远城东南的张顷儿。

按照惯例，每个生产队分得一部分工程，其时恰逢春耕时节，生产队本来已被春季大忙给闹得不可开交，却又要领受大队分给的苗圃任务，抱怨声此起彼伏：

"毛永宽疯了！"

"真是的，天天没命地干，连个吃午饭后抽袋烟的时间也不给人！"

"咋不是？今天修渠，明天整苗圃，照这样还有完没完……"

"真的活不出去了，这样干，比旧社会还苦哩！"

毛永宽装作没听见，不动声色。

他何尝不想让大家能够清闲点，多去休息会，多享受些安逸带来的快乐？但威远要发展，不正是为了未来能够过好日子，现在才这样辛苦付出的。毛永宽一咬牙，把这些想法深深地埋藏到心里……

"对不起你们了，父老乡亲们……"

毛永宽只好去内心深深地责备自己。他可不是一个残酷无情到连一点午休的时间都不给大家的人哪！

村里要想走出困境，要想把那么多的大山沟壑都绿起来，要想把这些年辛辛苦苦修好的土地家园维护好，就得暂时无情些，甚至残酷些！

他每天守在苗圃基地上，点名、具体布置、亲临指导、挥汗如雨……

英雄地——走近右玉播绿人

平整地,刮席子,修垄道,样样不能马虎……

社员们一边干活,一边心里嘀嘀咕咕地责骂着这个该死的毛永宽。

就这样,在一片不解和责骂声中,威远在城东南的张顷儿建起了右玉县第一个村办苗圃。

苗圃建在南干渠的渠南,紧靠南干渠,命名为威远大队"三八"苗圃。这之前,右玉县只有一个国营苗圃和一个国营林场,国营苗圃在右卫城东门外,距威远的三八苗圃仅35公里。

之所以将苗圃命名为"三八",与一个人分不开——王月兰。

王月兰时任威远大队妇联主任,被乡亲们喻为铁姑娘,是一个肯吃苦敢拼命的女汉子。在毛永宽带领大家建设苗圃的那些日子,王月兰每天都起早贪黑,没日没夜地奋战在工地。她带领的妇女小队从没有落到过男人后面。后来大队安排她来负责苗圃,她更是把这里当作自己的家,爱树苗胜过爱孩子,全部精力和时间都用在建设苗圃上。初建时,苗圃只有5人,后增至7人、10人……土地从只有30亩,增至80亩、150亩;秧苗从3.5万株增加到17.5万株;苗种也由最早的新疆杨、北京杨,逐渐引进了油松、落叶松、樟子松、槐树、沙枣树等,培育出许多品种的优质苗木,改变了威远单一的小老杨树种。

按照毛永宽的设想,三八苗圃培育成功的树种,率先栽到向阳路两旁,然后依次栽在通县城的道路两侧,再栽绕城墙威远一环公路两旁,之后,从南干渠渠口一直栽种到饮马道湾南干渠的两旁。渠南渠北16行大叶杨,威风凛凛,迎风招展。威远的天空和土地,一改往日的灰色,已经被满眼碧绿所充盈。

威远,这里的风沙在退却、绿色在前进。漫步在威远,地上大片的绿与天上锦缎似的蓝相连,五彩斑斓的花与洁白的云相照映。能使一片灰蒙蒙的地方换了人间。毛永宽以及以毛永宽为榜样的"铁姑娘"王月兰们,硬是靠双肩双手,扛出一片绿,扯来一片蓝。然而他们却都在忍受着积劳成疾带来的苦痛。

累成了哮喘的王月兰上气不接下气,夸赞的却依然是他们的好领导毛永宽。

"'一把铁锹两只手,定叫威远换新颜',毛永宽真是个好干部,他没有一点私心,全心全意为咱老百姓着想。他的心最热,每天想着的都是咱威远的事情,他疼威远胜过疼自己、爱树胜过爱自己，他心里每天都装着威远10年后的模样，他想把威远建成第二个大寨……而他也累成了一个病人……"

王月兰上气不接下气，说每句话都要停顿几次。

秋雨，在窗外滴答。昔日的"铁姑娘"，如今身着一件洗得褪了色的外衣，一边回忆，一边吃力地念叨："女人们扛三苗，挺费劲，一丈多高的，大叶杨，树苗，一次要扛三苗……"

一口痰卡在她的喉咙间，一个时代的坚韧在她花白散乱的头发里深藏……

山青了，水秀了，天蓝了，地绿了，但人们的日子还是不富裕。

毛永宽觉得这横竖都不是个滋味。

他丝毫都没有松懈。他要把威远建设成附近最富裕的村庄。他要在威远发展农副业，开办加工厂，建起养老院……

1973年春，威远城东门口外，毛永宽正带着他的乡亲父老们打井整地拉电线。10亩蔬菜试验田，正在这里悄然形成。

若干年以后，威远东门外横竖成行的一排排蔬菜大棚，构成了威远特有的一道风景。当初的10亩蔬菜试验田已发展到今天的120多座蔬菜大棚。

那些传统的圆白菜、蔓菁、水萝卜、胡萝卜和试种起的生菜、菠菜、茄子、青椒、青菜、长白菜，以及西瓜、香瓜……它们正丰富并充盈着威远人走向富裕的日子，一张张开心的脸写满对未来的信念和向往……

1974年，威远城的几处角落，醋厂、油坊、养猪场、木器社、铁业社、笼箩铺、淀粉加工厂、米面加工厂、机械修配厂……它们像田间的小草一样，悄然生长起来，点缀着这里人们的生活。

毛永宽还有个最大的心愿：成立养老院。他要让那些五保户和孤寡老人，老有所终、老有所养。

由于地方穷，威远城的光棍汉向来很多，大街上每天游荡的光棍汉，要么衣衫褴褛，要么见人骂人。这些孤苦的老人，如果能有一个吃饭睡觉的地方把他们聚起来，有病了给他们看，孤独了领他们去附近的山上转转看看，那该多好啊！那样他们就再不会去见谁都骂、看什么都不顺眼了。

1974年的冬天,这一愿望终于变成现实,在毛永宽的规划实施下,威远大队成立了全县第一个养老院,接进了第一批孤寡无依的老人。这是一个祥和安逸的年,年初一,毛永宽前来和这些老人一块吃饭,看着他们过年也吃上了饺子,大家有说有笑,毛永宽宽慰地笑了。

对于威远,毛永宽真的功德无量。因遇毛永宽,威远三生有幸!

这样的事情,在威远,可以说上几天几夜,毛永宽就是个不知疲倦,一心为乡亲们能过上好日子不要命的人。

1975年春,威远大队建起拖拉机站,为实现农业机械化奠定了坚实基础……

1977年秋,威远十字街西北角建起了威远大队医疗室。这是右玉县第一个村级医疗室,方便了威远人小病小痛就近治疗,平时再买药、打针、输液,就不用去乡镇医院县医院,发烧感冒的小毛病再也不愁了……

1978年春,威远两大工程开工:一是清干渠二渠,一是大礼堂。巩固并加强水利建设,是福泽千秋万代的好事,毛永宽将永远坚持不懈地做下去。而如此大的一个古城镇,到现在都没有一个可以供全城人开会和看戏的地方,这是另一大缺憾。多少个日夜不眠,毛永宽硬是把自己变成了一个无师自通的水利专家:桥的高度、桥洞之间的跨度、渡槽的坡度、渠壕的宽窄缓急,以及水泥预制板的直板、弯板如何备料……

1978年秋,清干渠二渠胜利竣工,整条渠长3公里,跨河架桥300多米,像一道负载着未来希望的彩虹,向威远那些平坦的田地伸去……自己拉坯、自己烧砖,同年,新建的大礼堂竣工,解决了威远人民没有丰富文化生活的场地的问题……

大礼堂建起后,第一场电影放映《钢铁是怎样炼成的》。

> 人最宝贵的是生命,生命属于我们只有一次,一个人的生命应当这样度过——当他回首往事的时候,不因虚度年华而悔恨,也不因碌碌无为而羞愧。这样,在他临死的时候,就能够说:我的整个生命和全部的精力,都已献给世界上最壮丽的事业——为人类的解放而斗争……

片中保尔的那段经典独白,既是毛永宽最喜欢的段落,也是他一生践行的座右铭!

这年八月初三,毛永宽刚刚处理完西街老党员徐国义去世的后事,回到家,便头晕得站立不稳,一头栽倒在地……

广播里说最近天气不好,怕有霜冻。在所有庄稼里,谷子最怕冻,作为干草里最富营养的谷秆,是大牲畜们最喜欢吃的饲料。

凌晨两点多,是气温最低的时候。毛永宽挣扎着爬起来,和村民一起在4个门外的谷子地上风头点燃了柴草和锯末面,用土法烟气熏烤,给地里的庄稼提温。

黎明时分,他回到大队的时候,已是头疼难忍。母亲担心儿子,让媳妇代桂花来看他。可媳妇推门一看,丈夫正睡在大队队房炕上,和衣盖着一床薄被……

毛永宽说:"我没事,扛一扛就过去了。"

头疼怎么办?

毛永宽用一根布带紧紧地勒在头上,戴上帽子,上午就又和队上的人们去南门外割莜麦了。

毛永宽是出了名的硬劳力,无论打井收割造渠,他永远都走在队伍的最前头。然而这天,他割一会儿就挂着镰刀歇一歇,割一会儿又按着头歇一歇……

毛永宽的速度越来越慢,终于停了下来,挂着镰刀,闭目抽搐。众人围上去,发现他的手指被镰刀割破了,鲜血直流……

大伙立即将他扶到一个莜麦垛子上。

他说:"头晕得像一碗水,一直在晃,总也端不平。"

病倒在家里的第二天晚上,毛永宽没听见喇叭响,这下可心里急了。喇叭不响,他怎么知道今天各队生产的进展?赶紧让人去找队长王文询问。王文把这事给忘记了,一听毛永宽派人来催问,赶紧打开扩音器,扯着嗓子宣布当天的秋收情况,毛永宽这才放下心来。

在毛永宽的日记本上,有一段他某天的工作时间安排:

早晨五点起床。

五点十分,骑自行车出南门,去三八苗圃合闸抽水浇树苗。

五点三十分,骑车顺向阳路往北走,看树、看渠、看庄稼,绕城墙一环路一圈,从东门进，回大队。

六点钟，开大队喇叭，放《国际歌》。

六点三十分，吃早饭。

七点，在南城墙东南角的烽火台上查看各队的出工情况。

八点左右到工地，挖坑植树。

十二点，吃干粮。饭后，赛诗会。

下午两点，准时开工，继续栽树。

六点后，天快黑了，任务大都完成，收工。

晚八点，喇叭向威远人民公示一天的栽树情况。表扬积极，批评迟到早退者。

晚上八点半，大队全体干部和各小队长开会，规划部署明天的生产植树任务。并学习《人民日报》《红旗》《文汇报》上的重要文章。

夜里12点左右，结束一天工作。

毛永宽每天晚上睡觉前都有看书和记日记的习惯，日日如此，雷打不动。其实他每天睡觉都在凌晨1点左右，5点起床，每晚睡觉最多4个小时。

毛永宽是个对时间最敏感的人，他珍惜时间，每分每秒都不舍得浪费掉。他是威远第一个戴手表的人，知子莫若父，那是父亲毛功省吃俭用为他买的一块"精工舍"牌手表。

他一般是不和身边的人说出自己身上有啥不舒服的人，可这次病发前两三个月，他却有一次和队长王文说："这段时间，我夜里躺下后有两三个小时老睡不着觉，浑身'沙沙'地疼，像要散架了。早晨起来，头懵懵发晕，有几次下地，从炕沿上一头栽下去了。"

王文说："你是睡觉少，人太累了。以后每天多睡一会儿吧，把村里的事情分派给我，我来多做些。你不是铁打的，这样熬，会熬出病来。"

毛永宽却说："没啥事，休息休息，睡一会儿就好了。"

以前毛永宽睡觉，从来都是闪电一般，躺上一会儿就算睡觉了，可是这次，毛永宽似乎就怎么也睡不够。

在家里躺了半个月，没有好转。

住进威远医院输液，仍不见效。

"我没病，只是缺觉，睡上几天就会好。"他对前来医院看望他的人说。

病情丝毫不见好转，在呼市工作的妹妹把他带到呼市就诊。

1978年11月25日，毛永宽给威远大队支部写了一封信，安排下一年的工作和规划，随后，将心爱的英雄水笔送给了大姐的女儿玲玲。

玲玲16岁，正在呼市中学念初中。

拿着舅舅送的钢笔，玲玲又蹦又跳，爱不释手。

毛永宽笑着，摸着外甥女的头说："一定要好好学习，舅舅初中毕业时就是你这个年龄，可惜我没有多读书。"

玲玲深深地点着头。

12月2日，这是一个令人悲怆的日子。毛永宽平静地走完了他短暂的人生。逝去的他，面带笑容，是那么安详、坦荡。

"人都说才命相妨，连死你都和别人不一样，你死了，还含着笑，却让我们这些活着的人肝肠寸断……"

毛永宽的父母姐妹悲恸失声，所有在场的人都哭得撕心裂肺。

12月6日，县委书记常禄率右玉县五套班子全体领导，亲临威远大礼堂，参加为毛永宽隆重举行的追悼会。

这在威远历史上是第一次，这在右玉历史上也是第一次，以如此规格为一个村支书召开追悼会，之前没有过，之后也再没有。

县直各单位、威远公社各村支部送来的花圈摆满礼堂的整个主席台，一直延伸到好远好远……

前来为他送上最后一程的人们用袖口抹着眼泪……

一位老汉来到他的灵前跪下，一边烧纸一边说："永宽，我是来给你道歉的，我对不起你啊！"

三年前一次栽树时，毛永宽为每人分的任务，老汉收工时没有完成。毛永宽走过去让他在回家前把树栽完。老汉说："营生还有个能做完的？今天做完，明天又有，明天做完，后天还有。"他对毛永宽大加指责，挖苦讽刺，言语刻薄。可毛永宽却从始至终一个字都没还口。

英雄地 ——走近右玉播绿人

三年后的这一天,老汉愧悔难当,在灵前下跪,求逝去的人能原谅他……

毛永宽撒手西去,他的父亲母亲几次昏厥过去。

有这样几个细节:

在烧纸货冥物的时候,妻子代桂花哭哑了嗓子,她不顾别人阻拦,要为丈夫烧一把纸糊的干活时离不了的铁锹。姐姐劝她说:"他的苦,已经受得够多了,你就别再给他烧锹了,让他消停消停,去那边歇息歇息吧!"

代桂花说:"他活着的时候,天天都和铁锹绑在一起,已经离不开它了,就让我为他烧一把锹吧。他孤零零一个人在地下,有这一把铁锹陪着,好歹能跟他做个伴儿……"

毛永宽的遗体从呼市医院拉回来时,孤零零在一块木板上。威远的人们为他用湿杨木做了一口厚重的棺材。

出殡时,18个小伙子,一个挨一个,呈两圈排列在棺材四周,里圈的抬棺木,外圈的抬木杠,一起使劲,棺材离地了,可怎么都抬不高。人们又找来长杠和麻绳,才终于把棺材连抬带拽到了皮车上。

三匹白马拉车,送毛永宽的遗体出城。

整整5里。送葬队伍哭天抢地,人们扶老携幼,捶胸顿足,沿街号啕。

漫天纷扬的雪花是老天为他撒下的纸钱……

28个春秋,留下毛永宽在这个世界最真诚的一切。他的一生就是为家乡父老奉献的一生,他无愧于"优秀共产党员"这个光荣的称号。

1979年10月23日,中共右玉县委、县政府发出"向优秀共产党员毛永宽学习,为绿化右玉大地不懈奋斗"的通知。

青山无语,万物肃立。

他是焦裕禄?是保尔·柯察金?不。他只是毛永宽,一个在右玉大地仅仅活过了28个春秋,却以短短的一生创造了常人难以实现的诸多奇迹……

右玉的大山不会忘记,右玉的人们更不会忘记。

那些葱茏逶迤的美好景致,背后依托的不正是毛永宽这样大无畏奉献,而最终却连宝贵生命都搭上的坚实基础?!

就是这样一种信念和精神，支撑右玉人民完成了一个个惊天动地的大业绩，上演了一幕幕可歌可泣的动人故事。

右玉，威远，那山野和田畴的每一处，都记录下土生土长的毛永宽那曾经在这方土地上没日没夜拼命干事的身影。他的人虽走了，但他的魂却在人们心中获得了永生。

【作者简介】郭虎，中国作家协会会员，山西省诗歌学会专业委员会委员，山西省报告文学专业委员会委员，朔州市作家协会副主席，右玉县文联主席。1963年出生于威远堡，1984年毕业于雁北师专中文系，1994年结业于北京对外经济贸易大学国际贸易专业。山西省作家协会创作基地右玉基地创立者。2007年创办《西口文艺》。右玉玉林书画院和右卫艺术粮仓创办者，连续四届举办中国右玉油画写生展和首届中国水彩艺术节。出版诗集《花谢花飞》《北·以北》、写生指南《右玉旅游写生手册》、大家访谈《名家随聊录》、画册《右玉油画写生作品集》、电视剧本《追梦苍头河》（与张石山合著）。报告文学《右玉，不会忘记》在《中国作家》（2012年第6期）刊登后，被收入《2012年度中国优秀报告文学精品集》，并被影视编剧胡传阁改编成电影剧本《待到绿荫满山时》。

青丝白发　黄沙绿洲

——记黄沙洼边头水泉村王明花

李金山

简述：王明花是土生土长的右玉人，她生在头水泉，长在头水泉，嫁在头水泉，从来没有离开过头水泉。她在右玉种了半个世纪的树，从十四五岁开始在黄沙洼种树，现在她68岁了，依然在黄沙洼种树。她从18岁开始，就是村里的民兵连长，以后又是妇女主任、副支书，一直到现在的村支书。她样样争先进、事事当模范，一生得奖无数：优秀共产党员、优秀妇女干部、"两个文明"建设模范个人、女能人、尊老敬老好媳妇、林业建设先进个人、劳动模范等等，她是新中国好干部的缩影。她的大部分荣誉又都与种树有关。她的少年、青年、壮年、老年，都在黄沙洼度过，黄沙洼的树就是她的一辈子。

一

王明花，女，生于1950年，按传统习惯虚一岁，2017年是68岁，右卫镇头水泉村人，该村属右卫镇管辖，就在右卫镇东门外。这里也是黄沙洼的边缘，过去的黄沙洼满眼是黄沙，现在的黄沙洼满眼是绿色。

2017年9月，我在头水泉村见到了王明花老人。她领着我走进她的家门，进门是一个大院子，一亩有余。院子里一派田园风光：种着玉米、大白菜、苤蓝、西红柿、葡萄，院子就是农田；院子西北角有羊圈，圈里4只羊；往南拴着一条狗。她说丈夫常年在外打工，孩子们也都已成家立业，家里只剩下她一个人。笔者在炕沿坐定，老人剪来葡萄招待，说往年长得好，今年没上肥，颗粒比较小。

老人一直就在这个村，她生在头水泉，长在头水泉，嫁在头水泉。我们从她的家世谈起："那时候人人都穷，风沙大，地种下去以后，大风一刮，都刮没了，收成不好。我家姊妹多，家里穷，没供我上学。那时候大集体，父母挣工分。冬天我去学校上两天学；一到夏天，就在家里头哄弟弟妹妹，看门，做饭。我姊妹7个，4个女孩，3个男孩，两个哥哥，两个弟弟，两个妹妹。到十四五岁，就上黄沙洼栽树了。当时我父亲在队里当干部，我也爱劳动，那时候还小，我放树苗，别人埋土。"

1935年，著名地理学家胡焕庸提出了划分我国人口密度与地理特征的对比线"胡焕庸线"，它由黑龙江的瑷珲县（今黑龙江省黑河市）经蒙晋交界的长城地区，过四川的雅安、盐源，西南至云南的腾冲，基本是一条倾角45度的直线。这条线的西北，人口密度小，降水稀少，干旱；这条线的东南，人口密度大，降水多，湿润。这说明气候与人口密度有着极高的相关性。"胡焕庸线"与近代发现的400毫米等降水量线基本重合，它是我国半湿润区和半干旱区的分界线。"胡焕庸线"是人口密度和地理特征的分界线，右玉恰好就在"胡焕庸线"的西北边，这里降水稀少、植被稀疏，干旱、风沙大，发展农业很困难，头水泉村就是典型。

老人有很多的奖状和证书，大多与植树造林有关。提到那些奖状和证书，老人谦虚地说都过时了，我一再请求，老人才腼腆地打开柜子，取出一个革制皮包，然后郑重地打开。包里的奖状和获奖证书叠放得极整齐。最早的是1986年奖给的，奖状上写"王明花同志：在一九八五年育苗工作中成绩显著，特发此状，以资鼓励"，落款是"中共右玉县委、右玉县人民政府"，时间是1986年2月。老人回忆说："黄沙洼栽树，从大树身上把枝子砍下来以后，坑挖1米深，枝子也剪成1米长，栽下去。后来在村西建了苗圃育苗，把小老杨的树枝剪成短截，2尺来远栽一苗，定植后，育成树苗，我们村30来亩地，育苗就成功了。1986年2月，我那会儿是村委会主任。

老人所说的黄沙洼栽树，属于国营造林。右玉国营造林的历史可以追溯到1952年。当年早春，县委召开了植树造林动员大会。当时秧苗缺乏是最大的困难。全县仅有少量的树林，都是没收地主富农的残林。杀虎口王存树园有100亩，应洲湾燕姓有30亩，刘贵窑刘姓有一沟。这些树林远不能满足大面积造林的需求。后来只好到较远的村庄采条。因为路途较远，秧苗的运输相当困难。当时最先进的运输工

英雄地 —— 走近右玉播绿人

具是牛车，像红土堡造林从杀虎口和应洲湾运苗，单程十几公里，一天只能拉一趟。途经马营河，河上没有桥。当时全县仅有的一座桥在右玉城南门外，是日本人修的木桥。造林时节正是消凌洪水期，河水齐腰深，河面宽阔，行人要靠穿牛皮裤的河工摆渡，牛车一下水就淹上了牛肚皮，陷在冰河里寸步难行。冰水哗哗地翻滚着，人们跳进河水，推车的、赶牛的、助威的、呐喊的、指挥的，喊声响彻河面。大家送过一辆再推一辆，冰水刺骨，冰碴子划破了腿，鲜血直流，依然奋力推车，在冰河中翻来滚去，就这样把秧苗送到了工地。还有像杀虎口往老虎坪运秧苗，单程将近30公里，牛车往返一趟得一天一夜。夜间行车，车前拴个马灯，一溜牛车，一串灯光，晃晃悠悠，忽明忽暗，不知疲倦的车队缓慢行进在幽暗的道路上，为造林争得分分秒秒。一直到1985年，植树造林缺乏秧苗的状况也没有太大的改观。王明花在头水泉村育苗成功，黄沙洼植树造林，头水泉挖取秧苗，距离极近，省工省时，无疑是极大的贡献。

右玉自古是兵家必争之地。右玉地属朔州，朔州长城最早建于北魏，经明代5次增修增建，全长89.2公里。朔州的长城分内长城和外长城，内长城在山阴的新旧广武，也称"广武长城"；外长城在右玉与平鲁，也称"右玉长城"。外长城下第一县右玉，自古雄关遍地，古堡随处可见。今天保存较完好的尚有胡指挥堡、古城堡、西窑头堡、高家堡、山岔堡、大油房头堡，当然还有杀虎口。长期战乱造成了右玉的生态恶化。20多年前，联合国官员考察右玉后，得出这样的结论：右玉不适宜人类居住。但王明花老人从没打算离开，她在黄沙洼种树，一棵接一棵，一年又一年。

王明花成年后，就成为头水泉村的劳力，别人干什么，她就干什么。18岁她当上了村里的民兵连长：队里早上起来积肥，她挑两个桶，去家家户户收粪收尿，再担回队里倒进粪坑；白天参加植树造林，劳动完了就排节目、学习、演出。

刚才提到杀虎口。关于杀虎口，《清史稿·兵志》记载："蒙古通驿要道凡五，道曰：喜峰口、古北口、独石口、张家口、杀虎口，以达于各旗。"张家口在大同以东，人称"东口"，杀虎口在大同以西，人称"西口"，历史上的走西口，指的就是经过杀虎口，到内蒙古各地去谋生。历朝历代均在杀虎口驻重兵把守，杀虎口因此成为重要的军事、交通、驿政、贸易要道，这里有说不尽的军事杀伐、说不尽的商贸繁华，也有说不尽的血泪。右玉植被极度缺乏，而军事杀伐恰是原因之一。2017年9月初，我循着"走西口"的路线，向北经过和林格尔，去了呼和浩特，我想去看看口外的地理地貌，去看看走西口的人的生活，以更好地理解王明花的坚守。

老人印象最深的是植树，旷日持久的植树，轰轰烈烈的植树："从我记事起，就在黄沙洼栽树了。全民总动员，人人都参加，全村人都参加，全乡镇、全县的人也都来了。黄沙洼的树真多，一眼瞭不到边。从右卫镇出去到八里庄有20多里路，都是黄沙洼。三天五天也看不完那些树。我记事那会儿没有树，都是黄沙土，那风一大，刮得昏天黑地，家里头还得点灯，不点灯啥也看不着。刮上一黑夜，早上起来，门就开不开了，土把门堵上了。家里头的土得用笤帚扫、用簸箕倒呢。黄沙洼种树可不容易，头天种下反复踩实的树苗，经过一夜的白毛风，第二天只剩下一个树窝。要不是那些树，我们这里都是一堆一堆黄土，比房子还大还高。现在都是树。"

刚刚提到国营造林开端在1952年。当年的场面极其宏大。1952年早春，县委就召开了植树造林动员大会。县委书记王矩坤主持会议。参加会议的有各区的副区长和林业助理员，大家背着行李步行集中到县城开会。当时的县城在右玉旧城，也就是现在的右卫镇。那个时侯干部下乡都背行李步行，包括县级领导。最远的五区，就是现在的山阴县玉井镇，距离县城有65公里。1952年，右玉辖6个区，一区驻右玉城，即现在的右卫镇，二区驻高家堡，三区驻梁家油坊，四区驻威远堡，五区驻史家屯，六区驻李达窑。会议布置了开展声势浩大的植树造林运动，口号是"大兵团作战，背锅带灶"，要求各区由区长带队，全县所有的劳动力全部集中到杨村梁、红土堡梁（辛堡梁）和老虎坪三个地方。三区五区集中到杨村梁，一区六区集中到红土堡梁，二区四区集中到老虎坪。声势浩大的造林大会战就此拉开序幕。1952年，王明花3岁，她不可能有什么印象，但是她必然听年长的人们提起过。植树造林运动犹如大河，不断有支流汇入，王明花加入，成千上万人加入，浩浩荡荡流过60年。

二

当日我出塞不是骑马，也不是坐牛车，而是坐大巴。一路上从窗户望出去，一座座大山形销骨立，植被都是草，几乎不见树。出雁门关所见景象，与此几乎一样。我认为，这样的景象是战争造成的，换句话说，中华人民共和国成立之初右玉植被稀少，是历代战争的结果。《北狄顺义王俺答等臣贡表文》(薄音湖、王雄点校：《明代蒙古汉籍史料汇编（第二辑）》，内蒙古大学出版社，2006 年) 中说："各边不许开市，衣用全无，毡裘不耐夏热，段布难得。每次因奸人赵全等诱引，入边作歹，虽尝抢掠些许，人马常被杀伤。近年各边时常调兵出捣，杀虏家口，赶夺马匹，边外野草尽烧，冬春人畜难过。"明朝军队出关焚烧野草，属于报复性质，野草是牛羊的食粮。这种军事行动必是常态，焚烧行动的目标是野草，但树木必然被殃及，所以关内关外差不多，都是那样的景象，而王明花老人植树造林，正在改变这样的景象。

不难看出，王明花老人珍惜那些奖状和证书，她珍惜名誉。这必是教育的结果，是文化的熏陶，是潜意识的需求。教育来自办学，右玉的办学历史悠久。明英宗正统二年 (1437)，广西按察司副使李立等数十位官员被贬来右玉威远卫，他们全是进士出身。到达贬所后，等待他们的不是惩罚，不是虐待，不是侮辱，而是格外的尊重，他们被任为威远卫官学教授，当起了学校的教师。此后的短短 10 年间，威远卫官学出了 2 名进士、4 名举人，明代有记载的右玉人才就有 230 多人，其中外放全国各地任知县以上的就有 50 多人。清乾隆二十七年 (1762)，右玉又创办了江林书院。道光十七年 (1837)，朔平知府张集馨，捐出俸银 300 两，并许诺每年再捐 30 两，又函商各属，一齐量捐，还与府城内绅贾商议并取得赞助，于是在府城东北旧公廨江林书院的基础上建成了玉林书院。继张集馨之后，历任知府都为玉林书院捐款。咸丰年间，玉林书院更名恒阳书院。同治十二年 (1873)，知府又重修书院，复名玉林书院，并存入当行白银 2900 两，每年还从杀虎口关税中续拨白银 100 两，从右玉城当行捐白银 30 两，充作书院经费。光绪初年，连年灾荒，列强入侵，书院停办。光绪十二年 (1886)，知府毓铭捐款，重开书院。民国废朔平府。民国 3 年 (1914)，右玉绅士王作辅邀集同人，在玉林书院创办图书馆，馆藏图书千余卷，又从太原商务书馆订购图书数百册，每日读者络绎不绝。玉林书院是清代朔平府的府学，与并州的晋阳书院、令德书院以及太原府的崇修书院齐名。头水泉与玉林书院近在咫尺，书院的教育潜移默化，进入人们的潜意识，改善当地的风土人情，使之世代相传、生生不息，人们珍惜名誉有如双眸，王明花老人视名誉高于一切。

右玉民谣唱："一年一场风，从春刮到冬。"又唱："十山九秃头，风沙遍地游；

辛苦下了种，风来籽种丢。"谈到种树的好处，老人体会很深："每年树枝有死的，死了以后，老百姓还可以用来烧火做饭。主要是不刮风了，庄稼也刮不倒了。过去种上了，一阵风过去，就把种子刮跑了，只好重种，每年要种好几次。现在没有了。过去想在院子里种菜，根本不行。五一前玉米必须种下去，如果还没长上来，就只能种小日期的作物，大日期的就熟不了了。现在刮不起那种风了，都是树了，没有黄沙土了。空地也都长的是草，绿茵茵的。"

民国8年（1919），同盟会会员梁济在玉林书院创建山西省立第七中学，为晋北名校。民国26年（1937），日军侵占右玉，玉林书院被毁。第七中学办了18年，招生14个班，共培养400多名高级人才，其中考入黄埔军校7人、留学国外6人。一个十年，一个百年，一个十八年，三度文教洗礼，强化了为国建功立业的民族意识、集体精神以及对荣誉的珍视。右玉人知大体、识大道，争当英雄。右玉人的这种品质，集中体现在王明花老人身上。

1992年的荣誉有好几个，其中一个是奖状，上写"王明花：一九九二年，在

获得荣誉无数的王明花（中共右玉县委宣传部供图）

英雄地 —— 走近右玉播绿人

林业建设中,成绩显著,被评为先进个人",落款"中共右玉县委、右玉县人民政府",时间是 1992 年 12 月。老人的记忆有点模糊:"一春天就是植树,啥别的也不干。我代表我们村去乡镇分任务,植树造林的任务,我们完成本村任务以后,还帮其他村。每年的植树任务有三四百亩,按人头分任务,人多任务就多。分到我们村以后,再按劳力分,18 岁以上、60 岁以下算劳力,老的、小的都不算。完成得好得先进。有的村劳力少,任务就完成不了。"

王明花与丈夫都在头水泉村,他们青梅竹马,一起长大,到了适婚的年龄,两人结婚了。年轻时候的王明花风风火火,犹如郭凤莲:"每年春天育苗,清明就可以栽了。黄沙洼栽树,树苗都是村里育的。那时候栽树主要就是杨树,还没有松树。沙棘更好活,种子落在地下,第二年就又长起来了。20 来岁到 40 来岁,风风火火。现在不行了,老了。那时候啥也不懂,就懂得个做营生,种地回来就种树。从县城过来公路两旁的松树,都是我们村栽的,县里下的任务,先分给各个乡镇,乡镇再给各个村分,哪个村从哪儿到哪儿。也 20 多年了,你看有多大了!栽树都在黄沙洼,种地在下边,好地不种树,种庄稼。我从 18 岁开始,就是民兵连长、妇女主任、副支书,一直到现在。"

1952 年人们植树造林的热情与王明花老人当年的作风,都可以用一个词来形容,"如火如荼"。解放后劳动人民获得新生,激发出极大的劳动热情,整个社会激情澎湃、昂扬奋发。当时公益性质的任务均以派工、号召相结合的方式完成。因此,全社会的劳动力几乎全部被动员参加了造林。各区各村、县城街道、县机关各单位,包括社会上一些闲散人员,也全部动员起来参加了造林。这种全民性质的造林方式,延续了好多年,有效地改变了右玉的生态。

玉林书院存续百年,它的影响更加久远。右卫古城的老人们十分注意家教,特别是不许毁坏公共财物,总要多次提醒甚至严词警告,决不允许毁坏公物。20 世纪 80 年代,当时的文化馆馆长雷振坤曾说:"我在右卫城工作了 20 多年,文化馆门前报纸橱窗的玻璃从来没有换过。还有,右卫城人常以讲故事的形式来教育子孙,代代相传,经常讲的故事有《孟母三迁》《孔融让梨》《苏武牧羊》《精忠报国》《映雪读书》《凿壁偷光》等。另外,右卫城人的待客之道很讲究:客人走进院内,主人发现,立即走出家门,嘘寒问暖,表示欢迎,请入家门,看座献茶,开始相谈;

客人走时，举家相送，邀客常来，送出院门，握手告别。而且，客在不开礼，客走不扫地：客人进门后，主人是不能当着客人的面打开礼物的，有不懂事的孩子抓要，大人必定严词制止；客人走后，主人不能马上扫地。客人上午走，下午才扫地；客人下午走，第二天才扫地。教化如春雨，随风潜入夜，成为当地的风俗习惯。头水泉村属右卫镇管辖，而且两地相去不远，右卫城的风俗民情影响着头水泉村：王明花老人待人热情，把我当作客人来对待；右卫城人珍视名誉，头水泉人珍视荣誉。那些荣誉既是对王明花老人的褒奖，也是她植树50年的见证。"

前文我们说过，1952年全县所有劳动力全部集中到杨村梁、红土堡梁（辛堡梁）和老虎坪三个地方。集中劳动力在这三个地方，是要营造大型防风林带。大风带的设计是原察哈尔省林调队姓郝的女设计师设计的。在当时的技术条件下，设计很科学。它不同于一般农田林网，设计的原始思想是尽量扩大控制风沙的面积。先栽植大面积的防风带，然后在间隔带补空，间隔带与栽植带几乎等距离，这样控制面积扩大一倍。红土堡梁大风带位于红土堡村南梁，参观台以北，一直到北沟沿，西到公路边，共有17条带。植树带宽25米，间隔带宽30米，长度不等，依地形而定。垂直于主风向，呈西南东北走向（右玉的主要风害是西北风）。控制面积约2000亩。老虎坪共有12条风带，植树带宽100米，间隔带宽100米，控制面积约5000亩。杨村梁共有风带15条，位于杨村的北坡，间隔带50米，植树带50米，控制面积约3000亩。这三地的造林任务是以工代赈的形式完成的。王明花老人植树在黄沙洼，这里的林带是右玉防风林带的组成部分，她种下的树形成行连成带，抵御着风沙，绿化了黄沙洼。

三

我们刚才说过，1992年的荣誉，王明花老人有好几个，其中有一个是奖给她的，在1991年被评为"女能人"。落款是"右玉县妇联会"，时间是1992年3月8日。老人回忆说："有紧急情况的时候，比如山洪，就需要民兵突击队上去，主要是抢险救灾，领队的就是民兵连长。过去啥物质奖励都没有，就是个荣誉，那时候可愿意干呢。村委会主任也是啥也没有，后来就有了，一年三五百块钱。栽树都是义务，植树植多少也是义务，老百姓可愿意干呢。劳力有义务工，不挣钱。女能人，干啥也能干了，种树、种地都能干了，方方面面都能行。女能人，村里没有了，再没有其他人。忠厚老实，那时候的干部，都是这样，与人和睦，也就是这。"

前文我们提到1952年的植树造林是以工代赈的形式完成的。为什么要以工代赈呢？1951年，右玉遭受了严重的自然灾害，蝗虫、洪涝、冰雹、霜冻，接连侵袭右玉，人们生活十分困难。1952年春，察哈尔省从东北调来一批救灾玉米，白马牙玉米，同时指示用以工代赈的方式开展造林。这批玉米用火车从东北运到大同，县里再用牛车从大同北门外粮食局拉回。群众出劳力，用玉米付给报酬，林权归国家。这样既解决了群众生活困难的问题，又推动了植树造林工作。参加造林的人员凭林业站开出的发票到县粮食局领玉米。中等劳力每天能挣25公斤至40公斤，强劳力最多能挣到50公斤。分到玉米后，大家都很高兴，作为稀罕食品待客，或者送给邻居品尝。当时右玉只能种鲜吃的小日期玉米。以工代赈仅是1952年一年，以后国营造林直接付钱，每亩3万元旧币。20世纪50年代的右玉灾害不断，国家以工代赈植树造林，造林越来越多，灾害就越来越少，这一点王明花老人深有体会。

清代以来，大批山西人从杀虎口涌入内蒙古归绥地区，从而形成了今天呼和浩特地区的民族格局：多民族杂居，经济、文化和谐发展。人口的流动带动了文化的传播，而文化的传播又拉近了民族的距离。流传于杀虎口、归绥一带的传统剧目"二人台""山曲儿"是经数代蒙汉民间艺人创造，逐渐由坐腔发展到化装表演的文化融合产物。例如《走西口》《四公主》《拉骆驼》《挂红灯》《五哥放羊》《打樱桃》《为朋友》《三百六十只黄羊》等，这种充满浓郁乡土气息的地方小戏，生动体现了杀虎口与归绥地区蒙汉民族的民俗风情。随着蒙汉民族间的密切联系和交往，多种文化相互借鉴和影响，不同文化间的共同成分逐渐增多，最后形成了具有多民族文化特点的杀虎口归绥文化。我当日从右玉出发"走西口"，大巴车上满满当当，他们该是"走西口"人的后代。右玉人迫不得已"走西口"，既是去内蒙古谋生，同时也是促进融合，蒙汉民族的融合。王明花老人所在的头水泉村，祖祖辈辈"走西口"的人不在少数。他人"走西口"，王明花老人植树，植树造林与"走西口"，像是两条平行线。

1994年，王明花老人又获得证书，上写"王明花同志：在一九九三年度两个文

王明花的奖状（中共右玉县委宣传部供图）

明建设中成绩显著，被评为先进模范个人，特发此证，以资鼓励"。落款是"中共右玉县委、右玉县人民政府"，时间是1994年1月。时间显然冲淡了老人的记忆："人也文明，村也文明，啥也在全乡镇是先进的，文明村、文明单位。我的前任那会儿，我们村就是文明村。"

1952年造林影响深远，王明花老人植树是当年造林的延续。接着来说当年的造林。4月12日，正式成立造林工作站，第1任站长胡应岗，后来任林场场长，灵丘人，抗日干部，是从察哈尔派来的专职林业干部。造林办公室设在人委会院内，即旧衙门，后来迁到顶银巷赵二宝院内。正式人员还有王忠兴、刘殿如、杨沛、刘建堂、李五等。造林站负责全县造林规划设计、区划施工、检查验收。造林时人员不够，从社会上临时雇用人员，称为"协助员"。当时的机构后来延续，王明花老人植树造林时，机构与此大致相同。

当日，我到达呼和浩特市，出了长途汽车站，一招手上了一辆的士。与的士司机交谈，感觉还在山西，因为司机的口音很熟悉，似曾相识。司机很健谈，说这是头一单，刚出门就

英雄地 —— 走近右玉播绿人

遇上了我。交谈中得知，他与我同龄。谈起祖籍，他说先祖山西右玉人，在呼市已经第五代了。又说住在呼市城郊，村里90%是山西人，山西人中90%都姓李。这样，他乡遇同宗，我在呼市遇到了本家，他是"走西口"右玉人的后代。当年他的先祖迫于生计，从右玉出发经杀虎口，来到了呼和浩特，而王明花老人选择了坚守，年复一年植树造林，愚公一样改变着右玉的生态环境。

2000年王明花老人又得到荣誉，荣誉证书上写"王明花同志：被评为优秀共产党员"。落款是"中共右玉县委"，时间是2000年7月1日。王明花老人摩挲着证书，说："高血压、腰椎间盘突出、骨质增生，总的来说还可以，没太大毛病。劳动还能劳动，院子几天种不完，担水一苗一苗种。老汉打工常年在外。外头还有20多亩地，种时雇机器，收割时人收割，玉米山药胡麻黍子莜麦荞麦啥也种。就这一个家，县城没有房。贪污咱也不敢，人家的就是人家的，人家的也是劳动得来的，怎么忍心？两条大辫子，当年都是这样，我当年两条辫子可大呢。"

1952年确立了元宝坑造林方法。此前，造林沿用边区时的造林方法，用火锥钉，斜坑造林，埋条造林，既不统一，成活率也低。元宝坑的造林方法是察哈尔省确定的。早期参加造林的人都熟悉，这种元宝坑开口一米长，宽一锹，两边斜坡，呈倒三角形，深0.5米，两边斜坡各放一株秧苗，一穴两株，秧苗长0.7米，与地表齐平。1952年确定的栽植密度为行距1米，株距1米，每亩333穴、666株。当时为抵御风沙，采用高密度，以后造林密度逐步放稀。这种造林方法一直沿用到后来，王明花老人植树都是用的这种方法。

2017年9月，我在呼和浩特市参观博物馆后，乘坐公交车在市里闲逛。公交车

王明花的奖状（中共右玉县委宣传部供图）

报站器里，先蒙古语后汉语，从车窗望出去，店铺鳞次栉比，店名都是上面蒙古字下面汉字。呼市的民族融合体现在公交车上，也体现在店铺招牌上。而这里的汉族人里，右玉人又占了相当的比例。他们"走西口"谋生，促进了民族融合，也减轻了右玉的生态压力。

2017年9月，在右卫镇头水泉村，我看过了王明花老人的获奖证书，又和老人穿过头水泉村，往北去看黄沙洼的树林。说是黄沙洼，却是一路上坡，黄沙洼比村子高出不少，这不是黄沙洼是黄沙丘。黄沙洼站满了老寒杨，一株挨着一株，一排连着一排，根本望不到边。黄沙洼很干燥，地上的土很细，细得像是面粉，踩上去腾起烟，走路像是驾着雾。老寒杨极耐旱，并不粗壮，扭扭歪歪，树身满是疤痕，像是些小老头。虽其貌不扬，普普通通，但就是这些老寒杨挡住了风沙、固定了沙丘。身边的王明花老人，像极了这些老寒杨。

再来说1952年的造林运动。当时，全县的劳动力集中到三地造林，吃饭和住宿都很困难。三地周边的村庄都住满了人，连牛圈、羊圈、草房、杂物房都住满了人，还有人睡在草垛里。吃饭更困难，没有大锅，没有灶台，没有柴烧。当时都是自带米面，还没合作化。各家各户拿的米面杂七杂八，什么都有，莜面、豆面、荞面、糜子面、黍子面。做饭时三五一伙，就地掏个土坑烧火做饭。当时的造林运动就是这样艰苦，但人们热情很高。后来王明花老人植树时，就没有了这样的困难，她植树在黄沙洼，吃饭在头水泉，来去很方便。

说到吃饭我就想起来，当日在呼市住下来，宾馆楼下是一家蒙古族风味餐厅。当夜幕降临的时候，我就坐在这家餐厅里。餐厅的菜单上除了奶茶还有手把肉，此外还有馅饼，大葱骆驼肉馅和沙葱羊肉馅的。餐厅服务员都是蒙古族姑娘，穿着民族服装。一壶奶茶、半斤手把肉、一张沙葱羊肉的馅饼，这就是我的晚餐。我从右玉来，朝发夕至，早上在右玉，晚上在呼市，才食右玉谷，又吃手把肉。走出餐厅的时候，我酒足饭饱，想想"走西口"并不容易，为民族融合功莫大焉；但坚守尤其可贵，为右玉生态环境改善贡献多多，王明花老人就是坚守的人。

当年，黄沙洼红旗飘扬，喇叭里声音高亢，人山人海，热火朝天，你争我赶，通宵达旦，大家挥汗如雨，不知疲倦，渴饮消凌水，饿食山药蛋，忘了白天和黑夜。

1952年是国营造林的开端，具有划时代的意义。这一年成立了桑干河造林站，

英雄她 —— 走近右玉播绿人

确立了造林绿化的总体思路、技术路线和技术方法，为以后的大面积绿化开辟了一条道路。右玉县委带领全县人民以气吞山河的气势、无畏的胆魄、坚定的信念、毫不畏惧的勇气，为改善自然生态环境，动员起全县人民，勇敢地向穷山恶水开战，打响了第一个战役。王明花老人在黄沙洼栽树，从十四五岁开始，直到68岁。她的少年、青年、壮年、老年，都在黄沙洼度过。黄沙洼的树就是她的一辈子。

我和王明花老人走在黄沙洼，如今这里没有红旗招展，也没有人声鼎沸，只有风声和偶尔的喜鹊叫声，一排排的老寒杨肃立，它们见证了王明花的成长，也见证着她的老去。

2017年10月23日改定

（作者李金山，简介详见第48页）

爱村爱树　引种回村

——记北辛窑村尹小秃

孙莱芙

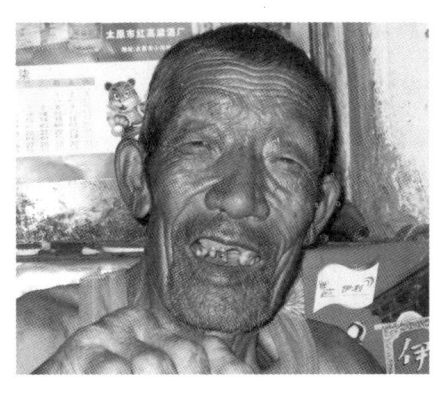

简述：尹小秃是老支书，农业社时带领村民改河造地、植树造林。他们村因为造林面积广，耕地减少，村民享受退耕还林款极少。但他们村水位提高了、生态改善了，老年人下世可以睡一口好棺材，这是尹小秃对乡亲们的承诺。他有一双严重变形的手，那是艰苦劳动的印记，是一个人对家乡的奉献和热爱。

右玉县北辛窑村是20世纪60年代由中共右玉县委树立的10个学大寨先进集体之一。

1964年，村支书尹小秃去大寨抱回一包土、一块石头。在社员大会上他激动地说："大寨是石头山，种地还得垫土，条件还不如我们，他们能办成的事我们为啥办不到？"

北辛窑地少、风沙大，村南有一条河，这条从内蒙古流过来的河平时只有少量的水，但一遇大雨便山洪暴发，年年如此。宽阔的河道布满了石头，村前的小块地经常被洪水冲刷。

尹小秃和村民商量，想让这条河改道。他们计划在村庄上游的二分关（内蒙古的一个村庄）挖一条东西走向1公里的渠，使洪水绕道而行。再把挖出来的土垫到

英雄地 —— 走近右玉播绿人

河床上，这样一来，河也改了，地也有了，岂不是一件两全其美的大好事？

当年，尹小秃便带领全村的七八十个劳力开始改河造地。

他们先在上游砌了一条高2米、宽200米的石头坝。坝起来后接着挖渠。渠有多长呢？1公里。土有多高呢？6.7米；要挖多宽呢？底部要并行两辆小平车。你算算这得运走多少土？

一村人整整干了两年。种不能误，锄不能误，割不能误，只有冬天才有农闲。

冬天他们上午9点出工，中午在地里吃饭，一直干到下午3点。

天寒地冻，镐头下去像砸在石头上，尹小秃的手因为剧烈的震动而变了形。

北辛窑人民用汗水和生命完成了改河造地380亩的任务。

从1951年起，北辛窑人就开始植树造林，他们先后建立了三道防风林：第一道从长城至海子湾台墩，2.5公里长，100米宽；第二道从三墩堡到祭白雨，1公里长，覆盖了整个山梁，这是一片荒地，一年四季扬沙起土；第三道从小路至沙梁，1.5公里长，20步宽，俗称"东坪"，是一个大风口。

那时植树，挖200个坑挣一个工，坑是1米长、1尺深。男人们一天挣一个二三工，女人们挣七八分工。一个工分平常年景分红8毛钱，最高时上过1.2元。

种树还能分到跟工粮，队里在完成国家的征购粮任务后，留下饲料、籽种、社员口粮。丰年一个工能跟半斤粮，平常年月至少也能给三四两。

栽树分春季、雨季、秋季。春天从谷雨开始栽半个多月；雨季是从头伏开始，栽半个月；秋季是在秋分左右栽十来天。

那时候村里有专门的植树专业队，有十来个人，全是不能受重苦的学生娃，学校刚毕业，庄户地不会做，由他们专门负责水土保持。不是栽树的季节他们就预整地，挖鱼鳞坑。

那时候树秧稀缺，朔县五花营风沙大，又是盐碱滩，因为没有树苗，人们只好把柳树栽上当母树，等柳树长大后锯了头当树苗。右玉基本上不缺树苗，但小老汉树不仅生长缓慢，而且曲里拐弯，只能防风固沙，难以成为有用之才。咋能搞点好树苗呢？尹小秃一到外地开会便向人们打问。

有一年，全省在朔县召开建立"三北"防护林体系会议。会上，来自阳高县大泉山村的支书高进财对尹小秃说："老尹，你啥时候到我那儿参观，我给你些好树苗，我们那儿有专门培养优良树种的学校。"尹小秃高兴地说："真的？你可不能糊弄我！"

第二年，尹小秃随同县领导参观大泉山村，高进财果真赠送给他20棵北京杨。他用塑料袋包住树根，树身扎了三道腰子，然后把它们小心翼翼地绑在领导们坐的吉普车顶上。一路上他老叫司机停车，并跳下车去看树苗丢了没有。那天回到县里后天黑了，领导安排他住招待所。尹小秃说："不用了，一住下，怕有人偷我的树苗哩。"

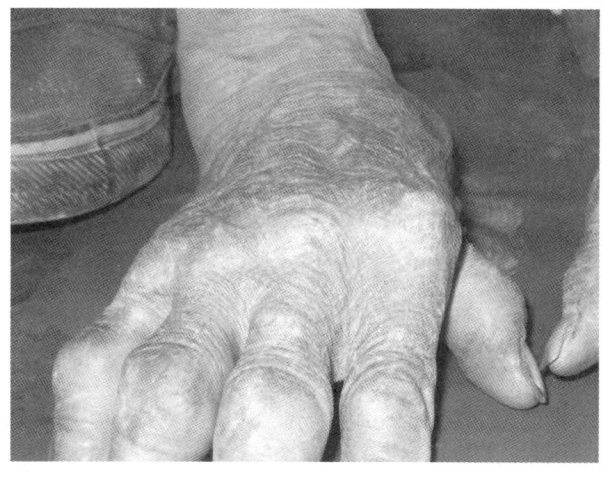
尹小秃因为常年植树造林而严重变形的手

树苗拿回去后，在水里泡了六七天，剁成尺数长的圪节，把村前的一块平地耧成20畦，一畦4行，一行10棵，5寸植一株。一年长一米来高，每年砍一茬再育苗，如此循环往复，树苗越来越多。然后选择两米多高的树苗，把它们连根起出，一步一棵，栽到滩湾。日后，等树长大了，砍下枝条，剁成圪节，在犁耕过的墒沟植株也能成活。

这些北京杨，包括它们的子子孙孙，尹小秃都舍不得让它们爬山上梁。而是把它们全都载到下湿地，河道两侧、沟沟岔岔、房前屋后、东坪西湾。现在北辛窑村南的河道，东西1.5公里，南北50多步到百八十步，800多亩都是20多米高、一人搂不住的北京杨。如今，当你站在蒙晋交界的长城上放眼四望，从二分关交界到沙河湾，2000来亩的南梁都是树；从二分关到海子湾，2000多亩的北梁也是树。加上沟湾这800多亩北京杨，两道梁，两条沟，西起二分关，东到海子湾，南连胡四窑，北至三十二，满目苍翠，林涛阵阵。昔日的大风口、干河湾，如今变成了碧玉海、鸟乐园。

旧社会，北辛窑村共有4000多亩土地，如今这荒山、荒坡、荒沟栽的树不说了，4000多亩土地经过50来年的植树造林，目前仅仅剩下了700多亩农田。近年来全县实行退耕还林，北辛窑人已经无地可退，也就得不到经济补偿。有人私下说，硬

英雄地 ——走近右玉播绿人

叫尹小秃这老汉闹的,咱们村人连一个钱也分不上。

打建村起,北辛窑人住的都是土打窑。那时尹小秃家有两间窑,因为没木头,门每晚用柴火堵住。门前是细细的一条路,孩子出门不小心就滚到了沟里。1947年,顽固军困守右卫城,拉不回炭,就到附近的村庄砍树、拆房,北辛窑村很少的一些树也被齐腰锯走了。

1964年,随着村里植树面积的不断扩大,大队打了些小老汉树,给社员们盖起24间排子房,村人们从此告别了住土打窑的历史。

过去北辛窑村前是一道干石头河湾,天一旱,庄稼就死。如今虽遇干旱,但早晨禾苗上依然挂满了露珠。昔日的干河湾现在变成了二阴地,湿头很大。

旧社会村里打井6米多才能出水。农业社时曾在东沟打过一眼机井,70多米才见水。如今村民在院子里打井,3米以下就出水。

如今,尹小秃带回的北京杨除了长满本村的沟湾外,附近的村子,如中园、北园以及内蒙古的一些村庄都栽种了它们的秧苗,正像《愚公移山》里面所说的那样,

尹小秃当支书时从阳高大泉山带回一捆北京杨,种在村前村后的河滩上。如今他老了,当年种下的树都成材了

子子孙孙，没有穷尽。

尹小秃今年已经88岁了，他从1957年开始担任北辛窑村支书，到1988年离任，率领全村栽了近5000亩树，改了一条河。他领导的村子，工分不低、粮食有余，仅拖拉机就有两辆，当时的公社也不过有两辆拖拉机。他曾经是县委委员，但他的一儿五女，没一个给安排了工作。

北辛窑人栽了这么多树，有啥直接收益没有？有。尹小秃下台前，就给全村栽过树的、当时上了60岁的人每人分了一棵树，预备他们百年后人人能睡一副好棺材。

右玉人民经过半个多世纪的艰辛努力，使全县的绿化面积达到了50%。这是由尹小秃和千千万万的劳苦大众共同创造的不朽伟业。右玉的绿化之路是人类历史上首次出现的一项全民营造自然的奇观。不管人类曾经建造过多少名胜古迹、通都大邑，也不论世界上曾经出现过多么浩大的工程，动用过多少人力物力，有着怎样的巧夺天工、宏伟壮观。面对它们，右玉这漫山遍野的苍翠是无愧的，也是骄人的。因为它是人类迄今为止鲜有的根本性建设，是人类物质文明和精神文明的样板，是我党成功引领社会主义建设的最好说明。

每当我带着天南海北的朋友们走进家乡的时候，每当那浓得化不开的苍翠扑面而来的时候，每当我们站在山巅眺望那无边林海的时候，每当他们连连感叹的时候，每当我向他们细说这一草一木的故事的时候，我的声音是哽咽的，我的热泪止不住地涌出眼眶。

（作者孙莱芙，简介详见第79页）

"前线"英雄 右玉"硬煤"

——记杀虎口景区原负责人王建

郭 虎

简述：杀虎口长城修复与一个人有着密不可分的关系，他叫王建。时任杀虎口管理区党委书记的王建是个不善言谈、埋头做事、踏实苦干、责任心强、靠得住的同志。他也是赵向东亲点主管杀虎口长城修复工作的人。那时县里还没有设立杀虎口旅游区管委会，修复杀虎口，赵向东是把它放到县旅游局的工作日程里的。王建当时任县发改局副局长兼旅游局副局长。而旅游局因为经费编制人员没有落实，就挂在发改局的下面：一块牌子，两项工作。

赵向东有个习惯，每天早上6点起床，必须沿着右玉县城的大街跑一圈。健身是其一，看看城市建设方面哪儿有什么问题、哪块儿的马路该修了、哪块儿的地砖破损了，也是顺便解决的事情。

还是在2002年，县委、县政府大楼进行拆墙改造，按照要求，要把楼前改造成供人们休闲活动的小广场。担当这一任务的是县发展改革局。那些日子里，赵向东每天早上跑完步刚好7点钟。他发现，几乎每天都有一个黑瘦的年轻人，早早来到工地，不是搬水泥，就是整地基，要不就是画线量尺寸、安排水泥沙子的装运。

年轻人的举动让赵向东很好奇，一开始以为他是个领工的小工头，后来时间久了，才知道他是县发改局的干部，叫王建。

有时偶遇便会导致必然。赵向东与王建就是这样。赵向东喜欢认真细致的人，王建就是；赵向东喜欢务实，认为那种少言寡语却做事认真负责的人尤其可贵，王建就是。

这个脸上手上都被暴晒得黝黑的小伙子，每天默默无闻地忙活在工地上，早上别人还没来，他就早早来到工地查看左右，并不十分匆忙，却是井井有条。傍晚别人都走了，只有他还在收拾来收拾去。有时候，他撬撬那些铺好的地砖，检查地砖铺设的质量。有时候，他又在用尺子量，比比画画地看去好像在估算够不够标准。这可真是个认真的年轻人啊！

赵向东心想。

正是这样一种机缘巧合，后来赵向东提议把王建提拔为发改局副局长，并兼任旅游局副局长。双职务身份的王建虽是副职，但他做事比以前更加主动细致和吃苦耐劳了。在右玉县做官没有清闲的官，我们不妨想想：一个县的县委书记、县长都

2004年至2005年，赵向东从县长到县委书记，始终牵挂杀虎口长城复建与博物馆重建的进展。图为赵向东（右）与王建（左）等在新建博物馆现场（郭虎供图）

天天扑倒身子在大干苦干，莫说一个小小的副局长了。

也就是那一年，县里要修杀虎口。

杀虎口长城的修复是赵向东旅游开发思路中的一个重点。修复杀虎口长城任务艰巨而复杂，必须有一个能吃苦又负责的人来担当此任。赵向东想到了王建。

赵向东把王建叫到办公室。

赵向东开门见山地说："叫你来，是有一个艰巨的任务。杀虎口长城的修复是我县将来开发旅游业的重点项目，而且要成为我县旅游的一个主要景点，现在把这个任务交给你。时间紧，任务重，更为困难的是，县里没多少钱，只能给你们点材料费，其余的缺口，你们自己去想办法。"

王建沉思良久，说："请领导放心，不管有多少困难，我一定克服，并按时按期保质保量完成任务！"

"好，有你这句话，我就放心了。"

可没承想王建的这句话把他自己推到了一个十分艰难的境地。

已有2000多年历史的杀虎口长城关隘，历经岁月风雨的无情冲刷、战火硝烟的肆虐践踏，早已残败不堪，要想修复，重现昔日的伟岸身躯，谈何容易。

文物古迹修复涉及许多层面的知识，要还原就得系统了解那个时代的所有相关信息。这些对于王建均是一片空白。

这些暂且不说，最重要的还是钱。

右玉经济条件有限，资金紧张，连买仿古青砖的钱都拿不出。

右玉向来没有建设砖窑的习惯，全是因为这里风沙太大，加上土质又差，右玉人盖房子所用的砖都需要去外地买。

王建带人四下奔波，想问询到一个仿古青砖的来源。他们跑浑源、怀仁、代县、繁峙。这些地方有的砖窑倒是可以特制修复长城用的仿古青砖，可一问价钱，吓他们一跳，因为每块砖光买下就要1.8元钱，再运回右玉，算下来一块砖已经是3元多。

而据该项工程大致预算：修复长城关口需要100多万块青砖，如果按照上述价格，合计需要好几百万元。这还不算后期周边环境改造需要的青砖，满打满算下来，仅青砖一项就需要上千万元之多！

王建感到了压力！他想，杀虎口的修复，青砖是最主要的材料，靠买，现在看

2003年6月，杀虎口关楼西门楼地基施工现场（郭虎供图）

来是行不通。那怎么办？难道要靠自己做？对，就是这般主意！买不起，我们就自己烧！

王建说："算了，咱们不买了，回去自己烧。"

和他一块出来的人万分惊讶，心想咱王局长可真是会开玩笑，连普通建材用的青砖都没有烧过一块的右玉县，现在一跃就要烧那么大的仿古建筑用大青砖了？！这不是王局长在说梦话吧？

王建看着愣在那里的同事："怎么，你们不相信我的话？"

那位说："不是不相信，王局长，咱那里可从来没有干过这样的事啊！"

"从来没有不等于不能试试，我们就是要做别人没有做过的事，咱右玉也一定有过烧砖的历史，只是这些年我们都顾了栽树栽树再栽树，把许多好东西都忘了！"

这时，王建把他从繁峙和代县浑源等地偷偷拿的制砖用的泥土拿出来给一路来的人看。

"这是他们做砖使用的泥土，我就仿造这样的泥土去找，就不信咱那么大个县，找不到一处一样的！"

见王局长是做真的，一路的同志笑了，心想王局长可要创下一个新纪录了，如果自己能烧制成功这些大青砖，那可要节省一大笔开销啊！

王建竟然真的在右玉县找到了同样的土质，那是一个叫"海子湾"的村子，距离杀虎口不远，也方便转运。在那里比对过后，他确定几乎和在代县看到的土质一样。再一经打听，海子湾历史上还真的烧过砖窑，只不过岁月依稀，都是近代狂野的风沙带来的害……

海子湾背靠一座土山，在此烧砖几乎不会破坏生态环境。王建将这里的土带去

英雄地 —— 走近右玉播绿人

化验，证明海子湾土质和外县烧砖的土质完全一样。

王建心里有数了，他立马向赵向东汇报了这一想法。一开始赵向东颇有些怀疑，但看到这个他一直看好的小伙子信心百倍的样子，他从心里相信这不是戏言。

王建就将砖窑定在了海子湾村，他带着职工亲自开挖砖窑，随后从代县请来几名烧砖的师傅，自己开窑烧砖。

功夫不负有心人，他们的第一窑大青砖居然烧好了！色泽、材质、硬度等等均合格……

两窑，三窑，四窑……

一垛垛大青砖整齐划一地码在地上，昭示着王建锲而不舍精神的胜利！昭示着右玉人顽强不屈精神的攻无不克、战无不胜……

杀虎口距海子湾5公里，距县城30多公里，为了保证工程顺利完成，王建自掏腰包花3000元钱买了一辆破旧的212吉普车。每天晨曦微亮，他就出发了，夜里有时候要等到12点才能回家休息。白天，他砖窑、杀虎口，杀虎口、县城，往返奔波。

到2003年底，杀虎口长城南面部分的修复工程全部完成，共修复800米城墙，用大青砖近160万块，为县财政节省开支300多万元。王建的这一艰苦创业的举动，不但节省了一大笔钱，还提前半年完成了工期。

"真有你的！小子行！"

县领导见到王建，多是这样的赞许。

2003年夏天，突然下起了雨，施工停了下来，大家都躲进工棚里避雨。突然有人喊，水下来了。只见从塘子山顶下来一股水，那水大啊，腾起黄雾往前跑，蹿过地埂顺着长城边子就冲过来了，不想沟渠旁边的水泥石料挡住了去路，水越来越大、越涌越高，眼看就要灌进城墙边4户没来得及迁走的人家的屋子里。王建拿了一张锹跑出去，连鞋都没脱就跳水里，后边的人紧紧跟上也跳进去，冒那么大的雨，在1米多深的水里可劲刨，山水还不断在涨，站在中间的人不小心就被冲倒了。终于，在疏通十几米宽之后，洪水找到了出路，瞬间倾泻而下，4户人家终于是保住了。王建从水里上来，一双皮鞋生生给水泡得不能穿了，只好光着脚板子回到工棚，最后在小卖铺花4块钱买了一双布鞋穿上。

工地上所有的人都看见了王建跳下去疏通洪水这一幕，纯朴的老百姓知道这里头的深浅,知道这里头的人情。在场的人看见人家一个当官的那样赤脚板子从水里上来,真是感动坏了。4户中其中一户是刘生的母亲,雨一停,老人就跑过来拉住王建说:"啊呀呀,要不是你跳下去给水找见流处,我们这4户人家可是没活头了。"

外地工队来杀虎口干活的工人说王建:"像你这样为公家着想操心的人,还有没有?可能有,可我们没碰到过第二个。"

由于长期风吹日晒,王建看上去黧黑粗糙,完全一个民工形象。那一年,太原同学来右玉看望王建,王建走到人家面前,伸手去握,同学还一个劲打听王建在什么地方。王建说:"还没认出来?我就是呀……"20年后同学聚会,王建最后一个走进宴会厅,一位女同学倏地起身问道:"我们同学聚会,你找谁?"同学们坐定后,话题还是走不出王建的黑,那位女同学问:"王建呀王建,你哪天掉进煤堆,可怎么辨认呢?"王建轻轻一笑:"捏软硬。"

2003年施工紧张,八月十五那一天,王建一直待在工地上,给工人拉来月饼,和大家一起过了个中秋节,到晚上9点多才起身回家和家人过节。11月10日停工后,原本绷紧的弦一下子松下来,王建遂感到浑身不适,18号上厕所,发现尿的全是血。去大同五医院检查:从嗓子、食道、胸膜到肾脏,上上下下全是炎症,都是一夏天在工地上忙碌喝水少造成的。医生说这简直是不要命了,别说是公家的事了,就是

雄关杀虎口(辛泰摄影)

英雄地 ——走近右玉播绿人

给自己的事也干不成这样。那次病落下的后遗症至今未愈,到现在一遇上火缺水,王建小便就带血。

2004年春,右玉县杀虎口旅游区成立,在赵向东的力主下,王建调任杀虎口担任旅游区党委书记。

一年多的时间里,王建对杀虎口的人文历史有了不少研究。他翻阅大量历史资料,从复原历史真实性的角度修缮以杀虎口为轴线的许多相关景观景点,同时加快完善杀虎口长城的扫尾工程:

杀虎口长城门楼整修……

仿古一条街……

广场停车场……

历史博物馆……

博物馆到塘子山7公里主干道绿化工程……

所有美化景观景点的附加设施……

2005年7月,当首届中国·右玉生态健身旅游节在右玉县体育广场隆重召开的时候,杀虎口边塞文化群以完整的体貌展现在世人面前了。

王建果真没有辜负赵向东对他的期望。赵向东逢人便说王建在杀虎口旅游区的建设上立下了汗马功劳。

王建却一脸消瘦,有点疲惫地笑笑。他默默地,也是很坦然地接受了赵向东书记的褒奖。这句话在王建心里,要比给千金更贵重,那是他一生的成就和至高无上的光荣!

(作者郭虎,简介详见第221页)

凤来篇

右玉县文联供图

重返右玉　泪流满面

——记右玉县知青水保队

张宏世

简述：20世纪60年代，一批城市知识青年告别家庭，离开繁华的城市，来到偏僻、风沙弥漫的右玉。在异常恶劣的自然环境中，在异常艰苦的生活条件下，以近乎原始的生产方式，自觉融入右玉人民，融入挑战大自然的队伍，充当了改造右玉山河的排头兵。他们修梯田，挖鱼鳞坑、水平阶、沟头埂，修渠打坝，拦河淤地，植树种草，种灌木。在紧张的半军事化的劳动中磨炼出坚强的意志和不怕苦不怕累的精神特质，用青春的热情谱写了一曲壮美的诗篇，为右玉绿化大业贡献出宝贵的青春年华。让我们记住这些青春赤子吧，他们是右玉精神血管里的一股滚烫的血液。

一、引子

1965年5月7日，右玉县城（指旧城）大街上热闹非凡，敲锣打鼓，红旗招展，满大街贴满了红绿标语，分明是有重大庆典活动。原来是要欢迎知识青年的到来。由机关、学校、街道、水保队接待人员组成的盛大欢迎队伍直出南门外汽车站，隆重地迎接大批知识青年来到右玉。这次来的是大同、应县、朔县三地由城市机关、厂矿、街道动员上山下乡的300多名知青。知青们临走的时候，由家长单位组织了隆重的欢送仪式。他们披红戴花，高呼着"到农村去，到艰苦的地方去"的口号，由家长各单位派专车送来右玉。知青们登上敞篷卡车，惜别亲人，冒着满天风沙来到陌生而荒凉的右玉。右玉县以最高规格迎接这批远道而来的亲人。车队在县城大街上缓缓而行，夹道欢迎的群众队伍高呼着口号，新来的年轻人排着整齐的队伍、背着行李、挎着挎包、喊着口号，气宇轩昂地走在大街上，风尘仆仆的青年们被热情地迎进了县招待所。右玉县从未来过这么多"城市人"。看着活泼而有点时髦的知青一下子涌来小小的右玉，偏僻闭塞的右玉县城里顿时炸开了锅。穿着时装，举止文雅，还唱着流行歌的知识青年为古老的右玉带来了一股清新之气。知青们在到来之前就接受了到农村锻炼成长的教育，因此，个个情绪饱满，走到哪里都歌声嘹亮。一切感觉很新鲜，一切感觉很美好，思想单纯而活跃的年轻人憧憬着美好的未来，来到大有作为、前途广阔的右玉，喜悦之情溢于言表。从此，"水保队"这个从未听过的新称谓印入人们的脑海，进入人们的记忆。一个新生事物出现了，并不能算作单位的单位划入当时的政府系列，右玉的知青时代自此开始。

二、水保队始末

1963年，山西省委发出《关于在农、林、牧、渔场利用水土保持专业队安置城市精简职工闲散劳力和未就业学生的通知》。同年8月，临县、河曲、隰县、右玉、清徐等12个县成立了水土保持专业队，招收队员713人。1964年7月，水利厅又做出第二批建队部署，批准在专业队内安置城市知识青年1000人。这样，计划建队的24个县全部组建了水土保持专业队，队员达1689人。专业队属事业单位，实行企业管理，队员报酬实行基本工资加奖励。在不到两年的时间里专业队营造水土保持林650公顷，种牧草276公顷，治理水土流失面积2100公顷，取得了一定的治理和生产成效。1970年12月，针对专业队出现的问题，24个县的水保队全部撤销。

1963年，来自右玉旧城的第一批人员开到应洲湾村安营扎寨。30多号人员大部分是初高中毕业生，来到一切都陌生的农村，来到漫天风沙的黄土地，来到祖国需要的地方，开始了改造山河的伟大壮举。1964年第二批来自旧城的知青也来了。至此，这支队伍已经扩大到七八十人。到1964年，水保队已是一个健全的的农业单位，也是一个最早的知青安置点。1965年7月，大同、应县、朔县的大批知青到来，扩编成水保大队，共有360多号人，下设3个中队，一中队驻康家湾，二中队驻应洲湾，三中队驻邢家口，大队部驻应洲湾。

水保队是国家在黄河中上游水土流失严重地区设立的专业治理队伍。水保队的设立也是国家最初安排知识青年上山下乡的试验性举措，经费完全由国家负担，每年由水利部黄河委员会拨付。队员按照农工待遇,一级工33.8元,二级工29.6元,三级工26元。每月在2日和16日分别放假一天。水保队并不像农林单位那么简单,而是一支由知识青年组成的特殊队伍。县里委派军转干部来管理这支队伍,实行半军事化管理,以班、排、中队、大队编制。每日早晨出操,白天8小时劳动,晚上还要学习、开会,生活十分紧张。每日劳动是真正的改造山河、修理地球。到1970年春,水保队正式撤销,根据上级文件精神,除少部分人员分配县级机关、元堡煤矿外,大部分人员合并到右玉县梁家油坊国营林场。水保队从1963年到1970年经历了7年的风雨历程,也是右玉知识青年上山下乡最早的一段往事。

三、激情澎湃的初次劳动

水保队已经建立,一切都要自力更生,首先要给自己营造住处,于是自己动手挖坯碹窑。右玉东山不缺筋道的黄土,窑洞是当地农村最简易、廉价、适用的土屋。只要有土、有劳力,请个窑匠,很快冬暖夏凉的窑洞就碹起来了。刚参加劳动的队员们推起小平车到村后土崖下刨黄土,初始劳动,激情高涨,推起小平车飞快地冲下冲上,觉得很好玩。也是干得太猛了,不一会儿就觉得很累,推起小平车身子东倒西歪,车子扭扭斜斜,手脚不听使唤,刚开始的热情劲全没了。可是,这是工作,不是好玩的事,来这里是为劳动锻炼的。在积极进步的思想意识鼓舞下,我们要表现积极,决不能落后,决不能趴下,也不容许趴下,要咬住牙坚持下去,一定坚持下去!推起车来就不能放下,继续一车一车狠劲推。接下来和泥打坯更是难上加难,一大堆黄土要伴上草莛,泅上水,和成筋道的软硬适当的筋泥。一开始不会和泥,满头满脸都是泥也和不成,一会儿跑了水,一会儿干了一会儿稀了。这些农村的营生别说做过,连见也没见过。经过一白天马不停蹄的劳动,到晚上已经累得浑身酥软,像面条一样躺在炕上一动也不能动了。最难活的是第二天,浑身骨头像散了架,无论摸哪都疼得不行,还要勉强挣扎起来,脚下像踩着棉花,眼睛看天是浑的、太阳是灰的,两臂像面条一样,摇摇晃晃上了工地,还得继续干,必须继续干,革命的思想意识使这些青年变得异常坚强起来。经过一段时间的锻炼,他们的身体渐渐强壮起来,坯也打了不少,请来窑匠动手碹窑。自己动手不用花钱因陋就简筑成暖窝。队员们搬进窑洞时连蹦三个高,

英雄地——走近右玉播绿人

欢呼跳跃，毕竟告别了穿风露雨的柴棚房，有一个自己的栖身之地，条件算是好了许多。

队员们来到康家湾上的第一课就是挖大渠。知识青年刚从学校出来，挖大渠这活可从未见过。大铁锹拿在手中感觉分外沉重。领导出言，以土方量评定级别。大家这就拼命挖开了，女同志也不甘落后，每天天一亮就出工，直至天黑才收工。人人都使出吃奶的劲来挖。从渠底挖出的土要扔上三四米高的渠沿，要逐级往上扔。劲最大的后生挖了11方。手上打泡自不待言，腰酸腿软，关节疼痛，挖到后来力尽不支，挖一锹土张口喘气半天，铁锹千斤重，肚皮早已空空，汗滴已流尽，土方量啊土方量，检查人员手拿米尺走过来，半分不可迁就，一锹都不能少挖。到此时，逼出了青年人的勇气，决不能当怂包，不能甘心落后，拼命也要多挖。今天简直就不活了，头朝地，弯下腰，挥锹扬土，一口气干下去。人人争先恐后，奋力挖渠，在这样的拼力奋战下，大渠很快就挖成了。

有人说右玉精神是一张"集体照"，而这张黑白的知青合影则是"集体"中的色彩所在（张宏世供图）

四、异常艰难的生活环境

一中队的食堂就设在马营河村大庙的正殿（现已修复）内。每到开饭时就当当敲起铁犁铧，大家纷涌而至，肚子早已瘪塌了，吵吵嚷嚷排到窗口等着炊事员分饭。每人一勺头没油水的山药白菜烩菜，主食是玉米面窝头或供应的其他杂粮。偶尔也能吃上馒头，供应粮中有15%的白面。每月供应38斤粮，按当时的社会状况已经属优等供应（农民每年只有300斤左右粗粮）。换成钱票和粮票两种饭票。肚子大的后生，不到月底饭票便早已花光，靠东挪西借度日。尽管有38斤，可正长身体的后生加之繁重的劳动，每日睡觉起来总觉得肚子空空。到哪里寻找"野味"便成为头等大事。野菜自当为主，挖来一大堆，用洗脸盆一煮，甩一把盐，围上一圈，立马就吃了个风卷残云。一到秋天，吃的可就海了，山药、玉米棒、胡萝卜、瓜类。有时也到饲养院偷吃饲料，有豆饼、胡麻饼、红薯干，当时供应南方的木薯干，人吃了胀肚子，那也拦不住照吃。

一下子来了这么多人马，住房不够，只好借住农舍。一中队暂住在马营河村。当时农村哪有闲屋，都是不能住人的危房、杂房，四面露风，搭起木板就要睡人。一伙后生住在马营河村南朱有的车马大店里，一铺顺山大炕要挤十几个人。改配的房门门缝足有一尺宽。10月的右玉，夜晚已达零度以下，大店的土炕无席子，炕上的硬土磨得溜溜光，多年的废炕也不可能烧火。右玉永远寒冷的夜晚，无情的冷风嗖嗖地直往薄被里钻，大家哆哆嗦嗦直打抖，尽管挤在一起，还是冻得不能入睡。冻醒了又睡过去，没办法，在自己还未盖起宿舍时，屈居敝屋自是无奈。

从城里来的孩子们一来到右玉，老天爷就给了一个下马威。那一天，正在地里劳动的队员们并没有意识到刮大黄风。突然一抬头，只见黑压压的乌云起于西山坡，伴随着轰隆隆的巨大响声，黑沉沉压过来，顷刻之间像天要倾覆、地要震裂。那响声像天空中的怪兽狂吼，又像无数狼群怒嚎，像千军万马在奔腾，像巨龙上下翻滚，又像巨轮碾压而来，使人心惊胆战，好像末日就要到来。霎时间天空变成漆黑一团，伸手不见五指。耳畔只有巨大的声响，什么也看不见，像一下子掉入地坑，巨大的恐怖感压在心头。城里来的青年哪里见过这情势，一下子蒙了。女孩们哇哇就哭，男孩满地转圈不知所措。多亏有老农在跟前，忙拉住手说，别怕，快趴下！这是经常发生的大黄风。啊,这就是大黄风?这么厉害!听老农的指挥,大家都趴在地上一动不动。撩起衣服蒙在头上,只听沙石咚咚地摔在衣上。不敢露头,静心地等待,等待……过了大约半个钟头,声音渐渐远去,大家露头一看,啊,半截身子埋在土里。刚才犁起的墒沟垄早已刮平,已经下种的那一片地至犁床底全都被刮跑了!右玉的大黄风就是这么厉害。

康家湾村南就是马营河。当时的马营河十分宽阔,也没有桥,要进城必须蹚河过去。春秋两季过河便是难闯的关口。一到开春,冰河消融,齐腰的河水夹着大量的冰块漂流翻滚而来,发出巨大的响声。人站在河岸上便颤抖起来。这可怎么过呀!这可怎么过呀!这是必由之路,不能过也得过,必须蹚水过!无奈之下,提起十分勇气闯过冰河!男队员背起女队员,手拉手下到河里。冰水刺骨,一下子就冻得浑身麻木失去感觉,身子不由就晃起来,脚下是冰,河水也汹涌,眼前也晕,冰块也冲,妈呀!颤抖得厉害,快要跌倒了!岸上有人喊,挺住,抬起头,往前看!不要回头!河中人鼓起信心,勇敢向前,一步一步万分艰难地往前挪,终于挪到对岸,一上岸便瘫倒在岸边。一道滔滔冰河,便叫队员受难无尽。

五、修理地球

修理地球的战斗从治理马营河开始。发源于左云夏家窑的马营河是苍头河最大的支流,同处马营河流域的3个中队便与马营河结下不解之缘。汹涌的河流肆意地冲刷两岸,摆动不定的河床不断吞没两岸良田,水保队决定先从治理马营河开始。于是与马营河展开了拼死拼活的、人与大自然的较量。根据规划,先挖大渠改河,再筑坝拦住洪水,让河流规矩地顺着一道走,空出了大片河床。空出的河床要改造成良田,先筑埂,再淤地,拖拉机带上一张大犁,耕起一道土埂,再用人工起土拍埂,每隔30米一框,一框地一道圪埂,埂下两侧一丛一丛栽植河柳。河柳是右玉乡土树种,学名叫"旱柳",是喜水植物,耐贫瘠,耐盐碱,生长快,抗性强,扦插在湿润的河湾,立马成活,长势旺盛,不到两三年便有丈高。除了挡风挡水,还能编柳货。当河柳长高时,在空旷的河滩形成挡风的软墙。一排接一排,迎风站立。当狂风刮来,每越过一道河柳屏障,风速就逐步递减。河柳生于当地,已经习惯了恶劣的环境,任凭狂风摔打,依然不倒,大风过后又顽强直立起来。听技术员讲，原来这叫做土石工程与生物工程相结合的治理措施。水保队在马营河流域首先采用这种先进的治理措施建立了示范基地，立刻显示出强大的生态功能。挺立的河柳，红红绿绿（秋后是红绿相间）地在风中摇曳。往日满河滩肆虐的狂风只好屈从于轻软的河柳。沙土沉落堆积，洪水阻于柳堤，渐渐地经年积厚，形成可耕种的土壤，这就是拦河造地。最惊心动魄的是引洪淤地。每当洪水来临，便是冲锋陷阵之时。队长一个哨音，全体队员紧急集合跑下河湾。只见洪水滔滔，翻滚而来，此时已打开分洪闸，引水进入分洪渠，再引到框地。当凶猛的洪水真正滚来时，大家慌了手脚，下去一个即被冲倒。此时要赶在洪峰之前决开地框埂，一框一框引水淤地。队员们没命地冲到洪水前头奋力挖开决口，正挖得起劲，洪水已经赶来。快挖！快跑，快！……快！有人被洪水冲倒，拉起继续干；有人把鞋跑丢了，赤脚继续干；有人把铁锹冲跑了，用手继续刨。这才是真正的战斗，分秒必争，洪水无情，汹涌奔跑，知青是党教育的好儿女，越在艰险时刻越要表现积极。呼喊着，挖！……挖！快挖，快挖……没命地挖！洪水冲进地框，人们呼喊着、奔跑着、没命地挖着，全然不顾冰冷的河水早已浸透全身。一定要让凶恶的洪水驯服地按照人们的意图流进充满砂石的河床。队员们用一腔青春的热情倾于淤地，最终让洪流规规矩矩地流进了地框。

修梯田是水保队的主业之一。每个中队都修。一中队在康家湾村后梁，二中队在应洲湾北梁，三中队在邢家口后梁。从技术上讲这叫反坡梯田。在荒坡上分段沿等高线挖成阶梯式农田，意在蓄水保土，是黄土高原丘陵区常用的治理措施。从坡下起土垫到埂上，要踩实垫平，拍得溜溜光。修理地球的活都不轻松。从扛锹上山到收工回家，每天要干10个小时。本来队里分派每班一道埂，不知是谁提出要展开比赛，这可就没命地干开了。年轻人气盛，谁也不让谁，非要比个高低。各个班一开挖就尘土飞扬、你追我赶。猛劲过后，到气力不支时只好休息一会儿。一坐下，也不知是谁带头唱起了歌，于是满山坡响起歌声一片。青春骚动时期加之那个时代歌声满天飞的政治氛围，水保队又是一支充满活力的队伍，自从来到右玉就一直歌声不断。说唱就唱，也不分场合，出地唱，收工唱，早晨唱，晚上还唱，歌声驱走了疲劳，歌声带来了欢乐，青春的激情在歌声中燃烧，青春的活力在这里绽放。虽然每日的劳动十分紧张，但大家并没有因为艰苦而沮丧，倒是显示出朝气蓬勃的精神。那个时代知识青年上山下乡被誉为无上光荣。"农村是广阔的天地，到那里是大有作为的"，那个时代培养了这样的人生观，培养了这样的精神特质，造就了坚强的意志和不怕苦的精神。

六、植树种草

大种草木樨。草木樨是一种浑身是宝的两年生植物。能压绿肥、能保持水土，还是优质饲草。20世纪60年代，右玉作为雁北地区的重点推广县，大面积推广种植草木樨。应洲湾水保试验站（雁北水利局在右玉下设科研机构）最初引进试种。水保队得临近之便利，首先大面积种植，将所有的荒梁和河滩尽力种上草木樨。草木樨的籽粒很小，要经过处理把皮去掉才能播种。于是，大家每天都要推碾子碾草木樨。刚开始推很轻松，转了一圈又一圈，谁知道正推得起劲，突然感觉天旋地转，也不知哪是天哪是地，眼前一切都在晃动。房在转、人在转、碾子也转，一闭眼，好像跌进万丈深渊，直落落往下沉，接着就哇哇地吐开了，吐了一轮又一轮，直吐得绿水呛出，肠肚快要吐出来，瘫坐在地上像抽了筋般软。原来碾子这么难推。到播种时套上骡子，拉一张三条腿的耧，要有一个帮耧的人拉着牲口前边走，一个扶耧的手摇耧把，耧铃一响，丁零当啷播种就开始了。后边的人拉上动轱辘碾实。动轱辘是石头凿成的圆轮。人背绳子往前拉，轮碾墒垄镇压实，弯腰弓身腿用劲，脚蹬播垄要走正。骡子拉耧走得快，人拉动轱辘汗淋淋。满山遍梁地播种，也不知哪是地头哪是地边，只见风沙弥漫、荒野无人，只听耧铃叮当响，拉动轱辘的人早已淹没于沙尘之中。

植树造林是水保队的主要任务，要结合工程造林，突出水保生态效益。有梯田造林、鱼鳞坑造林、水平阶造林、河坝造林。防风林带的乔木栽植选择小叶杨，采用元宝坑造林方法。元宝坑呈倒三角形，开口一锹宽，长1米，最深处1米，两斜边放两株秧苗，踩实。秧苗要截头不露，如果踩实了成活就有保证。元宝坑造林方法是当时雁北黄土丘陵区普遍推广的造林方法，小叶杨是推广的主栽树种。小叶杨是分布于我国北方黄土丘陵区的乡土树种，适应性非常强，耐干旱、耐瘠薄、抗风沙、生长快，能在沙荒地迅速扦插繁殖。右玉在恶劣的环境条件下完成大面积荒山造林，从技术上讲，采取了元宝坑造林方法和小叶杨主栽树种是获得成功的主要因素。当时还采取了许多抗旱保苗措施。在有条件的时候，把秧苗置于浅水中叫浸水催根。把秧苗剁成截，捆成捆，倒置放到水中，过半个月捞出造林。这些科学方法都是经过不断试验取得的成果。当时一中队在康家湾村西梁搞了一大片梯田造林，约有200亩，全部栽植了小叶杨，获得成功。

右玉县在栽植小叶杨的同时，试验了许多树种。1953年从东北调来一大批蒙古栎籽（橡壳子）进行试种，结果失败了。蒙古栎是适应性较强的树种，壳斗科，树叶能做饲草，籽实含有大量的淀粉，可食用。在右玉种植却全部死亡。1964年调来沙枣育苗种植，部分成活于村庄周围，大面积栽植时却全死了。沙枣，别名桂香柳，胡颓子科，是生长在沙荒地的树种，果实能吃。当时引进在苗圃育苗获得成功，大面积造林却全部死亡。在条件稍好的村庄附近，小沟栽植成活，直到现在仍有保留下来的成年结实的树。1952年引进欧美杨（大叶杨）全部死亡。欧美杨，又名"加拿大杨"，是生长于湿润地区的树种，生长迅速，叶子特大，完全不能适应右玉的恶劣条件。栽植后越冬死亡。1963年引进刺槐失败。刺槐是适应干旱贫瘠的树种，豆科。刺槐有很多优点，有根留菌可以肥田，花可食用，又是很好的蜜源。但引来右玉却因难以越冬而死亡。油坊林场仍留下两棵树。1963年引进复叶槭失败。复叶槭本是耐寒、耐旱、耐干冷、耐轻度盐碱的树种，引来右玉后由于寒冷，大部分死亡。旧城榆树巷原大医院内仍有成活的大树，每年结实，在小环境下能成活，但是在大面积沙荒地栽植却失败了。1963年引进白蜡失败。白蜡，木樨科，是抗性很强的树种。引进右玉被冻死。树上有一种白蜡虫能分泌蜡质，就是我们通常点灯用的蜡。

直播沙棘获得成功。除小叶杨外，沙棘是难得播种成功的灌木树种。沙棘是适应性很强的原来就生长于本地的乡土树种。为了加快绿化进度，从1961年就开始在河滩地直播沙棘，就用农村播种的三腿耧播种。在广阔的河滩，凡水分条件好的地方大面积人工播种，成活率很高。沙棘繁殖迅速，一旦立足形成群落便迅速扩大，在河滩蔓延生长。其后野鸡吞食沙棘籽后带到远方排出，帮助播种到更远的地方。大面积的野生沙棘由此形成。右玉大面积的沙棘林是由当初的人工播种后又自然繁殖形成的，是人工种植成功的成果。

引进柠条成功。柠条是引进的外来适应旱荒漠立地条件的灌木品种。20世纪60年代引进，大量种植，对保持水土、减弱风沙作用很大。在所有的坡梁、沟岔、鱼鳞坑、沟头埂、水平阶全部种植了柠条。柠条都是直播，到春季下雨过后，或者在夏季雨后赶墒播种，都能成活。柠条利用价值不大，各地都进行了探索，但是多数不成功，至今还没有广泛利用。

水保队在荒坡上试种杏树，也是当时出于生态效益与经济效益皆得的思想。先栽植当地的土杏，待土杏成活后再嫁接优种杏。这在当时是很先进的技术理念。杏核属难生芽树种，先要进行处理。拉来一大车杏核，埋到羊圈的羊粪堆里，沤制一个月，等裂口时直播到鱼鳞坑。当时成活率很高。右玉的造林绿化是经历了不断失败、不断探索、不断总结、不断前进的过程，绝不是轻易就能获得成功。

七、原始的农业劳动

学会干农家活也是队员们的必修课。本来从城市来到农村，对农活就一概不知不懂。农活又是相当复杂，春种、夏锄、秋收、上场收打、放牛、放羊、耕地、抓粪。生长在城市的孩子们哪里见过。春天最早的活路是动粪土。把圈里的粪刨起来担出去，和上水沤制。然后就是滤粪，打碎后用最原始的分选法，把粪块扬到粪堆上让大块自由滚落，这样逐步滤出细粪。这样的活算是苦最轻的了。耕种开始，前头一犋牛，拉一张犁，后边人挎一粪笸箩抓粪。这可是技术活，村里只有老农民才会抓粪。这种技术活关系到出苗齐整、产量多少。要一步三把（三撮），均匀跌落，落到墒沟必须集中不可散落，落在里墒壁，不可落到底，把籽均匀拌入细粪中，还要精确计算耕几遭正好籽粪与地亩同时耕完。剩籽和剩地都不允许。虽然雇来农民技术工（称"老农"）悉心教导，队员们还是不会干。有一个队员跟在牛屁股后撒种，不上粪点大豆（蚕豆），牛犋早已走远，他才一颗一颗往垄沟里安放，只见他戴着深度眼镜，手忙脚乱，撅起屁股弯下腰，手抓一把大豆也不知往哪里放合适，放一颗犹豫半天，直起腰来重放。哈哈，该往哪放呢？还是放得稠稀不匀。头上的汗珠扑扑滚落，张口直喘气，急得直骂娘，牛犋早已到地头，他还在当地一颗一颗安放。这农活也真难做，也是难为这些知青了。右玉的春季没有一天不刮风。抓粪和溜籽遇到极大困难。大风刮得籽种全飘到墒沟外。只好多加人手，一人在牛后侧面张开衣服"隐风"，侧走最难，还要步步陷进虚软的耕土中。右玉人所说的"拉骆驼风"十分强劲。耕种的牛犋在滚滚黄沙中缓慢行进，耕牛伸长脖子吃力地拉着，慢腾腾伸蹄迈步，尽管耕农不断地喊骂抽打牛脊，快要用尽力的牛却全然不理，艰难地一步一步地迈着。牛都这样，人更艰难。到后半程，挎起粪笸箩有千斤重。一笸箩粪足有二三十斤，挎在胸前，走在逼仄的墒沟里，还要弯腰一把一把均匀地抓起，准确地甩到墒沟畔，不远不近，一步三把，甩一把一点头一哈腰，很有节奏地把籽粪撒进墒沟。从清晨4点就赶牛到地，一上午一老晌要耕一墒地（5亩），足要耕到中午才完。早晨送饭的人担着饭罐远远过来了，耕地的人打牛到地头，嗵地坐地，在裤腿上擦擦抓粪的手，开始吃饭。通常用黑瓷双耳饭罐，罐底压进炒面，上面灌和子饭（和子饭拌炒面是旧时右玉人的家常饭），喝饭时留一层稀饭拌炒面，要稠稀正好。一罐和子饭和莜面炒面下肚后又有了精神，缓缓劲继续干。这是农村最苦、最细、最精的营生，队员们也都学会了。

到夏锄开始，队员们又要经过一番磨炼，锄地要按垄头分配，要求锄净草、刨虚土、不伤苗。刚一进地，锄得很欢，锄着锄着，腰就像断了一样，生疼生疼。直起来缓缓，还得继续锄，瞭一瞭地头还远呢，却已经浑身是汗，甚至是浑身水淋淋、衣服全湿透。这可真实地体验了"锄禾日当午，汗滴禾下土"。尽管腰疼厉害，还是要完成任务，必须咬牙坚持。锄一段缓缓再锄，最后腰疼得不行啦，跪上锄。嘿，跪上锄不腰疼，只是锄不快，还得站起锄，就这样跪一会儿站一会儿，硬是坚持锄完。

比赛割莜麦。一中队在马营河西湾开出了300多亩地，那一年种上了莜麦。到秋天全体出发抢收莜麦。望着麦浪滚滚的无际麦田，眼见着艰巨的任务横在面前。大家不约而同展开割莜麦竞赛。劳动竞赛是那个时代的社会潮流，各行各业都不时地呼喊口号，竞赛频频。地头足有200步长，按农俗每人6垄一遭，开始破垄割3垄，回头3垄。齐腰高的莜麦一弯腰伸进麦垄就淹没于麦海之中。只听见"嚓嚓"的声音，看不见人。大家谁也不说话，一股劲低头割麦。莜麦不好割，秸粗秆滑垄头厚，要求割净茬低不散把。镰刀要磨得锋利，动作要干净利落，割倒的麦把要整齐划一。这农活也是讲究颇多，宁费千斤力，不失一粒粮。割到半地便见分晓，快手们已经割到地头，慢手悠悠才到当地，眼见落下人家一大截，也就拼命地往前赶起来，等快割到地头时，快手早又割回头垄。一场竞赛好不热闹。在突出政治的年代，劳动表现也就是政治表现。青年人都想在此时表现自己思想进步。女同志也不甘示弱，非要显示自己在政治上不输男同志。也有几个女标兵，哪能落后，一股劲冲在前边，将男同志远远甩在后边。一场割莜麦，一场竞赛潮。一场磨炼，一场收获。

那一年，大队买来了脱粒机为各中队服务。这是我国自己制造的第一代半风选脱粒机，配一台皮带传动5马力卧式柴油机，3个中队轮流使用。到脱粒时调动了大批人马来场面脱粒。初次使用机器，大家很新鲜，积极性高涨，但有些无序。真是大姑娘生孩子头一遭，谁也不知道机器的深浅，这种不安全的机器听说吞掉过好几个村民的胳膊。机器手发动着机器，突突突不停地响，大家手忙脚乱地往机器里喂料，脱出的秸秆马上要推到远处，脱下的籽粒要往外扒。紧张的脱粒有些慌乱，不停地有人喊："快！往一边推秸秆，快！往来推莜麦，机器不能空转。"喂料的人最危险，料口像个大嘴，一口就呼呼地吞进很多，一不小心就把胳膊吸进机器里。只听机器声突突，尘土飞扬，喊声不断，场面一片混乱。一上午脱下一大堆，使用机器倒比梿节打快得多了。接下来脱出的混秸还要扬出来。扬场可是技术活，虽然有老农把着手教，可没干过的营生实在摸不着头脑。扬场要学会看风，风大了把籽粒刮跑了，风小了颗粒和秸秆混落下来，扬得高了撒乱了，扬低了混起。风大了不行，风小了不行，劲大了不行，劲小了不行，唉，这农活太难做了，不是一下能学会的。当一个农民实在不简单，长年辛劳不说还要有一把好技术，真是七十二行，庄户人难当。

八、尾声

水保队的知青年代已经过去了50多年。当年风华正茂的队员早已两鬓斑白，步入老年。然而，老队员们仍然记着当年那充满激情而又艰难的岁月。水保队7年磨炼、7年成长、7年奉献。这样艰难的经历却是初入人生的历练、成长的基石，也是思想意志升华的机缘。在那个政治第一的年代里，尽管生活条件十分艰苦、自然环境十分恶劣，但是满怀豪情改造山河的热情依然高涨。在7年的艰苦岁月里，打坝修渠、培埂造地、修梯田、种庄稼、打井灌溉、植树造林、种草肥田，建立了水土保持样板田、植树造林样板林，为右玉县改造自然面貌提供了技术示范。以集团形式向荒山进军，以艰苦的劳动磨炼了自己，以丰硕的成果奉献给社会。每当回忆起那段难忘的岁月，那些艰涩、那些苦难、那些奋斗的情景，不由得让人心潮澎湃。这些故事中有辛酸也有甘甜,饱含着青春的激情,更多的是改造山河的豪情。在那样艰苦的环境中,一队刚刚走出校门的青年,怀着报国大志,不怕困难,不怕牺牲,勇敢地向大自然进军,谱写了一曲征服自然的凯歌!也为右玉绿化山河增添了浓墨重彩的一笔!

【作者简介】张宏世,祖籍右玉,1950年出生于右玉旧城西街。1963年毕业于右玉城关完小。1965年上山下乡到右玉水保队参加工作。1970年合并到右玉油坊林场工作。曾任油坊国营林场党总支书记。2010年退休。小学三年级时,张世宏就参加学校组织的栽树活动,后来到水保队依然是战天斗地。到林场后经历了右玉大面积绿化荒山植树造林,尤其亲历了右玉早期最艰难的植树造林,目睹了右玉从荒凉之地变成"塞上绿洲"。改革开放后,张世宏凭顽强自学于1981年获得工人技术员职称,并于同年转为国家干部。在此期间,曾多次在《山西林业科技》发表论文。1988年获得雁北地区科技协会优秀论文二等奖。2010年退休后,从事右玉旧城历史文化的挖掘研究,曾参与《右玉绿化志》的编写,并撰写了大量有关右玉绿化造林的文章。

指挥千军，谋划万顷

——记右玉县林场原场长胡应岗

张宏世

简述：胡应岗，这个名字有气场。从抗日沙场走进风云官场，却寸步未离右玉绿化场，他的立身之场是林场。

他操劳一生、谋划一世，指挥了多次重大造林战役。为实施大面积荒山造林，他精思博运，他叱咤风云；而在荣誉与利益面前，他宁愿做个汉朝的李广。在林场打造的绿化地，直指苍穹的每棵树都呼喊着胡应岗的呼喊；在林场曾经的办公室，今天的星月仍然辉映着胡应岗的夜半灯火。胡应岗是右玉60年绿化造林的亲历者，是右玉风云的见证者。他的业绩值得铭刻，他的人格值得怀念，他的精神值得传承。胡应岗以一个外地人而融入右玉，彰显了右玉精神的博大深广。

提起右玉县在20世纪60年代的绿化造林，谁都会想到一个人——胡应岗。他与右玉绿化大业紧密联系在一起。他是右玉大面积植树造林的第一位前线指挥，他是多次重大攻坚战役的策划者，他是确定右玉最初绿化技术路线的专职林业干部。一位抗日老战士，一个为右玉绿化事业奋斗了一生的老干部，一个始终战斗在造林一线的指挥员，30年始终不渝，不改初心，生命不息，奋斗不止。他一生没有轰轰烈烈，却做出巨大贡献；一生钟爱林业，却在"文化大革命"中被打倒；

一生奉献林业，却默默无闻。右玉每一道荒梁上都留的他的足迹，每一片葱绿的树林都是他无字的丰碑。胡应岗是平凡的，然而他的事迹却是感人的。

一、大战的指挥者

1952年是右玉开创绿化大业的划时代的一年，也是右玉造林史上最有纪念意义的一年。这一年，在第1任县委书记张荣怀主持下，全县拉开植树造林大幕。这一年，在第2任县委书记王矩坤的主持下，有规划的全县绿化造林开始了。从这一年起，右玉决定每年春秋两季组织造林万人大会战。从这一年起，发放了中华人民共和国成立后第一批林权证。从这一年起，右玉人民气吞山河的运动式造林开始了，全县人民总动员，"大兵团作战，背锅带灶"向穷山恶水开战，轰轰烈烈的第一战役打响了。

这个战役的一线指挥，就是胡应岗。

胡应岗，灵丘县城关镇西武庄村人。1925年6月出生在一个贫农家庭，从小拦牛放羊，也曾读过小学。1945年8月，在日军投降前夕参加了八路军武工队。1949年调五台山华北林务局工作，开始成为专职林业干部。1952年，右玉的植树造林引起察哈尔省雁北专区高层的重视，专员王仁山、副专员李益民研究决定调胡应岗到右玉。叫去谈话时，首先给他讲清了右玉环境的恶劣与条件的艰苦，再谈到改变穷山恶水在整个雁北的意义。胡应岗二话不说，坚定地响应。两位领导一高兴，将一辆缴获日军的"生猛"牌自行车交给他，胡应岗骑着一股生猛的黄尘来到右玉。

1952年，雁北地区桑干河造林工作站在大同小南街成立，各县相应成立造林站，胡应岗被任命为右玉县造林站站长。胡应岗揣着王仁山专员直接签署的任命书风尘仆仆来到右玉，就此注定了他在右玉的绿化人生。胡应岗立刻投入首次战役的部署之中，这时恰逢1952年早春县委的植树造林动员大会。这一天，各区——包括距县城65公里的五区（今山阴县玉井镇）——通往县城右卫的路上，都有身背行李的人朝着县委奔来，他们是各区的副区长和林业助理员，包括林业站长胡应岗。书记王矩坤主持会议，要求各区由区长带队，集中所有的劳动力全力以赴投入绿化造林之中。胡应岗是这场战役的直接组织者，他在会上部署了杨村梁、红土堡梁（辛堡梁）、老虎坪三大区块，将全县所有劳力全部集中到位，声势浩大的造

英雄地 ——走近右玉播绿人

林大会战就此拉开序幕。

首次指挥这么大的战役，27岁的胡应岗难免犯了愁。他清楚此次战役的成败至关重要，经多方谋划，他请来了察哈尔省林调队的技术人员进行规划设计，并做技术指导。姓郝的女设计员经过大量野外调查，根据右玉本地条件，精心设计，决定首先营造大风林带。林带的植树带宽25米、间隔带宽30米，长度不等，依地形而定。垂直于主风向，呈西南东北走向（右玉的主要害风是西北风）。这样科学的设计不同于一般农田林网，原始思想是尽量扩大控制风沙的面积。先栽植大面积的防风带，然后再在间隔带中补空。间隔带与栽植带几乎等距离。这样控制面积就能扩大一倍。营造这样的大风带意义重大，可以最小的投入获得最大的防风效益，也是右玉控制风沙的实验林、样板林。有关技术人员同时设计了元宝坑造林方法。这种元宝坑可是抗旱、抗风沙、抗贫瘠的"宝贝坑"，早期参加造林的人都很熟悉，即开口1米长、宽一锹，两边斜坡，呈倒三角形，深0.8米至1米，两边顺斜坡各放一株秧苗，一穴两株。秧苗长1.2米，与地表齐平。采用非常科学的造林方法，第一次造林便取得成功。

1952年确立小叶杨为主栽树种。小叶杨为这一带的乡土树种，抗性强，无性繁殖，插条就能成活。当时右玉能够保存的成片的树种只有小叶杨。作为第一代先锋树种，凭借其繁殖能力强、生长快、适应当地环境的优势，一经立足便迅速繁殖扩大控制风沙。以后证实右玉大面积绿化成功幸得小叶杨为主栽树种，这是多么科学的决策！比之于后来引种的很多树种失败，小叶杨在漫长的恶劣自然环境的摧残下形成小老树，样子虽丑陋，却以牺牲自己换来环境改善，为大面积的针叶树成功引进创造了条件。这就是右玉人的小老树精神。

缺少秧苗是当时造林的最大困难。胡应岗及早意识到这个问题，决定从上一个时代的富人的残林中取秧苗。民国2年（1913），右玉知事胡文彬曾动员全县植树造林，富户们是最大的响应者。中华人民共和国成立初，全县仅有少量的小叶杨林，均为没收地主富农的残林，零星分布于偏远的沟壑和河滩中。从取秧地到造林地相隔几十里，长途运输秧苗，困难重重。胡应岗组织了大批的牛车（当时最先进的运输工具）运秧苗，如红土堡造林地从杀虎口和应洲湾运苗，单程十几公里，一天只能拉一趟，途经马营河，河上没有桥。造林时节正是消凌洪水期，河水齐腰深，河面宽阔，行人靠穿牛皮裤的河工摆渡，牛车一下水就淹上牛肚皮，陷在冰河中难以行动。冰水哗哗，人们跳进河中，推车的、赶牛的、助威的、呐喊的、指挥的，喊声响彻河面。冰水刺骨，冰碴划破大腿，鲜血直流，依然奋力推车。在冰河中翻来滚去，大家送过一辆再推一辆，就这样将秧苗送到工地。还有像杀虎口往老虎坪运秧苗，单程近30公里。牛车往返一趟得一天一夜。夜间行车，车前拴个马灯，一溜牛车，一串灯光，晃晃悠悠，忽明忽暗，不知疲倦的车队缓慢而坚定地行进在幽暗的道路上，为造林争取一分一秒的时间。

这三地的造林任务是以以工代赈的形式完成的。1951年右玉遭受严重的自然灾害，蝗虫、洪涝、冰雹、霜冻连续侵袭右玉，群众生活十分困难。1952年春，胡应岗接到指示，察哈尔省从东北调来一批救灾玉米（右玉人从未见过的白马牙玉米）。同时指示用以工代赈的方式开展造林。这批玉米用火车从东北运到大同，胡应岗雇用牛车从大同北门外粮食局拉回。群众出劳力，用玉米付给报酬，林权归国有，这样一来，既解决群众生活困难，又推动植树造林工作。参加造林的人员凭林业站开出的发票到县粮食局领玉米。中等劳力每天能挣25公斤到40公斤，强劳力最多能挣到50公斤。当时右玉只能种植供鲜吃的小日期玉米。群众能分到可作为待客的稀罕食品的玉米，十分高兴，都踊跃地参加造林。但以工代赈仅是1952年一年，之后国营造林直接付钱，每亩3万元旧币。

全县的劳力集中到三地造林，又一件困难的事是食宿问题。这可愁坏了胡应岗。他跑前跑后动员群众给腾房，三地周边的村庄都住满了人，连牛圈、羊圈、草房、杂物房都住满了人，还有人睡在草垛里。吃饭更困难，没有大锅，没有灶台，没有烧柴。当时尚未合作化，参加者都是自带米面——莜面、豆面、荞面、糜子面、黍子面，各家所带，杂七杂八，什么面都有，做饭时，三五一伙，就地掏个土坑埋锅造饭，怎么熟怎么吃。

离家十几里之近的，步行往返回家。早去晚回，带干粮。带的干粮五花八门，有块垒、炒面、杂合面、烙饼、熟莜面、山药蛋等。莜面是主要食品，好人家也难得有白面。渴了就喝远处山沟里的消凌水，有黄的，有泥的，有漂着羊粪的。

工地上红旗招展，人声鼎沸，尘土飞扬。各区、村、街道，各单位各分一片。大伙都干劲十足，争先恐后地开展了各种比赛。胡应岗第一次组织大规模造林，当

英雄地 —— 走近右玉播绿人

然没经验,一开始都不知道咋挖坑,有的树行歪歪扭扭不正,有的树坑大小深浅不一,甚至还有把秧子倒放了的。胡应岗忙得不可开交,气得满工地跑、满工地骂,腿不停、嘴不停,连跑带跌。不停地有人报告老虎坪没秧子啦,又有人报告杨村梁进度缓慢,还有人报告个别地方质量不合格。质量,质量!造林成活的关键,决不能马虎迁就!胡应岗急了,把负责质量的协助员叫来一顿臭骂。命令林业站的协助员必须严格检查质量。如果质量出问题,立刻处分。凡现场检查不合格的立刻返工。于是协助员手拿量尺寸的树棍不停地满工地呼喊,不停地量尺寸,不够!再往深挖!再往深挖!不实!再往实踩!踩不实就要失败,检查时用树棍扎,看虚实,拽住秧苗看是否能拔出来。8个人的林场人手不够,只好临时雇用经短期培训的施工人员,称为协助员,这第一批协助员成了日后的施工骨干。由于胡应岗实施了严格的质量管理措施,右玉县规模化造林的第一年成活率很高,全县造林一开头就打了个大胜仗。1952年造林取得了经验,获得了技术,为以后的造林闯出了一条道路。这一仗胡应岗当为头功。

1961年3月26日至4月6日,林业部副部长惠中权在李长远同志的陪同下赴雁北地区视察了金沙滩、落阵营、油坊、九梁洼4个林场。决定以矿柱材为培育目标,在雁北地区建设大型机械化国营林场。胡应岗场长接待并带领考察组在右玉主要宜林地黄沙洼、老虎坪、兴堡梁视察。第二年胡应岗亲赴林业部,住在林业部招待所,等候下拨的机械。焦急等待了一个月,最终提回7台当时我国最先进的"东方红-54"链式拖拉机。加上林场原有的和农牧场合来的共有18台各式机械投入造林。从1962年秋季始,正式开始机械化造林,因此,右玉造林绿化的步伐大大加快。

机械造林是大兵团集群流水作业。胡应岗亲自到工地坐镇指挥。机械造林一环紧扣一环,环环相扣,不能失误。一环稍有延误就会影响整个进度。因此,各个环节非常紧张,都在争分夺秒地赶时间,各路人马都以临战的精神状态投入造林。白天两台机车同时作业,先由一台用尾犁开沟,深30厘米至40厘米,开沟后由撒秧人按60厘米至100厘米间距放秧,另一台车随后复土。到晚上两台车同时用链轨镇压碾实。白天机车隆隆不停,撒秧的人奔跑不迭,机车开来啦,赶快撒秧,抱秧的赶快!剁秧的加紧!拉秧的没秧啦!快!快!不能让机车停一秒!还有送饭送水的、轮式车送油料的都马不停蹄,所有参加造林的人马都在紧张有序地展开作业。

在整个作业链中机组人员处于重要一环。当作业开始时，司机和农具手（打犁的助手，坐在犁上调整深浅）始终身处在滚滚黄沙中。机车开来时只见一大团尘土翻滚而来，只见黄尘不见机车，只听机声隆隆不见机车身影，黄沙滚滚向前，尘土飞上云天。司机在高度紧张的操作中旁若无人。像这样开垄笔直宽窄一致的高精度要求，司机可得有过硬的技术，他们丝毫不敢懈怠，精神高度紧张，手扳操纵杆，脚踩油门，眼睛紧盯前方，不停打方向盘。农具手更是紧张，地形高低不平，遇高坡地赶紧打浅，低洼地赶紧打深，到地头赶紧提犁，入墒时赶紧放犁。双手紧握方向盘，不停地打犁。到换班的时候好像走来两个"土人"，头上、眼、鼻、耳、嘴、全都塞满黄土，只露两只大眼在忽闪，一把脸洗下半盆泥糊糊。到晚上，只见机车暗弱的灯光在梁头上忽明忽暗，隆隆机声时高时低。到夜深人静时分，机声分外震撼，一整夜不停地吼叫，直到天明。大面积的机械造林助力右玉的绿化进程，到1970年，胡应岗领导的国营造林已完成32万亩。

运筹帷幄，决胜千里。每当造林季节来临，林场办公室就是一场战役的指挥部。胡应岗就像组织战役的大将军坐镇办公室，守住电话，拿个小本本，还不住地拍桌子瞪眼睛，指天画地，规模宏大的造林战役就这样开场了。

1970年以前，林场下设4个作业组，这4个组分担全部造林任务。此时的担子全压在胡应岗身上。他必须随时掌握各组秧苗供应、出动劳力、每日进度、造林质量等情况。机务组承担全场的运输和机械造林，几台轮式车运输任务非常繁重，除了运送大量的秧苗外还要为造林的链轨车送油料、送米面、送水。每日安排紧密，分秒不能延误。胡应岗守在手摇电话旁："喂，老虎坪明天就没秧子了，机务组安排2号'铁牛'连夜到老虎坪送秧子。什么？兴堡梁任务太重，缺劳力，怎么办？快去找乡政府，务必增加劳力。什么？""没劳力啦？抽调右玉中学的学生，凡能扛动铁锹的都上工地。右玉城关完小也要上工地。什么？太小？太小也得上，两个孩子挖一个坑。"此时，县里打来电话，催问进度，口气强硬，只能超额完成，决不允许欠额。这么大的任务，这不是要命吗？"我们也在拼命地赶。""什么？小蒲州营组电话打不通！哎呀，去！派人连夜步行去，掌握情况再回来。来回30公里，就是连夜爬也要给我爬回来！第二日天明务必得到情况。"工地又打来电话，四号链轨车出了毛病，造林被迫停工！这真是屋漏偏逢连阴雨。立刻安排送零件，让修理工连夜到工地。这是死命令，谁也不许迟疑。胡应岗从炕上跳到地下，从地下跳到炕上。此时，已是半夜两点，到后半夜啦，办公室仍然点着马灯，一屋人还紧张地吵吵嚷嚷。因过分疲劳，不知是谁响起鼾声，一看，原来是独臂军人李三富窝在桌子底下睡着了。正在此时，小蒲州营组长寇永孝猛地闯进办公室，一头栽在地下爬不起来，还背着手摇电话机。原来杀场洼工地缺秧苗，电话怎么也打不通，只好连夜赶回场里调秧，如果明天一早工地没秧，大批人马就要码工，这可是天大的失误。胡应岗急了，叫苗圃组长吕忠调"28"车，连夜装车，明天打五更送到杀场洼，不能有半点延误。紧张的任务压在头上，时刻想着造林，造林就是打仗，战场就在工地，职工人人冲锋陷阵，中枢就在总场，胡应岗就是坐镇指挥的大将军。每季造林都在这样的紧张中度过。

其实右玉造林时节只有4月份是非常紧张的一个月。3月还没解冻，一过五一，树芽萌动就得停止造林。3月初就进入准备阶段。按例场长要召开全场造林部署会议，各组队，机务、营林、后勤、苗圃一应到齐。全年要完成3万亩，造林高峰期的春季就得完成2.5万亩。以头年预整地面积安排造林。高墙框、小蒲州营、凤凰台、董半川4个作业组各领任务。每年的造林任务由县林业局统一分配给林场。县里同时给各公社下达土地面积供应任务（以荒地为主，少量的轮荒地要付土地费）。然后作业组跑公社、跑大队、跑小队、跑地块、跑劳力。跑的过程中总是在争吵中求得协调。地块劳力都落实了，再调秧苗。解决秧苗最初用平茬的办法，后来树苗长高就修枝，从幼林地捅下运到造林地。用皮车、拖拉机事先运去。一般于造林前一个月要浸水催芽。林场在严格的技术规程管理下，每年都要完成大面积的造林任务。

二、白手起家胡场长

右玉林场正式建立，是1960年春，第1任场长叫张作，他只待了一年便调回左云。1961年，胡应岗任命为林场副场长，没有场长，胡应岗是实际上的场长。初建场一切都没有，真是一穷二白。1960年建场时场部定在范景梁（旧林场）。那时设场的原则是远离繁华，就近取偏僻林地。许多林场都建在深山老林中，前不着村，后不着店，孤垣僻地。油坊林场选在四面不着村的杨村梁下红胶泥荒梁圪旦上。一切都从头开始，一切都白手起家。范景梁上一派荒芜景象，林场要在此开辟自己的家园，巨大的困难可以想象。仅有的工具是铁锹、镢头、手推车。场长根本不像个领导，倒像个苦力工头，终日领着一伙职工没命地干，而他总是挥锹干在前头。先平整盖房场地，都是红胶泥，一镢一镢地刨，铲高垫低终于开出一片场地。盖房没有砖，就自己打土坯。拉来石头，拉来木料，棚圈式简易房就盖成了。打井又是一大困难。地下是胶泥层，没有水，选了几处井位才算打成一口井。还得盖牛圈、羊圈、马圈、库房，过了几个冬春总算安顿下来，几间土坯房几间牛棚就是国营林场。靠自己的双手，以坚定的意志每日没命地干，终于建起了像样的场部。

林场缺水始终是大困难，怎么办？就在场部南面有一道小沟，从小南山曹虎屯流出的水顺沟而下，截住小沟就是小水库。胡应岗有办法，动员全场力量在场南全凭人工推土垫坝挖了个小水库。别看这个水库小，却起了大作用。小水库建成了，哈哈，冬春蓄水，夏秋浇地，自流灌溉，林场有水啦，大家欢呼不已。水库提供了救命水。夏天职工游泳玩水，养鱼还能改善生活，小小一潭水，活跃了全林场。

最令场长头疼的是资金困难。20世纪五六十年代，国家处于困难时期，林场是半补贴事业单位，每年只下拨少量的造林资金。要完成大面积造林，只能把钱用在购置上。大量的劳务工作就得靠职工自己劳动挣回。秧苗靠自己劳动的苗圃供应，农业组种地放牛放羊，一切劳动都是职工自己干。在外界看来，林场就是一个与农业社一样的劳动单位。就是这样灰头灰脸的"灰单位"却完成了大面积的荒山绿化任务，构建起右玉绿色屏障的主体工程。

作为林场的场长，每到造林季节检查造林质量是最主要的工作。一季造林有时要有十几块工地同时开工。场长一定要全部检查遍这十几块工地。南山要去董半川作业组小岭梁工地。坐上颠簸的拉秧子的拖拉机，一路摇摇晃晃就得走半天。一头扎进工地后就不停地询问情况：秧苗能否供应上，劳力有多少，每天进度，有什么困难，施工人员住哪，建起伙房没有，米面够不够吃，机车住哪，油料供应如何，机车状况如何，决不能趴窝影响进度，等等。这一趟下去一定要了解清楚。

各项措施都落实到位了，还不放心，因为如此大面积的造林不能有半点差错，所有参加造林的人员都必须高度负责。人工造林主要有两点质量要求：挖坑的深度和踩的实度。挖坑1米，必须达到。踩实要分两次，用硬棍扎，看实不实，抽埋条，看能否抽动。从地东头跑到西头，又从南头跑到北头，不拉一点空档，都要检查到。要是有一处抽查不合格那可就麻烦大了。当场挨骂是少不了的。组长先做检查，施工人员停职反省，写出书面检查，全场通报批评。再严重就要受处分，直至开除。先后就有3位职工受到记过处分。有一位职工只因树行不直就被全地区通报，给予记过处分。最严重的被开除公职，回家种地去了。对质量的要求丝毫不能松懈。不论是谁，一视同仁。因此，全场上下视造林质量为生命，全场职工都自觉地遵守造林规程。质量第一的原则，任何人都要坚持。投入到造林的时候都抱着只有成功不能失败的坚强决心，大面积造林就是这样成功的。

场务繁杂。林场虽说是林业单位，可麻雀虽小五脏俱全。一过正月，职工陆续返场，各项工作就开始进入正轨。机务队开始安排所有车辆全面检修，以保证在春季造林时车辆正常作业。要派人员采购零部件，要备足全年机车用的柴油、汽油。当时林场的机车有7台"东方红-54"链轨车、5辆"铁牛40"轮式车，还有单缸车3辆。"铁牛"和"捷克25"是农牧场合并时带来的机械。"铁牛"是我国试制的轮式车，很落后，没有减震设备，跑起来慢慢悠悠，还免不了剧烈颠簸。"捷克"是苏联给的淘汰车，与苏联交恶后无法购买零件，不久淘汰了。机务队是全场的精锐部队，也是全县最大的机械力量，当时县里拖拉机站才有3台车。管理这支机械部队也颇费心。每到修车时节场长每天就到机库里转。如果在造林紧张时刻机车出了毛病可要影响大局。机车是场长的心肝宝贝，是完成任务的关键。机车检修可要看个仔细，东瞅瞅西看看，问东问西，机工们忙着拆卸部件，正在大修，满世界油污，胡应岗也不嫌脏，看到机车欢叫，才满意地离开。

胡应岗每日总要绕场走遍各个角落。农业组的养了不少牲口，这些牲畜每日都要张口要草要料要食，都和场长说话。开粉坊磨粉面，粉渣喂牲畜。每年冬季开了油坊榨油，还有米面加工坊。每日起来光这些杂乱事就够场长忙活的：一会儿牲口没草了，一会儿牲口有病了，一会儿油坊榨出的油没地方放，粉面往哪卖，磨坊机器又坏了。春天要耕种，夏季要锄刨，秋收更紧张，挥镰割田忙，要把地里拉上场，碾打要归仓，抢收时节半夜忙。真是场长终日忙，哪得清闲半晌，大事小事乱无序，繁杂事务挂心上。

倾心苗圃。农历二月一过，造林准备工作就要全面展开。首先落实秧苗，场长再往苗圃跑。林场拥有一个200多亩的大型苗圃。从1952年国营造林一开始，就在麻滩开辟了自己的苗圃。建场后在场部北面征得200亩好地，开辟了民生渠，从下堡河湾引水到林场苗圃。吕忠1952年就从怀仁落阵营来到右玉林场担任苗圃队队长，直至退休。为尽快培育出苗木，从技术上开展一系列试验：高密度杨树实生繁殖、引进大批优种苗、采用林地育苗。到60年代大量引进青杨系，以图改良小叶杨，有灵丘青杨、河杨、马氏杨等30多个系号。中国林科院一直致力于以小叶杨为母本的优种杨培育。在70年代后期培育出第一代杂交杨"三小"："群众杨""合作杨""小黑杨"。均以小叶杨为母本，利用小叶杨抗性强的特点，加之欧洲黑杨速生的优点培育而成。因此，"三小"问世极大地改善了杨树的生长质量，凭借速生、通直、冠幅小，成为小叶杨的替代树种。这个苗圃在造林初期非常缺苗的时候，为林场提供了大量的造林用苗，是完成大面积造林的坚实基础。场长差不多每日要到苗圃转一圈，运肥、整地、灌水、扦插、锄草，事事操心。苗圃需要大量用水，水是苗圃的命根子。春季小水库经常决坝，这时可是全场最紧张的时刻。食堂敲起紧急钟，大家一听便知又是水库决坝，扛锹奔往水库。只见胡应岗早已呼三喝六地指挥堵口。水还是不断往出涌，而且越堵口子越大，如果堵不住决口，一库水就会跑完，苗圃就会渴死！快！发动推土机。推土机不在场，再调人，全场总动员。在此关键时刻，只见队长吕忠"咚"地跳进冰水里，大块的冰块在水中打转。岸上的场长一看，大呼一声，也跳进水里。其他职工也纷纷跳下去，人挨人身靠身组成人墙，堵在坝口上，以减缓冲流，一见此情，岸上的人们拼命地挖土、运土，填土，打夯的打夯、运土的运土，人们奋然不顾，只为快快快！堵坝堵坝堵坝！呼喊声响成一片。全场职工上演了一幕震撼人心的抢坝活剧。关键时刻，胡场长带领的这支队伍显示出强大的战斗力和凝聚力，为林场、为林业奋不顾身，真是强将手下无弱兵，职工都是英雄汉！

三、俭朴清廉的作风

胡应岗下乡是常事。每天上班不像个当官的，很少坐在办公室里，总是东跑西颠，尤其在造林紧张时节，他时常直接跑去工地。他的"坐骑"28轮式拖拉机没有减震，一路颠簸，坑坑洼洼的砂石路，直颠得他前仰后翻，肠肚也快颠出来了。好容易颠到工地，胡应岗下车就喊——

英雄地 —— 走近右玉播绿人

"这进度不行，连夜干也得完成任务！"

"哪个人不想干，给我滚蛋！"

……

好一阵臭骂，骂完了才气呼呼到村里吃饭。为了招待场长，食堂管理员老贾忙乎了半天。白面十分紧缺，绕村借了一圈，才从一家坐月子的那里抠来点白面。烙了几张油饼，炒了几颗鸡蛋。哪承想一往上端，胡应岗立马来气，不吃，不吃。就要走人。坏了，得罪场长有你好看的。这么好的饭菜场长不吃？一屋人傻了眼，没了主意。

这老贾也老实，以为场长嫌饭菜差，小心地问："这饭不行，可再没有别的了，您就凑合吃吧。"场长更来劲骂开了："你们天天就吃这么好吗？群众都吃糠咽菜、忍饥挨饿，你们也好意思端上这么好的饭菜，你叫我怎么和群众交代？我的脸面都叫你们丢尽啦，都给我端下去！"大家相觑无言，没法子，只得重做莜面。等端上莜面时，胡应岗才露出笑脸。以后林场人知道了这个脾气，事先就准备点莜面山药

1984年右玉林场班子新老交替，前左三为胡应岗（张宏世供图）

蛋什么的粗茶淡饭。

　　胡应岗常发脾气，可知道的人就摸着他的规律了。胡应岗脾气之一，到林地非发脾气不可。造林季节到林地是工作重点，不能出半点差错，多年的林业工作让他深知责任重大，对职工决不能放松。胡应岗是工农干部，不会做细致的思想工作，唯有骂人才觉着工作实效大。因此，一进林地便骂开了，黑脸下沉，怒气呼呼，骂咧咧直到离开。之二是下乡。每到下乡总是发现问题，一发现问题总少不了骂人。场部是中枢，而工作重心在基层。全县从南到北分布4个作业组，在大面积造林时检查这4个作业组的情况尤为重要。胡应岗工作十分严格，一丝马虎也不行，因此，一下乡就骂人。之三，有人送东西非要骂人。胡应岗是贫苦人出身，清廉是他的本分。如果有人讨好场长送点什么，不但不被接受，而且肯定要招来一顿臭骂。多年来，胡应岗一直保持这种优良作风，直至退休，终生清廉，不由得让人敬佩不已。

四、关怀职工

　　林场大搞林粮间作已有多年。在头年整过的造林预整地里大量种植各种杂粮，糜子、黍子、莜麦、胡麻、荞麦、山药、莞豆一应俱全。林场当时就是半机械化种地。较平整的地块用拖拉机大面积耕种，播种、拉运、碾场都使用拖拉机。每年打下不少粮食、油料，在造林季节补贴了职工生活。每到造林季节，从场部拿出粮油分到造林工地，在附近村里成立食堂，凡施工人员吃不饱肚子不上工地。要求精神饱满地上工地，满怀热情地去造林。在国家最困难的时期，唯有林场没有挨饿。真是"手中有粮，心中不慌"。这样"富足"的光景，归功于林粮间作的经营模式。这也是场长胡应岗顶住压力为职工办的一件大实事。林场除了造林季补贴粮油外，还给职工过时过节分一些粮油肉面。在粮食困难时期能给职工额外补贴粮油是对职工莫大的关怀。大家都感激涕零，分到粮油拿回家中，一家人万分欢喜。场长为职工谋利多多，工人当然忠心报场，遇有急难险重的任务时职工都奋勇当先，毫不退却。

五、始终不渝，坚守林业

　　"文化大革命"大浪进了林场，胡应岗于1968年被打倒，遭到造反派的批斗。每日"五出勤"，大会小会被猛烈批斗。胡应岗是从革命战争中滚爬出来的人，自然不屑造反派的污垢之词。1969年6月27日，经右玉县革命委员会批准"站出来"。

"站出来"工作之后没有任何职务，成了"吊起来"的干部，没有一点权力，也不能指挥造林，成了"弃官"。"赋闲"在林场期间，胡应岗并没有"清闲"一天。而是每日东跑西窜，搞起了调查研究。你不让我当指挥官，可我能当调查员。在"站出来"期间，胡应岗跑遍了全县的大小山梁，调查树木生长情况、控制风沙情况、宜林地还有多大面积、今后造林要注意的问题。他与林业的感情是任何人都无法阻挡的。他对右玉的山水最了解，对右玉的林业最了解。当林业厅长刘清泉找到他时，他已对全县发展林业成竹在胸。

六、右玉林业人的楷模

胡应岗从1952年来到右玉一直在一线指挥造林，完成了一片又一片造林，绿化了一山又一梁。荒山绿了，河滩绿了。林场壮大了，右玉变绿了。当我们登高远望，右玉的山梁满眼郁郁葱葱，蓝天白云，山青水绿。"塞上江南"的美誉已远播四方。然而，他老了，他走了，不由得让我们深深怀念。他的奋斗足迹历历在目，他晃动的身影相伴相随，高喊的声音好像就在耳旁。一个高大的让人敬佩的形象跃然眼前。他不怕艰苦、甘于奉献、爱护职工的精神永远刻在右玉从业人的心里。

在担任右玉林场副场长之前，胡应岗曾任县农林局副局长，仍是造林一线的指挥。到1957年调任小蒋屯乡书记，翌年为西窑沟乡乡长，还曾被迫领导过全民大炼钢铁。1972年11月，"文化大革命"中，他被贬到县马场当了6年场长，人说他成了"弼马温"。1979年，随着国家的全面拨乱反正，胡应岗重回林场。直至1984年离休后，他仍住在林场家属院，每日仍然"巡视"林场的各个角落，生怕林场有重大失误。林场就是家，树林就是心中的花，胡应岗永远也离不开它。

2008年，胡应岗回灵丘老家看望家人故旧时，突发脑出血，享年83周岁。胡应岗魂归故里是天意，而他被右玉人民牢记是人心。

（作者张宏世，简介详见第221页）

云南少女　右玉英雄

——记南崔家窑村余晓兰

李金山

　　简述：余晓兰出生在云南开远一个干部家庭，并在开远读完了师范，但为了爱情，她主动放弃优越的生活条件，放弃稳定的工作，远嫁山西右玉，以农民的身份，在当地安家落户。她心里藏着一个梦想，就是要把右玉变得跟她的家乡开远一样，让右玉的荒山秃岭披上绿装，让右玉的荒沟荒坡鸟语花香。为了这个梦想，这个身高不足1.60米的纤弱女子，表现出极强的韧性，在右玉创造了伟业：同丈夫一起，用25年的时间，种下100多万棵树，其中果树10万棵、杏树20万棵，不但将上万亩不毛之地变成片片绿洲，而且使曾经的荒山秃岭变成了远近闻名的"花果山"。

一

　　余晓兰1966年出生，家乡在云南开远，那里四季如春。她家庭条件很好，人也长得漂亮，还是个师范毕业生，却远嫁山西右玉，而且是心甘情愿。

　　开远位于云南省东南部，是滇东南的交通要塞和中心城市，距石林不远。石林在北，开远在南，一个多小时车程。1950年开远设县，隶属蒙自专区。1957年，开远县划归红河州管辖。1958年，撤销开远县。1960年，又恢复开远县建制，归个旧市管辖。1961年，开远县划归红河哈尼族彝族自治州直接管辖。1981年，

英雄地 —— 走近右玉播绿人

撤销开远县，设立（县级）开远市。余晓兰出生时，开远还是县，她长到15岁，开远撤县设市，她的成长经历见证了这个过程。余晓兰说："当时的开远在云南算是富裕的地方，化肥厂、造纸厂、糖厂，等等，工业比较多，人们生活水平比较高。"

家里姐妹三人，余晓兰最小。家庭条件不错，父亲在一个矿上，云锡公司下属的矿，是副矿长，年轻时出了事故，雷管爆炸，父亲被炸伤了，于是退下来，在矿上机关工作。后来父亲的工作关系转到市里，在市政府办公厅，任副秘书长，直至退休。

余晓兰在优越环境中长大，自小就有英雄情结。七八岁的时候，她心中的偶像是女强人。她看过一部纪录片，郭凤莲站在毛泽东主席身后，她羡慕极了！又看过一个电影，电影里有个女的开着白色的小轿车，是董事长，她真羡慕！她羡慕有能耐的人、女强人，她的理想就是当郭凤莲那样的人，当女董事长那样的人。直到今天她都是这样，喜欢做点事情，谈跳舞、打麻将她都没兴趣，但谈到办企业办公司，马上就来了精神，有说不完的话。她还喜欢看新闻，特别是国际新闻。

在家乡读完小学接着读初中。1981年，余晓兰15岁，学校放暑假，她随邻居小姑娘去了广东，在广州贩卖手表。当她发现在云南1.3元1斤的汽油到了广州才五六毛钱1斤，就发电报给两个姐姐，叫她们寄点钱来，她要贩一车汽油回去。结果姐姐把她骂了一顿。后来她还去过湛江，又看到当地凉鞋便宜，才四五毛钱一双，云南是1.5元，她又想贩卖凉鞋，姐姐又把她骂了一回。她那时候老抱怨自己是个女的，她想如果自己是个男的，就啥也能干，就能挣大钱。她的理想是当老板挣大钱。

初中毕业以后，余晓兰考取了师范学校。1985年，正就读师范的余晓兰与右玉青年善功相识并坠入爱河。当时正值对越自卫反击战，云南与越南交界，开远市里有很多驻军，善功是汽车兵，属空军雷达部队，部队离市里不远。余晓兰认识善功所在部队的司务长。开远离老山前线很近，顶多两小时的车程，老师无心教课，学生也无心上学，上课讨论如何躲飞机，不上课就上街，买菜、逛街，就认识了司务长。余晓兰说："我和我丈夫当时根本不认识，他就拿一个小手绢给我，我抬头看不认得，我就不要，掉头就走了。过了一星期，不知怎么又碰到了，他把一封信和一方小手绢硬塞给我就跑了，我傻乎乎地跟着跑了一截，要还给他。跑了有几米，觉得不对劲，一个姑娘追个当兵的干啥？我就停住脚板。回去很好奇，看他写些什么。信上就写几月几号在哪儿见面，我就思谋着他想做啥。那时候比较傻，也比较好奇，就按日期去了那个地方。见了面他也不会说个啥，只说喜欢我。我说你认识我吗？他说他们司务长说我可是个好女孩呢！我这人可是老实，他可是狡猾，那套路多呢，写血书，海誓山盟，我就觉得要找的人就是这样的，特别会做，特别活套。虽然是个当兵的，但他很尊重我，时时刻刻都是为我着想，我就感觉这辈子跟人家肯定不受啥苦，感觉这个人是苗大树，可以靠得住。"这样她就决定了。

认识一年多以后，余晓兰把善功领去了家里，但是遭到父亲的反对，父亲说："山西可穷呢！吃玉茭面窝窝，后生挺好，他那个地方很穷，你个人看吧，我觉得你不应该去。"善功人长得标致，浓眉大眼，很帅，说话做事靠谱，很合她的心意。她也知道善功很穷，但当时她只考虑人，没考虑他的家庭和贫富，当时她想，管他穷富呢，人对就行。

余晓兰的主意很坚定，她轻易不做决定，但决定了的事也轻易不会改变。她从不随便领人去家里，自小做事就很稳当，她认为这个人可以了，才领回家里让父亲看。父亲知道她的性格，知道她一旦决定了，再说什么也没用了，所以就那么说。姐姐跟她说也没用，又请单位的人做她的工作，都说服不了她。他们说什么她也不反对，都答应，但就是不改变主意。余晓兰说："我的性格就是那么犟，来了右玉吃了很多苦，也想到要回去，但事情是自己定的，又觉得没脸回去，加上丈夫又讨好我，叫我不要回去，咬咬牙就挺过来了。几十个决定，才能坚持到今天。所以有时候丈夫稍微给我点委屈，我就很委屈很伤心。你不知道那种伤心有多厉害，个人已经压抑了多少，很多很多委屈，好像我的心里已经盛不下了。我真的就想爆发了，想放声痛哭，想释放自己。"她有时候也会很难受，想想同学们过得那么幸福，在城市里上班，或者嫁给有钱人，自己却面朝黄土背朝天，受这么大的罪。可是又想，如果自己因为穷走了，好像不够道义，她这人讲江湖道义。这样思来想去，最终还是留下了。后来，领导又经常来看望她、慰问她，就更不能走了。她想这么多人关心自己，咋也得做出点成绩，才能对得起亲人、对得起领导、对得起丈夫。随着年龄

英雄她 —— 走近右玉播绿人

如今的南崔家窑，既有花又有果，是名副其实的花果山（余晓兰供图）

的增长，她也逐渐想开了，她想管它呢，有一定的舍弃，就有一定的收获，国家给了自己这么多荣誉，对自己很尊重，想想这些，就不那么委屈了。她说："那么多人尊重我，我余晓兰也值了。别人百年以后就没人想得起了，但我余晓兰百年以后，也许还会有人想起，想想还是很有价值的。百年以后，人们看到那些树，还会提到我的名字，说这些树是云南媳妇余晓兰栽的。"

余晓兰的决定遭到家人的一致反对，但爱情的魔力让她全然不顾，她已经打定了主意，谁都不可能改变。贫富的差距、南北的差异，都不是问题，或者说这都是她需要的。这样的爱情，更能满足她的想象，关于英雄的想象。英雄的爱情就该是这样，巨大的差距、遥远的距离、陌生的人群，等等等等。

二

1989年秋天，23岁的师范毕业生余晓兰离别疼她爱她的父母，告别舒适的城市生活，放弃开远的正式工作，带着对新生活的憧憬，跟随从部队复员的丈夫善功，从四季如春的云南来到风沙肆虐的右玉。

余晓兰是抱着吃苦的态度来的，但一踏上右玉的土地，她仍感觉像是掉进了冰窟窿。

他们的婚礼很简单。几乎没有彩礼，衣服也没买，公公婆婆给新媳妇的两套铺盖还有一套是旧的，给的70元安家费是借的，4个洗脸盆，50斤大米还是赖大米，好难吃，这就交代了。余晓兰的衣服都是从云南带来的，新婚头三年里，她没有买过一件衣服。完全是白手起家。

更大的挑战是环境方面的。云南四季如春，从不缺水。到右玉的时候，已是深秋，老寒杨的树叶是黄色的，她看到感觉很震惊，觉得是到了另一个世界。她一直生活在绿色里，是在绿色的世界里长大的，这里的山却是灰突突的，有的树是金黄色的。当时她想写一篇小说，把这里的风土人情勾画一下，寄给她在云南的同学们。

从云南开远到山西右玉，余晓兰遭遇了很多的不习惯。首先是语言和生活习惯的差异，语言不通，她说话别人听不懂，别人说话她听不懂。她喜欢吃大米饭，但20世纪80年代末的右玉县是国家级贫困县，一碗大米饭是奢侈品。其次是气候上的不适应，右玉这个地方，漫天的风沙，常常一吹就是一年半载。

还好，有疼她爱她的丈夫，爱情可以疗伤，可以让她留下来。

善功怕她不习惯，待不住，先把家安在了右玉旧城。他们在旧城租了房子，暂时安下家来。做什么呢？做买卖没钱，最后想到了杀猪，向别人赊了头猪来杀，一头大猪500来块钱。善功人长得壮，但没杀过猪，烧一锅水，余晓兰给浇水，善功刮毛，就这样卖了一年的猪肉。为什么想到杀猪呢？余晓兰吃不了这边的胡麻油，她在云南吃猪油惯了，善功看没钱买猪油，就想到了杀猪。一头猪杀了卖完，挣100多块钱。把猪油全部留下，慢慢吃。猪小肠煮熟切碎，和土豆条、粉条、油辣子做成大烩菜，两大桶。旧城有个中学，善功担着烩菜到中学门口，五毛钱一勺，学生饿得直抢，这样一来，很快就卖光了，卖了20多块钱。

后来房东不让杀猪了，嫌脏，余晓兰和善功又改种蘑菇。当时从报纸上看到大同有个地方种蘑菇，余晓兰就叫丈夫去学。去了一个星期，给她拿回一本种蘑菇的书，她在家学，善功继续去那儿学。学习了两个来月，回来他们就照着书种蘑菇，一种就种成功了。蘑菇长得真好，他们租了5间大库房，食品大院的。当

英雄地 —— 走近右玉播绿人

时他们不懂调查市场，结果种出来了，没人要。老百姓没见过，更没吃过，拿到右玉县去卖，1.3元1斤，人们买不起，都是饭店要的，最多百十来斤。种了两年，不行，没挣几个钱。

种蘑菇的同时，他们还做过酱油。从云南来的时候，余晓兰买了一本厚厚的《致富经》，里头教做酱油。她算了一下，一斤酱油能挣5分钱。她叫善功去大同市阳高县买回来酱油膏，熬了以后稠乎乎的，一次熬50公斤酱油，茴香、大料包一大包放进去煮，提味，凉了装桶，叫善功拉出去卖，一斤成本8分钱，可以卖两毛五，也挣了几个钱。

稍有积蓄之后，他们买了三轮车，跑起了贩运。贩卖过生活用品，还贩卖过狗。善功开车到怀仁的批发市场批发些烟、卫生纸来卖，从怀仁拉上一车，也能挣200块钱。后来，听说一条狗在右玉15块就买上了，到运城能卖100块钱，善功拉了一车狗，连夜直奔运城去卖。结果走了两天，到了，卖完狗，又买上砖茶，拉了一车回来，换玉米、换粮食，把粮食一卖，又挣了点钱。他们穷则思变，想尽一切办法，改变家庭状况。余晓兰说："现在想想那时候胆子真大，多危险！我们为了生存，啥挣钱做啥，只要能挣钱，多苦都不怕。"

1992年前，余晓兰回过一趟村里，当地的贫困给她很大的震动。善功的家在山沟里，路是石头路，坐的小三轮车，走了两个小时，也没到村。干旱，路上土很厚。她问到了吗，回答不到呢不到呢。她心想这是去哪儿呢。正想着，说到了。她想象村子里头应该有房子有屋瓦，但是一公里以外什么也看不见，就看见一些土堆，灰突突的，一小堆一小堆。到了再看，都是些窑洞，没有屋顶。她心里想，这是人住的吗？来接她的有十来个人，大人小孩都有，他们就看她，等着她进去。窑洞的门又低又矮，高一点的人进门时得低头，窗户没有玻璃，就贴着些麻纸，而开远的窗户都是玻璃的。她以为那是关牲口的，他们在耍笑她，她就不进去。她说话他们也听不懂，她就使劲摇头。他们只得先进去，她才跟着进去，也才知道这窑洞就是人住的。开远都是瓦房，再穷的人家也是瓦房，不过墙是土墙，她从没见过窑洞。

谈到这么多年的经历，余晓兰感慨："这些年来，岁数大了，回头想想，觉得不可思议！自己会那么长时间坚持做这个事情，我咋能待住那么长时间？不敢想象！哪来那么大的动力。干这些事情，没个啥回报，就是个栽树。我也不敢想象当时是啥推动我。细细想来，当时就好像是江湖义气，丈夫对我好，虽然他们家穷点，我得对得起身边的人，我要把这件事情做成，不能半途而废。坚持得也很累、很苦，因为吃了上顿没下顿。如果我因为穷走了，人家会说我就喜欢钱、喜欢富人什么的，说我不讲义气。当地的老百姓都很好，我也必须做出点成绩，回报他们。"

余晓兰从小崇拜名人，毕业后雄心勃勃，总想干一番事业，但几年来总是没有合适的机会。1992年，机会终于来了。她喜欢看新闻，有一次，电视新闻说荒山荒滩可以拍卖，她马上想到丈夫村子周围的荒山可多了、荒滩也可多了。栽果树！她跟善功说："咱们回去种点苹果树。"

余晓兰的理想是做一番事业，理想总要落实到现实，右玉的现实就是荒山荒滩，他们决定回到村里去，靠山吃山靠滩吃滩，依靠荒山荒滩改变自己的生存状态。

三

但是她的计划遭到了婆婆的反对。

南崔家窑村地处晋蒙边界、长城脚下，当时全村16户人家，常年风沙肆虐。心疼媳妇的婆婆劝道："你们还是回城吧，这沟、这山，兔子不拉屎的地方，凭你俩能治理个啥？"

但余晓兰认准的事情不可能说拉倒就拉倒。

余晓兰最初想到的是解决温饱。承包下荒滩种果树，先栽二三十亩，把温饱问题解决了。油盐酱醋鞋子衣服，都要花钱，种果树三五年就能见效益；承包下荒山种树，杨树会长成参天大树，60来岁的时候，就可以把杨树卖掉，几十年后养老就不用愁了。两个人栽不了多少树，还要管家还要种地，也只能是捎带种点树。理想是一步一步扩大的，最初她没有想得那么大。后来，种树改变了生活，慢慢也改变了环境。领导们经常来慰问她，给她很多鼓励，她就想为国家、为子孙后代做点事情，想把这里绿化得跟她的家乡一样。

余晓兰说干就干，她的行动力超强。

她和丈夫善功拿出所有的积蓄，买下村南4000多亩荒山荒坡和门前的30亩乱石河滩。她自小生活在城市，从没干过农活，刚毕业就跟善功来了右玉。但是她善于学习。余晓兰轻松地说："种地也不是绣花，我看看就会了。"比如割莜麦，她

英雄她 —— 走近右玉播绿人

看上两遍就会了，拔黄豆就那么使劲拔，一看就会了。后来，村里有人问她公公："你儿媳妇会不会做营生？"她公公说可比他做得好，还做得快！她刚来时公公门前有几棵果树，不怎么结果子，她看过书以后，就拿起剪刀修剪。公公说不能剪，怕剪死了。八九棵果树原本结百十来斤果子，公公说把果树包给余晓兰，一年给100公斤苹果就行，她说行。她剪去好多枝条，第二年一棵就结50来公斤果子，公公后悔要得少了。余晓兰也种地，解决温饱，然后种树。

除了种地，余晓兰还搞养殖，她养了3头猪。余晓兰有理想有抱负，干得挺起劲，一心想着怎样把这个事情搞好。她养猪，有人笑话她，说："你家人都吃不饱还喂猪呢？"她说："你们喂个胖的，我喂个瘦的还不行吗？你们用玉米喂得胖乎乎的，我没钱用菜喂割猪草喂。"人家中午睡觉她就不睡，女儿每天割猪菜都打瞌睡，现在她想起来都心酸。人家的孩子蹦蹦跳跳地玩耍，自己的孩子跟着扇火煮猪食、扫地，小孩当大人用呢。女儿没念成书，读了个技校，最后县里照顾，安排在民政局当工人。她是想尽快把家庭经济搞上去，就努力地去做，心想不管付出多大努力，都要赶超别人。结果3年不到，就赶上了，她在村住了三四年，盖了5间大瓦房。

穷则思变，余晓兰有一股魄力，敢教日月换新天，她要改变这里的生活。她想必须做出点成绩，让这个地方变一变。她种菜，种水果，善功的亲友从怀柔回来，说："你媳妇厉害，这地方祖祖辈辈种不出白菜、西红柿、西瓜，你媳妇就种出来了。"她买果树书，买蔬菜书，啥也种出来了。南崔家窑闭塞没信息，啥也不知道。余晓兰家有台电视机，全村人都来她家里看，她就给他们讲这讲那。

余晓兰观念很先进，她思谋着在荒滩上种些果树，于是就去运城买果树苗，她想要新品种。新品种买来了、栽上了、结果了，还没熟，给冻了。天气凉了，长不大了。右玉无霜期才90天，太短。她买了些书看，自己嫁接吧，就又买了嫁接书、育苗书。然后带上馒头，和善功两个人，在山背后的沟里面采些树枝，回来育苗，长到指头粗了，再嫁接上运城的新品种。育出的苗很稠很密，还得间掉一些。大多都活，死得很少，百分之七八十的成活率。能当技术员了，她高兴得不得了。她赠给武装部500苗，三轮车送去，发给军人家属，每家5苗，栽在院子里，军人家属高兴得不得了。

余晓兰成功的秘诀是她有知识又认真。她不是学林业的，但她做什么就用心去做，照书上教的去做，从不马虎一下。她有经验，不成功是因为不精确，不能说大概，必须精确，精确了肯定成功。

经过一年的苦战，余晓兰和善功在门前的30亩荒滩上栽下了果树。那片荒滩土层不厚，下边都是石头，他们得先把石头刨出来，然后才能挖坑、栽苗、填土，然后一瓢一瓢地用水浇灌。后来，在那片荒滩上，他们围起了一个小苗圃，种植了5000多棵苹果树，一边经营果园，一边治理荒山。

他们春天种树，夏天浇水，秋天挖鱼鳞坑，冬天打地埂。一个山头一个山头地绿化。余晓兰很少戴表，从来都是数着晨星上山，天黑了才下山回家。中午就拿馒头、土豆、方便面充饥。渴了，到沟里喝几口山泉水；累了，躺在山梁上歇一会儿。右玉十年九旱，雨水少，风沙大，树苗成活率很低，熬不过三年，树苗就活不成。她每天要往山上担60多担水浇树，有的地方担不上去，就一桶一桶地往上提，再蹲在树苗前，用水瓢舀水一株一株地浇。很长一段时间里，一锹一镐一双手就是他们改造荒山的所有工具。开山取石围堰，拉土垫地种树，挑水上山浇灌，所有这一切，都是她以前根本无法想象的。

由于买树苗开支过大，余晓兰不仅将积攒的5万元全部花光，父母和两个姐姐寄来的2万元也一分不剩地投进了荒山治理中，还拉下2万多元的饥荒，甚至一度连生活都成了问题，每天只能喝稀粥，能吃上一顿大米饭，成了她最大的奢侈。

长时间的强体力劳动，再加上营养缺乏，余晓兰的身体出了问题。

当时她感觉心脏都不跳了，她问是不是得了心脏病。心脏病是跳得快，但她的是不跳，难活得很，敲敲胸脯，叹口气，乏得起不来。右玉最好的东西就是糖水，用来待客的，来了稀罕客人才给化点糖水。她喝了糖水，过了10分钟，没事了。以后善功就下县城买点冰糖，她乏得不行了，就吃块冰糖。吃冰糖比吃肉还香，别人是吮着吃，她是嚼着吃，等不及，咔嚓咔嚓，嚼完赶紧咽下去，欠的营养太多了。

余晓兰说："现在讲'中国梦'，那时候我也抱着一个梦想，就是我的绿色梦。"

七八年下来，余晓兰和丈夫善功种下了60多万株松树，3万多株杨树、果树，10亩人工沙棘苗，10亩柠条苗，还办起了家庭林场，培植树苗100多亩，建成了一个规模较大的生态建设园区。

英雄她 —— 走近右玉播绿人

余晓兰把自产的苹果分送给乡亲们,她说他们都是她栽树的帮手。(余晓兰供图)

后来,县里的领导跟她说这个地方没有水,没有发展前途,让她去另外挑一块地方。她也觉得是为自己好,就答应了。但领导走了以后,她思前想后,觉得在别处栽树,那不是善功的家乡,不是她的第二故乡,思虑再三,还是拒绝了。

余晓兰觉得丈夫善功对她很好,县里的领导对他也很好,还有身边的老百姓,有什么困难,大家都来帮忙,对她都是一种支持。知恩就要图报,她做的事情就是一种回报,回报丈夫、回报县里领导、回报身边的老百姓,所以她要尽自己的力量把这个事情搞好。她原来的目标没定那么远,但后来因为要报答,就越走越远、越做越大、越栽越多,一步步走到了今天。

种树很辛苦,但她很欣慰,她说:"虽然辛苦,但看着周边的荒山荒沟都绿了起来,心里很充实。"

四

2001年是余晓兰特矛盾的一年,也是她最难忘的一年。

7月16日,她担水上山浇树,在石子路上滑倒了,滚下来,躺了60天,不能起床。父亲和姐姐叫她回去。但她疼得动弹不了,一喘气腰椎就疼得叫娘叫爹。父亲寄了些草药，她喝了两三天，觉得轻松些，又喝了十来天，又好一点，后来可以挂着拐杖上厕所了，她就去太原坐飞机，领着儿子回云南，那时候儿子一岁半。刚好有记者来右玉采访，这样县里领导就知道了。县政府给她寄去1000元钱。赵向东县长又从自己工资里拿出500元钱，也给她寄去，然后又写去一封慰问信，说云南不好治的话就回来，在运城问到了看腰椎的医生，还让他办公室的人打电话慰问她，这让她很感动。回到云南以后，父亲领着她看病，姐姐、亲戚们、同学们，也给她找来好些医生，非常热心。看了一个多月，疼归疼，但是能走路了。余晓兰说："人家政府关心我，虽然钱不多，但是把自己当亲人一样对待，很感动。接到电话，我的眼泪就流了下来。自己为右玉做了点贡献、吃了点儿苦，他们却记在了心里，把我当亲人一样看待。"

心存感激再加上放心不下那些树，没等痊愈，余晓兰便悄悄回到了右玉。

余晓兰再回右玉是冲破了阻力的，是不服输的性格使她回到了右玉。当时姐姐们不叫她回去了，父亲也不叫她回去了，她那会儿也很犹豫。姊妹们、同学们都不叫她回去，问她栽树能发财吗，姐姐们都骂她。她也想过把善功带到云南，他们一家人从此就在云南生活，但她觉得那是逃避现实，如果她带着丈夫回去了，会有人小看她，认为她是一事无成跑回来了，这辈子根本就没人再瞧得起她。她是很有志气的人，她不可能一事无成，不可能半途而废，她一定要做出个样子来，她不想让人小瞧，她一定要争这口气！余晓兰说："这地方的人能活，我就能活，他们能生存下去，我就能生存下去，我就抱这种心理，吃多少苦我都要干下去。"

2002年以来，党和国家将生态文明建设提到了更高的高度，山西各级党委政府推进造林绿化的力度也逐年加大。余晓兰对绿化建设有了新的认识，干劲更足了，她扩大了植树造林的规模，还请了30多个乡亲来帮忙，一年能给乡亲们创收三四千元。

2005年移民，全村人都搬走了，只剩下他们一家。

南崔家窑村就他们一家了，周围的荒山荒坡几千几万亩，她就一点一点地绿化。她的心愿也达成了，就是把她的第二故乡绿化得跟她的家乡云南一样。评为全国劳模的时候，余晓兰回云南看老父亲。老父亲说："县里打电话说你被评为全国劳模了。"余晓兰说："给自己的家乡绿化，自己心里感觉很踏实。我回到那里真的很欣慰，那些树就像我的孩子一样，看见心情就会激动。"

余晓兰看到树就像看到孩子，她对那些树有着特殊的感情。她尽了最大的努力，白手起家搞绿化，真的不容易。栽不起大树苗，她栽的是两年生的小苗，就那么点高。太高的地方担水上不去，她就弄些稀泥，把根在里头蘸一下，栽下去。坑也不用多大，小树苗要的水也少，成活率比大树苗也高一点。5年了，死的就死了，活了的也就那么点高，到了50厘米高，就长得快一点了，10年也长不了多少，右玉十年九旱，缺水，树也长得慢。过去她一天担四五十担水去浇，太远的担水上不去，就只能指望老天了，所以就死得多，只能死了再补、死了再补。如果说一栽就活，那到今天，5万亩也绿化了，何至于现在才1万亩多点。雨水多的时候成活率是50%。2007年是全军覆没，当年雇人栽，栽下去两三万株，都死了。自栽下去就没有下雨，直到秋天才下雨。根本就没有回报，就是一种付出，就是做贡献。余晓兰说："树栽在荒山上，是为荒山披绿装，长大了你舍得挖吗？就是叫你挖了卖，你又怎么忍心呢！"前年有人要买她一棵松树，3米多高的一棵，人家说挖了再种小苗。她说不卖，费了大劲了，是用塑料桶背水浇大的，如果不是万不得已，她不可能挖这棵树。

2008年，余晓兰成立了生态绿化公司，不仅种树、养殖，还有小杂粮加工。她认为要让乡亲们增加收入，就要解决剩余劳动力问题，进行农产品深加工，广开致富门路。2010年，她用市里颁发的奖金为全村每户买了一袋白面，给村里买了5台电脑，帮助大家学科技开眼界。余晓兰还为乡亲们免费提供优质苗木，义务修剪果树，捐资助学，累计拿出帮扶资金近4万元，帮助周边村子的20多户农民走上绿化治理和畜牧养殖的致富路子。现在，她的公司有一支30多人的植树队伍，农忙时在家种地，农闲时到公司种树，两不误。光种树一项，每人每年能有2000多元的收入。

2012年，余晓兰参加了党的十八大。

从北京回到右玉以后，她决定大干一场，依托绿化的荒山荒沟开办一家生态庄园。不仅山要绿起来，人也要富起来。生态效益和经济效益结合起来，才是造林绿化的最终目标，她要用5年时间让这里有大的变化。她在村里挖了两个鱼塘，放入鲤鱼、草鱼和花鲢鱼三种鱼苗。她想在这里搞个生态庄园。2017年9月，我和余晓兰经过南崔家窑村鱼塘,鱼塘已初具规模,像是一个自然的水塘,鱼塘里水草萋萋,有一人多高,水草间有野鸭出没,近处的草丛里有野鸡扑棱棱飞起。余晓兰说这里将来想搞一个度假村,人们可以来这里度假、垂钓和野餐。

植树造林改变了右玉的生态环境。她刚来的时候,那个大黄风一刮最少一个星期,刮得红彤彤的,慢慢地淡了,变成灰红灰红的。刮来的土好像就散不了了,得一个星期才能散完。严重的时候,感觉黑红黑红的。这10年虽然也还刮风,但每次都平淡地过去了。春季如果有雨,就没有大黄风;如果没雨,也很淡,一两天也过去了。看着周边的荒山荒沟都绿了起来,她心里很充实,她说:"如今咱右玉,山是绿的天是蓝的,出门吸口气都让人舒服。"

我站在南崔家窑村的高冈上,眼前是一幅风景画,秋高气爽,碧空如洗,近处的坡地果树错落有致,大片的松树点缀着远山。余晓兰把右玉的荒山荒沟变成了芳草离离的江南。她说:"多少个决心才走到今天。我告诉自己再坚持一下,看是啥情况,再坚持一下,看是啥情况。就有种希望,好像有种光,我在追这个光,一直追到现在。"

承包荒山的主意是余晓兰提出来的,但丈夫善功始终默默地支持她,为她解除后顾之忧。还有社会方面的帮助,余晓兰都记在心里。她说:"我一个弱女子,走到今天,离不开周围人的帮助,离不开政府领导,他们在精神层面、鼓励方面,大大小小、多多少少都帮助过我,不是人家帮助,我可能坚持不到今天。"那天在南崔家窑村,我见到一通石碑,碑的正面是"情系塞上绿洲,共建和谐家园",落款"余晓兰二〇〇八年秋",背面是"寸草有心,知报春晖。晓兰自一九八九年秋,离开云南,落居右玉,承包荒山,植树造林,承蒙众乡亲拥戴、各级领导关怀,光荣当选党的十六、十七大代表,且在经济上大力支持,特勒铭致谢,以表寸心。"余晓兰说她立碑的目的是要后人知道,那么多人曾无私地帮助过她。

(作者李金山,简介详见第48页)

打拼塞上　根植右玉

——记金源林生态农业科技园区董事长谢富华

指　尖

彼皆非吾土，栽种尚忘疲。——白居易

简述：喜爱文学，拥有诗人情怀的金源林生态农业科技园区董事长谢富华像一个朝圣者。他效仿古人，十年如一日，克服重重困难，寻访各大植物研究所，走遍右玉的山山水水，研发、驯化、美化、靓化适生树种，先后引进金叶榆、垂榆、白蜡、复叶槭、连翘、日本海棠、红太阳李、红宝石海棠、线秀菊、芍药、紫花醉鱼木、文冠果、果用枸杞、叶用枸杞、新疆杨、白榆、青芯云杉、红芯云杉、金银木、白皮松等30多个品种，为美化、靓化右玉呕心沥血。谢富华将自己最好的年华献给了右玉的生态建设，为右玉描绘和锻造出一个仙境般的世界。

根植右玉，静候春来。

有意思的是，如今为右玉县研发、驯化、美化、靓化适生树种的金源林生态农业科技园区董事长谢富华并非右玉"土著"，他来自朔州市朔城区，是地地道道的城市人。他在30多岁之前，是国家正式职工、干部。倘若命运可以预知，谢富华会选择其他的命运吗？这个问题，我不忍跟谢富华先生去探讨。因为命运的指向，似乎从来都是独断执拗且不可违背的，一个人的力量再大，也微乎其微。回顾谢富华

50多年来走过的生命历程,每一步都是朝向命定之所,朝向一种与生命本质相契合的特质,朝向他所求、所愿、所喜、所爱,朝向他名字中的那个"华"之圆满。爱默生说在从过去向一个新的状态转变的时刻,力量诞生了。谢富华极其精准地阐释了这样一种哲学状态。

许多年前,谢富华尚在文学之路上聆风赏花、吟雪弄月,那时候,他熟读四大名著,且能背诵《红楼梦》中所有辞赋,从"满纸荒唐言,一把辛酸泪",到"数去更无君傲世,看来唯有我知音",再到"天外书传天外事,两番人作一番人"。那时,他或许不会想到,多年后自己会写下厚厚的《右玉笔记》,写下"请你暂且停下忙碌的脚步／看我开满油菜花的诗的小河",写下"留恋于眸子里的风景／灵动在无垠的天地之间／阐释着美丽的存在／梅花绽开／等春来"的句子,而这时候,他的梦不再是文学,而是花树、花海,是驰骋在1976平方公里上的右玉大梦。

谢富华出生于工人家庭,兄妹四个,他排行老大。在20世纪80年代,刚刚初中毕业的他,被作为职工子女照顾,在朔县地方国营煤矿正式上班。这就预示着,他在成为公家人和读书人之间,只能选其一。在当时的社会中,成为公家人无疑是极具诱惑力的事,这不仅意味着从此将拥有铁饭碗,同时也意味着将有能力成为独立的社会人。当时,家里人也为好不容易得来的机会而兴奋。家人满足的笑脸和外人羡慕的眼神,阻止了谢富华的徘徊。很快,一个瘦小的身影就出现在了煤场庞大的机械旁。不久,他的善良、吃苦、不挑拣使他得到了工友们的认可,他也渐渐受到矿领导的关注。几年后,他调到物资供应科,并担任副科长。脱离了繁重的体力劳动,他有了大把的空闲时间。物资供应科有出差的机会,随着与外界接触机会的增多,谢富华发现,自己的视野及为人处世明显处于劣势。于是,他决心要通过自学来提高自己的知识水平,提升自己的整体素质。他从家里翻箱倒柜找出初中时的课本,又通过熟人借到高中的所有课本,于工闲和晚间时,挑灯夜战,埋头学习。他执拗地坚信古人"只要功夫深,铁杵磨成针"的道理,先后报考了山西自修大学、山西函授大学等,1988年,成功考取了中国矿业大学采矿专业。矿大期间,他眼界大开,人生观、价值观和世界观也发生了微妙的变化,他不再沉迷自我心灵的低吟浅唱,而是将视野扩展到了整个社会和人类的命运。

英雄地 —— 走近右玉播绿人

毕业回到矿上，心怀"无材可去补苍天，枉入红尘若许年"的壮志，立誓要将所学知识，将现代的采矿技术，全部奉献给煤矿。可是好景不长，随着煤炭市场的整体滑落，他无可避免地成了下岗职工。那是一段颇为迷惘的时段，眼前全无光明，更莫说做梦。为了生计，他跟提前下岗的爱人注册了朔州市清华多经有限责任公司，先后做过五金工具销售、建筑材料销售、废品收购、烟酒批发等业务，但谢富华并不满足当下的生活，他隐隐觉得，自己不过蹀躞在一条老路死路上。有点资产，被世俗社会承认，得到一些小满足，这不是他最终要成为的样子。他有一个从未说出口的梦想，那就是成为一个能将才华和智慧发挥到极致，为社会献出一分力的人。

2005年，山西省高层首次提出推进身边增绿、提高生态品位的号召，通过启动通道绿化、交通沿线荒山绿化、环城绿化、园林村镇建设、城市绿化等五大工程建设，改善人居环境，提高生存质量。生态学和生态景观学理论正式登场，谢富华豁然开朗，生态不就是指生存状态吗？生态品位的提高，不就是要多种花、多栽树，让人们充分与自然接触，并享受自然带来的惬意和舒心吗？他当下决定成立一支园林绿化队，并与朔州市园林局接洽，承揽了一部分城市园林绿化工程。如果说这是为增加个体收入，也未尝不可，命运的指向从来都是模棱两可的，但谢富华知道，他是在将所有的过去之途进行一次终结。而此刻，道路狭窄难行，倘若他从此只是带领一支造林队伍，不断地承揽一些工程，即便成为造林大户，攒金千万，又与俗人有何差别呢？他的志向远非如此，他不想成为坐吃山空的主，他要成为勇于打破常规、主宰自己命运的人。于是，经过深思熟虑，他大胆决定凭一己之力做一个朔州市生态循环系统研究。这个命题庞大复杂，但他依旧以自己的执着开始了行动。这一年，他往返于朔州市的4个县，游走在桑干河、恢河、黄水河、苍头河的河岸，经过一年时间，撰写出了几万字的《朔州生态循环系统调研报告》，成为朔州第一个生态调研课题，并受到了有关领导的高度重视。2007年，山西省林业现场会在右玉召开，谢富华经市园林局推荐，参加了这次会议。

这不是他第一次踏上右玉的土地，但这次会议却连接起了他跟右玉之间千丝万缕的关系。仿佛鱼遇到水，命运在关键的时候，让有缘分的生物聚集在一起。

从谢富华建在右玉的绿化公司远眺（谢富华供图）

6月的右玉，莽莽苍苍，满目深绿，一个曾经的不毛之地，经过右玉人几十年的艰辛和付出，改造得如此盎然悦目。到会的人们，无不感慨。在他们参观的过程中，谢富华发现，右玉的绿是由简单的几个树种组成的单调的绿，在夏天，确实绿意盎然，但是因为共有的生活习性，随着天气的变化，它们也会一起枯萎。也就是说，要么全绿，要么全枯，虽然起到了绿化和遮挡风沙的作用，但并没有起到多层次、多形式、多视觉的美化作用。他结合自己的调查，生出一个大胆的设想，那就是要让右玉美起来、靓起来。

经过一段时间的酝酿，他通过园林局首先承揽了右玉县城的部分园林绿化工作，同时，将自己想在右玉建一个苗木培育基地的想法一并说出。谢富华的造林工队是右玉县第一次接纳的外来工队。谢富华的想法也得到了有关部门的支持。右玉用她博大的胸怀接纳了谢富华。

要想找到适宜右玉的树种，首先需要实验。谢富华在右玉的威远镇威东村流转了一片土地。这就是日后闻名山西的金源林生态农业科技园区的雏形，一个包括了科研组培、园林植物群落和物候研究、经济果木培育和引驯实践推广、风景园艺设计和绿化工程等经营项目的公司。当时，他的园林绿化队的队员基本是来自朔州的下岗工人。为了加深对右玉的了解，他开始雇用本地人，这样一来，就为他随时了解右玉的气候、土壤等提供了方便。

英雄地 ——走近右玉播绿人

2008年，谢富华再次踏上了调研之旅，与之前不同的是，这次范围缩小了，但目标更明确了。以物候学研究右玉的生态资源，这还是破天荒第一次，没有现成的资料可以借鉴，他就根据专家制订的方案进行踩点采样。那一年，他差不多走遍了右玉所有的地方，特别是苍头河沿岸，他在那里流连忘返了3个月，对那里的一草一木、一沙一粒都仔细观察、研究、拍照、记录，采集标本、了解属性。

苍头河是右玉县域中最大的一条河流，自南向北，绵延全境。这里不仅有"苍山无头水倒流"的独特奇观，同时也是右玉植被最好的区域，差不多集中了右玉的全部生物物种，曾有原国家领导人前来参观视察。谢富华仿佛遇到了宝藏，常常痴迷其中，忘了晨昏。这里植被茂盛，蚊大如蝇，人在里面，不一会儿就满身是包。为此，酷暑天他也穿着长袖衣服，戴着帽子，将自己包得严严实实的。但即便如此，他也常常被咬得满脸是包。有时他痴迷于一些植物时，也常常失足掉到水里。有一次，他竟然在这里迷了路。那是个阴天，天气雾蒙蒙的，他带着干粮，轻车熟路赶到了苍头河岸。停好车，一头钻进丛林里，继续着前一天的工作。苍头河畔除了最多的沙棘丛外，还有樟子松、山榆、箭杆杨、雾柳、丁香和藤本植物等别处很少见到的树种，为什么别处栽不活的树，在这里可以郁郁葱葱呢？除去河岸土壤湿润外，是不是还有什么原因呢？这样一琢磨，转眼就到了中午，河边的雾越来越大，云层越来越低，他感觉饥渴，可是一抬头时，却怎样也看不到来时路，只有密密麻麻的沙棘丛。他掏出手机，却发现竟然没有信号。因为干粮在车上，他只好一边走一边找车。这一找，就是大半天，他又饿又渴，又留恋面前的植物，就那样跌跌撞撞地绕圈子，恍惚面前是曾经走过的路，又恍惚完全陌生。他明白，自己这是迷路了。只好沿着河流往前走，直到隐约看见一个村庄，遇见一个村人，一问，才知道自己已经走出十多里地了。

右玉东高西低、南高北低，正好与中国版图的大结构相反，因此就形成独特的气候和气流结构，使许多物种难以成活。采集好标本，需要查资料、找专家，经过多方联系，他跟北京园林科学研究院进行了合作研究，但在专业人员面前，谢富华觉得自己明显就是一个旁观者、门外汉。于是，只要因业务到北京，他就一定会抽时间到研究院的图书馆查阅景观植物、花卉培育的资料，记笔记，增加自己的专业知识。2009年春节刚过，北京的气温低，而他却明显感受到温暖的春意。

凤来篇

花卉圃（谢富华供图）

苗圃（谢富华供图）

对知识的渴求和书本的吸引，让他废寝忘食。谢富华是个很健谈的人，他身上多多少少还带着一些文学青年的影子。他每讲起经历过的人和事，总有鲜明的画面感，那种对当时场面的还原，深深地吸引着我。他说："自己带着面包和水，早上进入科望林图书馆，一蹲就是一天，弄得人家不好意思下班，有次还买饭送给我。这事让北京科美园林有限公司的张越经理知晓后，张经理亲自订餐送来，并联系图书馆领导为我开方便之门，让工作人员不下班、不锁门，方便我查阅资料。那几天，我如饥似渴，仿佛见着了世上最好的东西，不停地翻阅，不停地记录，并将自己的疑惑形成问题，找老师解答。当时，北京园林科学院院长古润泽老师看到这个山西人这么认真，而且提出的问题特别有代表性，在解答的同时，还派院里的博士生具体对接。那一年啊，我去北京的时候是一个人，等我返回山西时，是浩浩荡荡一个队伍。

英雄地——走近右玉播绿人

古老师亲自带队来右玉进行现场考察调研。"

这次意外的收获，促成了谢富华更大胆的想法。他提出，在右玉大批量栽植白蜡和复叶槭，做景观和街道树。这一提法，让人哗然，毕竟这是两种大家陌生的树种，人们对此心怀犹疑。但谢富华一拍胸脯，说："我来栽。"正好当时玉龙苑小区绿化，他便介绍引进，并保证如不成活他将负责换树费用。一年栽不活，用两年，两年不行，三年。事实上，这的确是件极其艰难的事，这些树就像在跟谢富华故意开玩笑，栽植第一年，有的活着，有的死去，于是，他将死的拔起，加快补植。第二年，原本以为成活的，竟然也死了。这有点像西西弗的故事，每一次将石头推上山顶时，它都将再次滚落。但谢富华并不屈服，他说，苦难是人生常态，只有苦难才能造就成就。他不言败、不气馁、不放弃，经过3年时间，成功将白蜡树和复叶槭树栽植在了右玉大地上。夏末秋初，整个小区一片金黄，像一个铺满黄金的童话世界。

时任中共朔州市委副书记郑红（中）与朔州市农业委员会主任石生华（左）到谢富华公司视察（谢富华供图）

有时候，因为一个物种的适应生长，他会进行反复论证，既要找到理论支撑，更多的是要接受时间在高寒冷凉地区对植物的考验和驯化。6月，县城南出口绿化带色彩层叠，表现丰富，其中有一种特别醒目的植物，它整条长穗的粉色花朵散发着迷人的清香，它就是紫花醉鱼木。为了引进这个品种，谢富华当年付出了常人难以想象的艰难。那年，为了树种的增添和驯化试验，他一个人去往贺兰山下，寻找一种叫醉鱼木的野生灌木。因为人生地不熟，他在山下走了好几天，吃不好睡不好，连续几天连脸也顾不上洗，直到他终于在丛密的植物中看到在书上见过的这种植物。但他还是不敢确定，只能拿出照片和书本一项一项对照，当他终于确认，它的确是自己要找的紫花醉鱼木时，一时竟情难自己，热泪盈眶。他听说该树种已经由宁夏专业部门进行基因转化和培育，便多方打听，终于找到了宁夏林业科研院，并见到了沈效东研究员。当他说明来意时，沈效东热情地接待了他，将紫花醉鱼木的习性和培植方法及其对生存环境的要求等进行了详细讲解，并赠送300株紫花醉鱼木作为示范品种，让谢富华回右玉进行驯化示范。后来，沈效东专门安排专业人员在右玉服务一年，进行适生植物的示范和推广，为右玉顺利引进西北的9种植物打下了坚实基础。此后，右玉也成为宁夏林业研究院的科普示范基地之一，研究院每年派专家前来定期指导至今。

这几年，经过谢富华的金源林生态农业科技园区推广引进的品种多达30多种，无论是观赏类的金叶榆、垂榆、红宝石海棠、红太阳李、白蜡、复叶槭、金叶莸、连翘、日本海棠等，还是地被类的线秀菊、芍药、沙地柏、紫花醉鱼木，以及经济类的文冠果、果用枸杞、叶用枸杞、玫瑰，落叶乔木新疆杨、白榆、漳河柳，针叶常绿树等，都齐刷刷站在右玉大地上，仿佛守卫的士兵装点着右玉大地。这里面，饱含着谢富华说不完道不尽的汗水和心血。其实，这更像是一次圆梦的过程，当谢富华看到通过自己双手点燃的右玉大地的七彩之焰，他会觉得似乎美梦就要成真了。

事实上，谢富华所做的这些，他的家人一直持反对意见。按照常人的思维，他应该一直待在城里，做他的买卖，或者走出去承揽更多的林业工程，而不是窝在一个荒凉的远离家乡的小地方，去研究那些植物的属性、树木的成活、适或者不适。当初，他的妻子就极其反对他在右玉开公司，她觉得一家人在一起，平平安安、健

英雄地 —— 走近右玉播绿人

健康康就好。再说，父母也都在城里，孩子还在上学，一切都在正常运转。谢富华这一走，家里的重担无疑就要落在自己身上了。可是她又知道，自己的丈夫是一个说到做到的人，一旦定下的事，九头牛也拉不回来。无奈，只好由他去。但是谢富华的父母并不这样想，作为家中长子，谢富华最该做好的事，应该是奉养父母、接济弟妹、抚养子女。朔州距右玉100多公里，远不说，路还不好走，父母也不放心啊。谢富华就做父母的工作，说："我去又不受罪，就像是游山玩水，再说，我每个星期都回来看二老，又不是有去无回。"父母嗔怪他说话不好听，他笑笑说："等我在那边安顿好了，你们也就退休了，那时我接你们去右玉住。你们不知道啊，右玉的天有多蓝、空气有多好呢。"父母被他说得没法回口。就这样，他在右玉一待就是10年。

一个人一生有几个10年，10年，沧海变桑田；10年，从不惑到天命；10年，谢富华的亲人们在无奈而不忍的情形下，从刚开始的抵触，到默认，再到现在的全力支持。2012年，他如约将父母接到右玉，住到了他的公司里。这时候，他的公司规模已经不小了，建有专业生产日光温室50栋、示范培育基地150亩，并已成为国家经济林木种苗快繁技术研究中心、北京园林科学研究院、中国农业大学、宁夏林业研究所、山西农业大学5家科研机构的合作基地。多年的经营，让他摸索出一套成熟的经验，为公司制定了"建一个园区，带一批产业，活一方经济，富一方群众"的目标，成为右玉生态发展的科研实践的"试金石"。在右玉县《政府工作报告》中有这样一段话，"要以金源林公司的技术和苗木为基地，向全县推广生态林业、生态农业种植"。谢富华，这个外乡人，在右玉人看来，他就是一个离家多年的自家孩子回来了。

老谢给我讲过一个事，说的是他的工人和家人。据说右玉的春天，天气反复无常，老天变脸变得比谁都快，一天之中，常常会经历风雨雪霜，让人措手不及。但春天，恰恰是栽树整地最繁忙的时期。2013年春天，谢富华接受了一项绿化任务，为早日完工，公司的所有人都被抽去栽树，包括后勤人员。连老谢的父亲也被要求跟随他去了工地。当时，老谢的爱人不巧生病了，因为他在工地早出晚归，没时间陪她去医院看病，导致爱人病情加重，无法下床。女儿因为要外出学习，无奈之下将3岁的孩子也送到了威东村。老谢的母亲患有糖尿病，视线模糊，根本无法干活。

家里正是用人的时候。而这时，绿化工程也正在节骨眼上，虽然他很想待在家里照顾她们，但任务当前，70号工人等着他，他也不能丢下。两难之间，他咬咬牙，安抚了一阵爱人和母亲，还是和父亲相跟着上山了。那天上午天气很好，虽冷，但晴朗，他跟工人们干得颇为顺利。临近中午，大家腰酸背痛，老谢更是整条腰都弯成了弓，酸痛不止，只好找了一根木棒挂着才好不容易将腰直起来。他招呼大伙吃点干粮，歇息一下。大家于是把干粮拿出来，围坐在一块吃，你给我点水，我给你点干粮，把个冷天渲染得颇有暖意。谢富华因为家里的情况，早上并没有带干粮，他站在旁边，想着家里的老母亲和生病的爱人，还有小外孙，不知道他们怎么样了、饭怎么解决。这时，工队的老马说："老谢，你是不是今天没带干粮呀，我这里还有富余的干粮和水，你吃点吧。"他接过老马递过来的冷冰冰的饼子时，心里却暖乎乎的。

　　饭还没吃完，狂风突至，一时工地上尘沙飞扬，狠命地拍打着他们，似乎要将他们掀到山下去。他们尚在风中挣扎，大雨点啪啪就下来了。才一转眼，鹅毛大雪又从天而降。就在他们找地方躲避风雪的当儿，拉树苗的车回到工地上，被困在坡上，动不了了。工人们顾不上躲雪，操起工具，顶着大雪，将车下的冰刨开，然后齐心协力，终于将车推上来了。而恰在这时，雪停了，太阳又出来了，好像老天在戏弄眼前的这些人。

　　下午，他们早早收工。老谢回到家里，母亲听到脚步声，问是谁呀。他说："妈，是我回来了。"他又问："你们中午吃饭了吗？"母亲说："没嘞。"他回到了爱人的屋子里，爱人还在炕上躺着，小外孙听到推门声，睡眼蒙眬地从炕上坐起来。他看到这情形，心里很不是滋味，抱了抱孩子，说："我去做点饭去。"

　　柴火在外面放着，被雨雪淋湿了，好不容易生着火，他先在锅里放水，由于又冷又累，他在等水烧开的时间，竟然睡着了。就是在他睡着的这段时间里，发生了极为感人的一件事。小外孙自己从炕上爬下来，拿了个盆走到老谢身边，又去别的屋子拉出一个暖瓶，"因他小，没力气提，就边走边拉，好在暖瓶的水少，要不肯定要碎了的"。老谢说起这件事时，声音还是有些颤抖。小外孙将暖瓶里的水倒到盆里，又放了些凉水进去，就抬手给老谢脱鞋，要给他泡脚。睡着的老谢一下子醒了，当他看到眼前的情形，一下抱住小外孙，眼泪啪啪地掉了下来。

英雄地 —— 走近右玉播绿人

生活在尘世中，一个人最大的依赖和后盾，只有家人，无人替代。来自家人的温暖和默默的支持，让老谢更加全力地投入为右玉添绿加彩的事业中来。谢富华的金源林生态农业科技园区，目前是朔州地区最具特色的种植园之一，也是山西省唯一的国家经济林木种苗快繁工程基地。近年来，园区获得了多项社会荣誉，园区也名副其实地成为高寒冷凉地区的植物园，为北方地区植物群落及物候研究提供了可行的宝贵经验。

谢富华说："现在我们这里有60多人，基本都是附近村里的农民。我现在有流转土地230亩左右，除一次性付清土地租金后，可再雇用他们来打工。这样农民就有了两项固定的收入。有时最多可以吸纳130多个农民就业，能带动运输业，也可以带动附近的村民做其他服务。农村人在产业上的机会太少了，他们没有一个创业平台。如果农民有创业机会，搞一个产业，就可以带动一个家庭。我尽量在这里提供小单元，让农民朋友们有自己的事业，既可以提供就业机会，也可以提高他们的经济收入。"

这种互助互帮的形式无形中推动了公司发展的规模和速度，工人们也渐渐以公司为家，处处为老谢着想了。老谢无比感慨地说，每年因资金投入太多，常遇无法及时为工人发工资的窘境。但到发工资时，工人们不但不催促，还在家庭支出紧张的情况下借款给公司，让先支付那些更需要的人。还说："你为了右玉的发展和我们的生计，我们无以回报，作为右玉当地人的我们只能这样来帮你……"

在他们眼里，谢富华早已是他们的亲人、兄弟。而谢富华也早已融入右玉，在他身上，也越来越深地彰显着右玉人的特质，比如善良，比如隐忍，比如宽厚，比如不屈。这一切都是命定。比如，他名字中这个"华"字，《说文解字》里，这个字美丽而有光彩，是开花、繁盛的意思，"天地之间，凡植物出于春夏雨露之余，华泽充溢，枝节美茂"。右玉，在某种意义上讲，更像老谢的重生之地，这里为他提供了展示才能的舞台，这里也开启了他人生的广阔之路。

老谢说，很遗憾自己不再能背诵《红楼梦》了，说完笑了笑。这些年，他的心里、脑海里装满了"春天的黄玛瑙，夏天的绿翡翠，秋天的金琥珀，冬天的白玉石"的右玉，装满了它的山水草木、人情冷暖，他将它们一字一句写进诗行里："以一个行者的脚步／去丈量风雨兼程的路有多远／莫愁前路的希冀／倾洒在落叶斑驳的彼岸／长路漫漫的梦想／遥寄跋涉者的今天和明天。"在右玉扎根，在右玉做梦，在右玉写诗，在右玉悲欢，爱右玉的大地，爱右玉的草木，爱右玉的人民，像他自有生之年便生活在右玉一样。是的，他不是神仙，他只是点燃灯盏的人，他有诗人的情怀，也有朝圣者的虔诚，他为右玉描绘和锻造出一个仙境般的世界，如诗如画，如梦如幻。

（作者指尖，简介详见第 61 页）

专访篇

庞顺泉摄影

尊重群众　尊重规律

——关于右玉精神"人民性"的人物专访

受访人：中共右玉县委第17任书记　赵向东
专访人：朔州市李林英雄文化研究会会长　王宝国

2017年8月，当选题组的作者团队按照右玉精神"人民性"的研究指向而走进右玉民间之际，选题组领导再三叮嘱：所有采访和行文，要民间的，要民众的，要民心的，切记，切记。

作者们不负民望，满载而归，展开了一部关于右玉的主流话语之下的民间叙事。民众与作者都认可一个现象：在右玉，极为充实的民间旋律之中响着官民协奏之强音，这强音中富有和谐、相融的音质。如此，我们这部民间叙事便有了一个关于宏大与细碎、光辉与真实、主流与个体之关系的通达的、融会的阐释。

为了不使这种阐释概念化、符号化，为了能够对读者负责，需要一位具体的发声人从官方视角解读"人民性"。我们随机约请了中共右玉县委第17任书记、现任大同市人民代表大会常务委员会主任的赵向东。

2017年8月25日，选题组成员王宝国赴大同进行了如下专访。

一、宏大框架之下的细碎关怀

王宝国（以下简称"王"）：赵主任好，我们根据右玉和朔州群众的心声，组成选题组，由"人民性"立意，选取右玉"小人物"作一组纪事。我代表选题组特来专访您，请您指导并介绍相关情况。

英雄地 ——走近右玉播绿人

赵向东（以下简称"赵"）：首先，我赞同你们这个立意。2014年6月30日，习近平总书记在主持中央政治局第十六次集体学习时说："我们党是一个坚持科学理论武装、先进性特征鲜明的党，是一个一切为了人民、全心全意为人民服务的党。"我学习总书记这个讲话的感想是今后会越来越强调人民的主体地位和以人民为中心的原则。因此我们无论做什么、写什么，都不能离开人民。

指导谈不上，至于"小人物"名单，我随手就可以给你拉一张纸出来：爱树如子的林业模范曹国权，矢志不渝治理"四荒"的余晓兰，牙齿掉光、千亩成林的老墙框村民王占峰，身居山村、心忧县事的小道沟村民姚守业……

王：姚守业登门向您提过建议，正是他的故事，使我们不得不来专访您。

赵：他来访问我的时候，我很高兴，诚心接待，虚心请教。那天是2005年3月14日，是个星期一，我的日程本来排得满满的，但是我却与他畅谈了整整一个上午。我至今都认为姚守业来访问我，不但表明右玉人民对县委的信任和支持，而且是党组织与人民群众血肉关系的证明。

王：怎么讲？

赵：话得从头说。中华人民共和国成立以前的几千年是官本位文化，少有老百姓为社会想问题，并且登门向官方进言的事例。姚守业现象说明在中国共产党领导下，人民能够当家做主了。

姚守业能走近县委书记，这件事引起我们思考，我对此有三点感受。

一是党组织和干部方面，必须把真心用在为民众谋幸福上，把力量用在解决群众期盼的事上，把作风改进到与民同忧乐、与民同吃苦的基调上，民众才会有为政府分忧的感情。右玉历届县委、县政府的成功之处，要点就是决策出于民心、绿化为了人民，得到了右玉人民的认可。姚守业来访的背景，正是我们提出"建设富而美新右玉"战略后的第一个月。

二是地方社会背景方面，应当具有豪爽大气、海纳百川的社会共性，应当具有普遍的善良、厚道的民性特点。右玉县的社会共性与普遍民性正是这样。

三是姚守业个人方面，必须具有较强的社会责任观念和较高的思想境界，他才有访问县委书记的思维。姚守业是个乡村文化人，能文善画，他比别人就深一层思虑。我把姚守业送出楼梯口返回时，对前来汇报工作的其他领导饱含激情地说的第一句话是："右玉的老百姓不简单。"

王：人民性、历史性、文化性——这是您对右玉民众精神普遍性的三条定位。"右玉的老百姓不简单"这句话，您在随后召开的县委常委会上曾再次讲到。会上您是怎样讲的？

赵：我和同志们大致讨论了三层意思。

首先，我通报姚守业是有备而来，他围绕我们"建设富而美新右玉"发展战略中的三大园区建设，自费考察了3个乡的许多个村，提出了对县委非常有价值的补充和参考建议。我说："我们做干部的，人人有一份工资，有相应的待遇，谁敢说你就一定都全心全意为全县发展用心用力了？而姚守业作为一个农民，吃着农家饭，想着全县的发展，这境界本身就值得我们学习。"

其次，常委们分析研究了右玉人民由历史、地域和文化等方面带来的独特性。我提出，这正是中华人民共和国成立以来历届县委、县政府都能与右玉民众和谐一致，创造"塞上绿洲"奇迹的木本水源。这一发现，激发了我们县委一班人进一步服务好右玉人民的自觉性。

再次，"人民"的状态既是分散的又是集中的。我们从姚守业的来访加深了更自觉地为人民服务的思想，引深了我们对为人民服务方式方法的研究。

王：针对"人民"的分散性状态，您和右玉县委做到了分散关怀；针对"人民"的集中性本质，您和右玉县委做到了集中服务。分散关怀是个细碎功夫，要放下身段，要平心静气，要待民如亲；集中服务是个宏大框架，要深谋远虑，要开阔格局，要视民如神。

赵：只有真正去倾听老百姓的心声，而且是关怀每一个个体，才能充分地让人民当家做主；只有人民当家做主了，才能找到真实的、客观的发展规律所在，从而强县富民。历届右玉县委都是这样做的，我们这一届只是这个长链条中寻常的一环。

王：也就是说，宏大框架做不好，都是因为缺乏细碎关怀？

赵：是的。我举一例恰好可以说明这个问题——我的前任高厚书记下乡时听说咀流屯村一个当电工的农民受了处罚，四处告状喊冤。高书记问过公安局局长后，亲自到村调研，走访了全村80%的农户，最终弄清真相，原来是该农民与村干部有矛盾而被冤屈了。这件事直接促成县委及时出台了《关于进一步改进干部作风的决定》。《决定》一出台,县直机关和乡镇 200 名干部一齐自带行李进驻全县 200 个村,县四大班子成员每月用 1/3 的时间在基层调研。移民并村撤乡、退耕还林还草还牧和种植业结构调整三大战略,就是在这样一个背景下出台的。由于有民意基础,符合右玉实际,所以这一战略得到全县群众的普遍拥护和支持,使右玉实现了跨越式发展。

王: 选题组作者们听到一则县长给村民写信的故事,说的是南崔家窑村的余晓兰在最困难的时候,是您的一封信使她坚定了继续创业的信念,她后来连续获得多次最高政治荣誉,名闻遐迩。这个典型也是由细碎到宏大的一个注脚吧?

赵: 余晓兰是位云南籍的干部子女,因为爱情而来到咱们右玉一个穷山村,而且为人大气、柔和,与右玉老乡相处融洽,这本身就是右玉政府和干部应该关注的。再加上她是为右玉生态建设做出贡献的人,她遇到了困难,右玉干部关怀她,义不容辞。记得那是在 2001 年,春天大旱,余晓兰植的树都旱死了,损失惨重,身心疲惫的余晓兰在植树时摔倒,造成腰椎受伤,娘家人就把她叫回云南去治疗了。在这样的关键时刻,我作为县长写信给她,问候她的病情,表示县里关怀她,她如果有发展的想法,县里会和她一块儿想办法,共同克服困难。

王: 您及时地写信给余晓兰,还将自己一个月的工资寄给她,余晓兰深受感动,重返右玉第一件事就是拜见您赵县长,表示决心继续绿化。这个情况感动的不仅仅是余晓兰一个人,而是产生了群体效应,影响到整个右玉县。

赵: 这个效应的产生,我想不是因为我这个县长做得好,还是因为右玉人急公好义的品格,干部给群众一分好,就会焕发他们百分的效应。我所做的,只是尽了右玉干部应尽的一份责任。

王: "责任"这个词很平朴,但它的张力却在于对细碎部位的关怀更持续。听说您调离右玉多年,还一直与一些右玉群众保持往来,其中包括农民姚守业。您调任大同后,姚守业还曾来访,您热情接待了他,并且指着一个文件柜对他说:"这一柜是右玉资料专柜,我走到哪带到哪,我和右玉有不解之情。"

赵: 我和姚守业自那个星期一相识后,就是朋友了啊,我这一柜资料有不少右玉老百姓的故事,包括他的。这常常使我感到温暖。

姚守业访问我之后 11 天的《今日右玉》报,头版整版以"俺给书记当参谋"

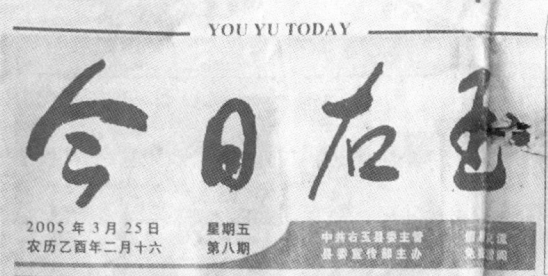

中共右玉县委机关报《今日右玉》的专版报道（王泽民供图）

英雄地 —— 走近右玉播绿人

为题报道了姚守业访问我的故事,这是我给予鼓励的。如果右玉百姓都像姚守业一样敲开县委书记的门来建言献策,岂不是县委之大幸?接着,我安排县委常委、宣传部部长贺朝善继续专访姚守业。朝善部长访姚回来谈感想:姚守业确实是一位有眼光、有见识的农民。之后不久我也专程到小道沟村专访。在姚家,我看到了他制作的大量艺术品,发现他是个有思想的文化人。我觉得与农民姚守业交朋友是我的幸运。

王: 姚守业说他曾第二次到您办公室进言。他第一次谈的是"有了绿色还要有特色,有了生态还要有文化,绿色与富民并不矛盾",都被县委采纳了;第二次谈到"现在村里人没个聚集之处,上午看羊群出街,晚上看羊群回村"。这一条,县委也采纳了。

赵: 右玉县在全省率先统一建设村级组织活动场所,源头就在姚守业这一提议。姚守业建议后当年全县建了80多个"场所",第二年全面普及。

建起来后发现,"场所"的功能至少有三个:一是民主,人们可以利用"场所"议政;二是便民,村民有需要上县里办的事,都到这里交给村干部代办;三是文化,大喇叭、扩音器、电脑、图书都配备了,给村民进行文化和科普,用积极的文化占领人们的头脑,还有锣、鼓、钹,时不时敲打起来搞些活动。总之,有了这个"场所",村里就能聚集人气。

王: 老墙框村的植树英雄王占峰也是您亲自看望过并支持过的。是2006年吧?他承包的荒山绿化工程遇到困难,您知道情况后就去实地察看,当时他不在,后来他感动不已,又到您办公室表示感谢,您就又去他那里进行了调研,并安排有关部门予以支持。

赵: 王占峰一个人几十年奋战在一条山沟,一直种树,不容易啊。这样的人有了困难,政府为什么不帮助?我们组织了老墙框村现场推进会,县里各有关部门,各乡镇的书记、乡镇长都参会。我当时讲道:"我们先从实际出发来研究一下,右玉有上万条小流域,如果出一万个王占峰,不是就都治理了?没水没电没资金,多少困难,他一个人克服了,我们今天来支持他,只有太晚,没有过早。大家都要扶持、帮助他,让右玉出现更多的王占峰、余晓兰。我们再从政治上来讲,右玉绿化事业要永远推进下去,怎么推进?就是要关注民情,从而尊重群众;就是要研究情况,从而尊重规律。我们有了这两个尊重，就能把人民中的精气神推到主流位置上来。"

王：您讲的"两个尊重"，听着都是理性的，也都是感性的，请您谈谈您对这两者的感受和理解。

赵：关怀民众是感性的，就是说党的干部对人民群众要有感情、有真情、有激情；两个尊重是理性的，就是说出判断、做决策要经过科学研判、论证分析，从而获得正确提炼。感性而入，理性而出，二者互为表里、互为因果。

——哦，对了，姚守业登门访问我的那天是农历的二月初五，民间讲究的"二月二龙抬头"之后的第三天。姚守业这个时间选择得好，我体味到右玉老百姓是条抬起头的龙，右玉县委应该做的就是充分地依靠人民创造大业，右玉的未来才永远是条昂首腾飞的龙——这都是姚守业这位右玉平民对我的感性激发。

二、光辉符号之下的真实逻辑

王：2005年以来5年多的右玉，文化旅游大转型，经济社会大发展，右玉干部群众告诉选题组，县委提出"建设富而美新右玉"战略，是包括生态水平再提升、走出生态富民之路、实现生态条件下社会转型这样三个方面。请您谈谈这三个方面

转型文化旅游以来，生机勃勃的新右玉（中共右玉县委宣传部供图）

的情况。

赵：第一方面，全面铺开六大造林绿化工程，包括发九大类39项工程，完成通道绿化200公里、工程造林10万亩、园林绿化村庄49个，共栽植各类苗木400多万株，相当于前三年植树造林的总和。

第二方面，四路同步，五年推进：农民脱贫致富，人均纯收入由776元提高到2100元；三大园区＋四大翻身工程，财政总收入由1830万元提高到1.66亿元；五大领域项目建设，地区生产总值由2001年的3.5亿元提高到2007年底的11亿元；软环境提升招商引资，仅2007年一年引进22个项目、计划投资额117.7亿元。

第三方面，特色生态旅游5张牌，建成以"塞上绿洲"为品牌，以生态、民俗、特种体育三大特色旅游为主项的全国著名、全省一流生态旅游县；出版文史专著3部、拍摄电视连续剧2部，举办旅游节和西口文化论坛多届。

王：右玉县委提出的"生态建设二次创业"和"建设富而美新右玉"战略，对前面60年来的生态成就而言，既是肯定和尊重，又是继承和发展；既是规律和科学，又是精神和文化。

赵：我们提出"生态建设二次创业"，是因为右玉的发展走到了这个阶段，是发展需要，它既符合右玉的县情，又符合事物发展的普遍规律。有了对群众和规律的充分尊重，我们就发现了右玉土地上的辩证法，提出顺向思维、逆向思维两方面的辩证：顺向的有两点：一是右玉生态有了基础，我们就利用生态基础来富民——这就是"富而美"三个字的来历；二是右玉人勤奋勇敢，我们就设定"跳起来能够摘到桃子"的目标做赶超的事情。逆向的有多条：右玉由于海拔高而风大，我们就引进风电项目；右玉气候寒冷，我们就开滑雪场、办冰雪节；右玉山大坡宽，我们就发展畜牧业，并上马肉羊就地加工项目；右玉气候早晚温差大，适宜种植的小杂粮富含现代人所需要的降压降糖需要，我们就布局小杂粮种植格局。

王：当来自国家级大赛的短道汽车、短道摩托车、独轮车、滑雪运动，还有您离任后接续的赛马……奔驰在右玉的土地上；当右玉龙须沟赛车场被国家体育总局汽摩运动管理中心命名为"全国越野摩托车赛车基地""全国汽车短道拉力赛专用场地"；当研究杀虎口政治、经济、军事、文化、商业历史的西口文化论坛举办在右玉人的身边；当山西最早的"大风车"（风电项目）转动在右玉的山头；当山西

转型文化旅游以来，生机勃勃的新右玉（中共右玉县委宣传部供图）

最大的羊肉加工等六大基地建成在右玉的土地上；当国家级生态示范区、全国绿化模范县、中国古堡之乡以及全省4项以上荣誉落户右玉；当后来的国家级、全国性美术写生基地建成在右玉老县城；当这些真真实实地给右玉人带来收入和知名度之后，右玉人惊喜地发现，自己脚下这块土地是如此的神奇，就连几十年的"挡风林"，如今也都成了"摇钱树"。

选题组人员每当亲历这样的感受时，总希望对这个神奇的概念能有一个平凡的解释，以使光辉的符号不至于符号化。

赵：对。右玉的道理其实就是从谋生存到谋发展的朴素过程——为了种粮求生存，需要挡风林；但是贫穷守不住绿色，生态建设的接续发展必然是富民。所以，我们把生态建设和富民战略相结合，部署了林下经济、生态畜牧、生态农业，让富民与守绿的关系科学辩证地落实在右玉。

王：这就是说，辩证法是尊重规律的深化和延伸。

赵：尊重规律也有保守尊重和创新尊重之分——用创新的眼光去研究规律，就找到了辩证法，就能解决好增绿与富民的关系、大自然与发展转型的关系，从而确定右玉生态立县之本，探索到新的生态大背景下的富民之道。

王：可是，做到这一切是需要实力的——换句话说，是需要投资的。而当时其他县区动辄几亿多的财政，右玉只有几千万元吧？

赵：我们是财政穷县，但我们是精神富县。发挥右玉人民的精神力量，我们不等不靠不要，依靠"三个动起来"精神，实现自己拟定的所有项目。

一是率先动起来，我们把想做的事情先做起来或完成了，用成绩来争取上面的立项或支持。例如我到街巷走访，发现右玉博物馆破烂不堪，坍塌在即，那里面的宝贝有流失的危险，就借资建成了朔州第一个县级博物馆——杀虎口博物馆。市领导前来视察工作后，给予了充分肯定，认为我们的行动符合全市发展大局的要求，现场拍板给予拨款支持。再例如，我们的六大造林工程如火如荼，恰遇省长调研亲眼看到，他感动之余，现场办公，从省财政挤出300万元支持了我们。

二是自己动起来，不管有没有上面的立项或支持，我们认准的事情都自力更生实现了。例如2006年、2007年实施六大绿化工程中，秋天不到一个月时间，全县干部群众就整地10万亩、挖树坑300万个。来年春季大地还没有完全解冻时，我们消一层挖一层，补挖树坑 100 多万个、植树 400 多万株，全县人均 40 多株。

三是干部动起来，每个难度大的项目，或每当遇到难题，干部带头付诸行动。右玉群众深知，干部干的，正是自己盼的，响应号召，不讲代价，不计报酬，铁锹加窝头，觉悟加义务，一年四季不停歇。例如，2007 年春季植树造林开始，全县干部表示每年自愿拿出一个月的工资，自买树苗，义务劳动，带领群众热火朝天地干起来。再例如，杀虎口旅游风景区在建过程中，偶遇暴雨，管委会主任王建率先跳进洪水中用人体挡水，保护了十几户在迁民宅不被冲毁。

王：您讲到的这位王建，选题组的郭虎同志讲到了，说您发现并起用了他，他带领群众克服许多困难，成功地修复了杀虎口长城。没钱买砖，王建组织人马烧砖。杀虎口长城很著名，修复杀虎口的工程也很著名。

赵：那时候我还是县长。在改造小广场的工地上，我发现王建干活就像工程队的小工，特别能吃苦。到了修复杀虎口长城这件难度较大的事，我就想到了他，和他交流了一下。交代过这项工程的重要性，又特别交代说："县里没钱，我只能拨给你一点材料费，其余的，你自己想办法。"

王：王建竟敢接这茬？

赵：右玉领导安排工作从来只说任务而不谈经费，这都成了习惯。所以王建只说了一句话："赵县长您放心，不管有多少困难，我一定不折不扣保质保量完成任务！"说完，他就去浑源、怀仁、代县等地买砖去了。一问，连砖价带运费，根本不是右玉所能承受的。他不上交矛盾，自主决定改弦更张请师傅开窑烧砖，把 800 米长城如期修成，节省了 300 多万元。

三、主流话语之下的个体心愿

王："艰苦奋斗，有子规之诚；无私奉献，比精卫之坚。百折不挠，如夸父之追日；顽强拼搏，若愚公之移山。"选题组同人参观了小南山下的绿化丰碑，欣赏了碑上的《右玉绿化赋》。全赋大气雄浑——文字之美就不说了，只说其中的上述四组文句，读来便右玉人的精神气质呼之欲出。

赵：2006 年，根据群众建议，县委常委会决定立这个碑的时候，我想了很多，心里很不平静。

英雄地——走近右玉播绿人

右玉县17任县委书记集体荣获"2007山西记忆"十大新闻人物。图中从左至右依次为第4任马禄元、第12任袁浩基、第17任赵向东在山西卫视表彰现场（冀全喜供图）

在那"一年一场风，从春刮到冬""春种一坡，秋收一瓮"的民生艰难时刻，第1任县委书记张荣怀一上任就徒步考察4个月，提出"要想风沙住，就得多栽树；要想家家富，每人十棵树"，他是多么有气魄、有担当。之后的历任县委书记都能坚持"一张蓝图绘到底"，直到我的前任高厚书记实施的农村经济发展三大战略、建设百里绿色通道、修建通市旅游公路，这都是一张蓝图上的大手笔。

历任书记们留下的足迹和话语，使我感怀无限——

第4任县委书记马禄元也是一上任就带领农林部门负责人徒步勘察。摸清风口和沙丘沟梁的情况后，马书记提出"哪里能栽哪里栽，先让局部绿起来"，采取"穿靴""戴帽""扎腰带""贴封条"等科学办法，把最迫切的部位先绿化起来。7年间，马禄元、庞汉杰两任县委书记任内植树造林面积就达到40多万亩，这除了使环境恶劣的局面得到初步改善，更重要的是极大地鼓舞了右玉干部群众植树造林的信心。

第5任县委书记庞汉杰到任第二天就步行下乡，他带的东西除了布鞋、地图、笔记本，竟然还有一套《朔平府志》，可见他是能够用历史的眼光看待、承接前4任的植树传统。庞书记主持的首次县委常委会就研究植树造林，确定"植树造林要加劲，管林护林要跟上"。

第11任县委书记常禄在"文化大革命"中也没有停止过植树造林，他任期内的8年里，右玉成为山西人工造林最多的县，所以他的感触很深："右玉县是'飞鸽'牌干部做'永久'牌的事情。"

到第12任，袁浩基书记上任时听到"绿化已经到顶"的声音，他拒绝转型到开发煤炭资源，响亮地回答说："前有榜样，后有群众，没有绿色就没有右玉的发展，在右玉，绿色不进，风沙就进，不植树就是千古罪人！"

令人欣慰的是，我的继任者陈小洪书记坚持"生态建设二次创业"、建设富而美的新右玉，他把一场漫长而激烈的接力赛传下又一棒。由于小洪书记这一届的努力，2009年右玉被国家旅游局评为4A级旅游景区，成为截至他在任时全省唯一以整个县命名的国家4A级旅游景区；在全国50家小城角逐中脱颖而出，获得"中国首批魅力小城"荣誉称号；在世博中国年·2010中国品牌颁奖盛典上，获得"联合国最佳宜居生态县"荣誉称号；在国际旅游城市论坛上，获得"最值得向世界推荐的旅游县"荣誉称号。

我更忘不了右玉的老百姓和基层干部——

中华人民共和国成立初期威远堡村党支部书记毛永宽是累死在绿化事业中的人物；北辛窑村老支书尹小秃，长年带头植树，一双手粗大变形，几至于难以屈伸；在我任内，县农业局局长王旭东为了治理滨河公园，抵押自家房产贷款启动；杨千河乡党委副书记张一是一名聘干，妻子又没有工作，而他一心扑在绿化事业上，为了绿化，在拉运树苗路上遭遇车祸，不幸离世……

《右玉绿化赋》中，在你举出的句子之前有"迎风扬锄，洒血汗于荒土；傲霜挥锹，献忠勇于莽原"，是我们不忘右玉10万民众的初心；之后有"历五十载余，时移岁替，持之以恒无顾返；虽十七任迁，人更事迭，不改初衷又加鞭"，是我们不忘历届县委的本意。我们立此丰碑，目的就是通过建造一个地标建筑，带着感情记录近60年右玉人民的功绩，带着感情强调"历届县委一届接着一届干"的精神。

王：这一年，一碑一赋一志，都树了、刻了、编了。《山西日报》2006年12月15日报道称《右玉县绿化志》是"我省首部县级绿化志"。时任右玉县委办公室副主任的郝旭日给我们提供了即将面世的新版《右玉县志》样书，显示县委宣传部是在2006年就联合各大媒体开始了研讨和宣传。

赵：右玉一直是群众感染领导、倒逼领导，我们始终为此而充满激情。

王：您的分析帮助我们找到了人民群众与党和政府之间的和谐关系，使我们对人民性这一主旨有了更深的认识。所以我们更加执着于主流话语下的个体，执着于个体心愿怎样汇入主流。比如，右玉县委几任书记离任时都有一个特别的告别举动。这个举动都很感人，因为只有这个情节既饱含一个职业官员的情怀，又饱含一个普通人在特定时空的情愫。

赵：是啊，第13任姚焕斗书记离任时，已经坐上了送行的车子，他又返回办公室带走了自己常年使用的那把铁锹。他与右玉人民和右玉绿化事业难舍难分的感情感染着我们后来人。

王：我们在采访中了解到，您离任时的"特别"方式是与右玉干部群众到四道岭最后一次一道义务植树？

赵：四道岭在县城以北，现在规划为旅游区域了。我到了那里，说了句"大家再来植树吧"，就默默挥锹动起来了。一如往常，我们边植树边交流，谈绿化，谈生态旅游，谈二次创业的各个阶段。比之于其他县委书记的告别举动，我的方式"特别"不足、寻常有余。

王：真的寻常吗？

赵：不寻常的地方就是我的继任者陈小洪同志很真诚、很投入地和我交流未来规划。我相信这位继任人会比我做得更好，我们忘情地交谈了许久。我记得，在我离县之前我们还上小南山一起植了一次树。

王：谢谢赵主任。今天，您的谈话给右玉精神"人民性"的研究注入了鲜活成分。尊重群众，所以人民是一切事业的主体；尊重规律，所以右玉精神有其自身逻辑。

赵：我再次提醒选题组，你们确定"人民性"主题非常恰当。还是前面那句话，右玉人民挂记干部，是因为右玉民众这个群体急公好义。你们的书要注意到英雄是群众，而不是干部，我们当干部的只在尊重群众、尊重规律的枢纽部位发挥了应有作用。

王：好的，我代表选题组再次谢谢您。

2017 年 8 月 25 日，大同

访后赘言

出于普遍意义视角下解读"人民性"的需求，我完成了这次专访。专访记录整理结束，尚有零星的"题外发现"，权记于文后。

其一，右玉农民姚守业登门向县委书记进言，人受礼遇，言获采纳。这件事文化探幽可也，政治畅想可也，让我无限萦怀。战国时，这块土地上即已有县有郡，几千年右玉"江湖"，从来都在两级"庙堂"的门口，右玉人从来都是官府的监督者和合作者——精神源流，右玉特有。源流浩瀚，一路奔腾，烟雨而出，霞曙而来，为的就是寻找新的喷发——蓦然回首，一个路口。

其二，我给自己的定位是"小农＋知识分子＝新版车轴型"。我是一棵长在山地的小老杨，我常常想拔着自己的枝梢跳起来以便长成大树，希望能遇到一种能刺激到我、影响到社会的完美人格的张力以为助力。索诸历史，范仲淹思庙堂而忧江湖，格局大矣；文人苏轼很亲民，还被法国《世界报》评为"世界千年英雄"……但是，我一直在固执地追问那已经逝去的烟火现场、踪迹细节，希望后人能有所补白。在右玉现场，选题组惊喜地发现了许多这样的补白，那些细节如同右玉之地的树，翠绿鲜活。我不敢断定这只是存在于少数人身上的品质，还是中华传统文明结晶的强大张力？我由此敢断定的是，右玉官方是右玉精神"人民性"的优良舞池之一；正如右玉民众所言：县委书记是人民的组成部分。

王宝国
2017 年 9 月 25 日

（作者王宝国，简介详见第 24 页）

文本篇

右玉县文联供图

后皇嘉树　梗其有理

尾篇：兼拟右玉精神文本

王宝国

后皇嘉树，橘徕服兮。受命不迁，生南国兮。

深固难徙，更壹志兮。绿叶素荣，纷其可喜兮。曾枝剡棘，圜果抟兮。青黄杂糅，文章烂兮。精色内白，类任道兮。纷缊宜修，姱而不丑兮。

嗟尔幼志，有以异兮。独立不迁，岂不可喜兮？深固难徙，廓其无求兮。苏世独立，横而不流兮。闭心自慎，终不失过兮。秉德无私，参天地兮。

愿岁并谢，与长友兮。淑离不淫，梗其有理兮。年岁虽少，可师长兮。行比伯夷，置以为像兮[①]。

一、后皇嘉树——兼与屈夫子相酬唱

一位忠君爱国的古代士大夫昂首问天，一些守土种树的当代老百姓俯身斫地。两者之间有关系吗？金字塔的归金字塔，尘埃里的归尘埃——此乃相对之论。质诸心志或曰精神，话到极致的文字，理到通透的典章，从来都是人类文明的通性说明书。譬如屈夫子抒写古代士大夫完整人格与个性的这部《橘颂》，试将"生南国兮"改为"生北国兮"，何尝不是右玉精神及其所源出的"右玉人类"的一通《碑记》？而爆发自右玉人身上的英雄文化，岂非全人类所共仰者？在本选题组作者们的笔下，

[①] 屈原：《橘颂》，转引自《楚辞选》，北京：人民文学出版社，1958年，第169—170页。

英雄地——走近右玉播绿人

右玉人将自己的生态事业做到"曾枝剡棘,圜果抟兮"的状态时,其一节一拍,竟与屈夫子同声应和——

橘树是不能移植的树木。屈夫子眼到心到,"深固难徙,更壹志兮",橘树就为屈夫子人格的坚定和内心的强大作了恰当的代言。

橘树不能移植的原因,是它的根子深。

而右玉呢?1949年,1964平方公里的土地上,只住着63894人,[①]每30多平方公里才能平均到1人。这样的人口密度,哪里是土地承载着人口?分明是人对土地的值守。在作家李金山笔下,杨雍是个做官的人,退休后本可在任职地逍遥而居,却选择了回村植树,终成为中华人民共和国成立初期的造林英雄;郑福娥笔下的老墙框村王占峰也是有过外出的机会的,却坚持在家乡造林千亩,直至牙齿掉光,仍不言休;作家郭虎饱含深情讲述的乡村知识分子毛永宽,外出寻求别样人生的机会就更多,却最终累死在家乡的绿化事业中。他们值守一块贫瘠的土地,为什么如此坚定?作家指尖笔下的曹家村的曹国权是个无儿户,他指着自己栽植的3万多株树自豪而言:"我是没有后代,可曹家村人们有后代呀!后人有多少?后人多得很!"这种胸怀、气度可以看作是对右玉人坚守性格的总回答,也是对世人的一道宣言,"受命不迁,生北国兮",树根人根,根深右玉。

作者们为右玉代言,横跨2200多年直接回应了屈夫子,这惊世之作竟然毫不牵强。

"精色内白,类任道兮",是屈夫子以橘喻人,表白自己愿为楚国有所担当,也期望着担当精神世上遍有。作家柳敏讲述威远城村王月兰带领一群女孩子办苗圃,既育其苗又育其人。小道沟村姚守业太重要了,三位作者倾力于姚——一位农民针对县委最新战略自费调查后登门向县委书记进言,并且被采纳,还与县委书记做了朋友。右玉的江湖不远,右玉的庙堂也不高,一则官与民之间的为政佳话,展现的是右玉之民堪能任道、右玉之官因之欣然认道的"精色内白"之图景。

站在右玉人坚守的这块土地上,作者们与屈夫子遥想会意,笔笔如神。

[①] 右玉县志编纂委员会:《右玉县志》,北京:中华书局,1999年,第93页、159页。

屈夫子的橘树先以"绿叶素荣""青黄杂糅",继而"秉德无私,参天地兮"。右玉人民手创"塞上绿洲",先以突破"胡焕庸线"的地理人口之格限,继而孕育并承载了伟大的右玉精神。橘树和右玉人一样不离开自己的土地,坚守到一种横跨2200多年的同声合唱,不能不说,这叫作精神之树不离开文化之土。

二、梗其有理——兼拟右玉精神文本

选题组专家组长山西省作协副主席张锐锋先生指出:写在书末的这部尾篇需有一个理论性强的结论,要对组织本次写作的要旨有所提炼。话是好话,但我对着这句正确的指点凝思久久。因为,对于右玉人所创造的这份意外的刚性,一提炼就是一条大话语,结论一出就是一种大样式。以我的能力与身份,自认为打住为妙,不敢贸然向前。

凝思到星月交辉时,丹田之下底气上升:张组长的指点不能不听。因为我背后有一个由重要部门牵头的选题组,选题组背后有10万右玉人,10万右玉人背后有2324年[①]的历史。

让我们循着土地和树木的逻辑,平实以设思,本分而出言——

"右玉精神"文本草案

(一)文本背景

位"胡焕庸线"边沿,处毛乌素沙漠风口,风沙噬人,贫瘠荒凉,右玉人苦寒无比。

处在万里长城与万里茶道两条大动脉交汇处,历史沧桑,英雄过往,右玉人豪迈无限。

中华人民共和国成立,官民一心,68年造林绿化一日不辍,10万人"种树就是种日子",20任县委书记"一任接着一任干",惊世而成"塞上绿洲"。生态成就,成就了独特的右玉精神。

[①] 右玉县志编纂委员会:《右玉县志》,北京:中华书局,1999年,第7页。

右玉人呈现出的精神特质究竟是什么?有多么深厚?其组成部分已被发现并成为主流、成为洪流;顺流而入,我们的课题组进行了新的历史性的探掘。提炼探掘所得,一曰"后皇嘉树",树大根深;二曰"曾枝剡棘",只因根深;三曰"参天地兮",不弃根深!

根深如此,就那些"梗其有理"的内涵,提出文本草案如下。

(二)文本草案

厚道公义／英勇担当／坚韧协进／永久文明

(三)文本说明

右玉悠久历史带来以民族精神为本质的地方文明,是为本草案的精神源流;具有普世性的中华民族英雄文化,是本草案的文化源流。两条源流在右玉汇流为显著的人民性、历史性、文化性。分条说明如下。

1. 厚道公义

右玉县有数千年政、经、文、武历史,凝结而为右玉人的高度文化自尊,形成右玉人崇公尚道、急公好义的特有禀赋。"凡事自有公论",是右玉人处事、评物唯一的准则;将个人利益或好恶置于首位者,右玉人视为可耻。这是官方善政得以畅行的根本所在。以明朝的义将忠臣李瑾和"塞上绿洲"建设时期老墙框村民王占峰为代表。

关键词:文化自尊 悠久历史 急公好义 李瑾 王占峰

2. 英勇担当

右玉地处外长城下高海拔地理位置,长期边塞军戍位置熏陶了右玉人特别的英勇气质;"胡焕庸线"上与毛乌素沙漠风口之艰难环境熔炼成右玉人强大的担当意识。二者共同凝结成右玉人的文化自觉。历朝历代,江湖庙堂,右玉人勇于任事、勇于克难,公事可担、难事可当。这是官方高强度指令能够实现的决定因素。以民国时期急公好义的教育家梁济和"塞上绿洲"建设时期威远堡党支部书记毛永宽为典型。

关键词:文化自觉 外长城下 边塞军戍 梁济 毛永宽

3. 坚韧协进

作为长期民族争战与融合的现场观摩者和参与者,右玉人的生命里被注入协进之血，锻成坚韧之骨。右玉县杀虎口是明清以来震撼世人的"走西口"历史的主要现场。平民求生"走西口"的艰辛行为，对右玉人施加了坚韧教育；商旅扩展"走西口"的合作现象，成为右玉人协进意识的样板。右玉人独特而强大的文化自信，其来有自。历史上的右玉人一直遭遇着超出于其他大多数地方的艰难险阻，对应于此的正是他们的坚韧性格；风大需要抱团取暖，狼多需要联手出行，团结协作是右玉人的共同需要和公共品格。这是保障党和政府艰苦奋斗、久久为功大政的基础因素。以历经明清两朝的麻家将群体和参与"塞上绿洲"建设的张宏世等插队知青群体为案例。

关键词：文化自信　"走西口"　抱团　联手　麻家将　右玉知青

4. 永久文明

自雁门郡、善无县以来的古老行政建制与明清两代乃至民国的文教传播，催生了右玉人站得高看得远的人文胸襟与文化识量，使其文化自觉、文化自信、文化自尊自动融汇，汇成右玉群体精神文明高端而持恒的水平。具体到思维方式与行为方式层面，右玉官员普遍清廉勤政，右玉民众都葆有高贵品格与法理拷问。这是党和政府尊重群众、尊重规律之美政的基本来源和实施保证。以既清廉又有文化的明朝官员何廷魁和在右玉文化转型期向县委进言的小道沟村民姚守业为注脚。

关键词：古老建制　文教繁盛　胸襟识量　尊重群众　尊重规律　何廷魁　姚守业

三、置以为像——兼向右玉鞠躬

行文至此，更深露重，身乏困而心喜，夜清冷而难眠。

今天的右玉，财政收入仍排朔州队末，但右玉已经拥有了傲称于世的生态资源和精神资源，两大资源是取之不尽的资产，为右玉奠基了悠远而从容的未来。这让天下人都为他们祝福，包括我们这个负有特别使命的选题组。

——我代表选题组的作者们，对右玉再致郑重而亲切的祝愿。

屈夫子讲到"梗其有理"时，激情难抑地称他的橘树"可师长"，要"与长友"，要"置以为像"。对了，右玉人不正是我们的老师和朋友吗？难道我们不应该将右玉人及其精神"置以为像"吗？我们这本书首置 20 余位右玉普通民众之像，从他们的像中可以照鉴 10 万右玉同胞的共同之像。

像照镜子一样，面对"右玉民像"先做几个动作，而后关电脑不迟——

1. 对右玉人，深深鞠躬；

2. 对省会南华门东四条山西作协的专家们，遥遥注目；

3. 对选题组领导，殷殷敬礼；

4. 对作者兄弟姐妹们，默默微笑。

然后，在右玉的土地上，作一个深呼吸。

丁酉年仲秋月廿九日寅时（2017 年 10 月 18 日）

（作者王宝国，简介详见第 024 页）

附录篇

右玉县文联供图

旧时右玉风沙记

孙莱芙

1949年前，右玉的沙化面积达225万亩，占土地总面积的76.4%。

风沙是怎么个大法呢？县志载："元至正十八年（1358）农历二月辛丑夜，大同路黑气蔽四方，有声如雷，少顷，东北方火云交射，中天遍地俱有火，空中闻兵戈之声。"

元朝时，右玉属大同路。天是个什么颜色呢？有时赤气蔽天，有时黑气蔽四方。为什么会形成这种现象呢？它证明了那个时期大同路森林植被已经遭到根本性的破坏。由于没有森林的阻拦，旋风越旋越高，遮天蔽日；风卷着沙，越来越快，飞速移动时，翻山越岭，过沟下梁，就形成了雷鸣一般的声音；风沙席卷得太高，与天上的云摩擦，就形成了"火云交射""兵戈之声"。

翻开右玉县志，几乎年年都有自然灾害：旱灾、风灾、雹灾、霜冻、蝗灾，雨大点、多点就是水灾。

右玉历史上的许多灾害跟自然生态的恶劣有关系。过去山洪暴发的现象很频繁，冲毁田地，卷走牛羊，甚至山水冲走人的事件也很多。旧时代，我的一个哥哥就是在放猪时掉进洪水，失去性命的。

近几年来，森林植被好起来，这种现象就很少发生了。

旧社会，右玉几乎没有什么树木。拿什么证明这个问题呢？右玉南面的村庄都是石头窑，居住条件最好；北边的村庄基本上是窑洞土坯窑、土打窑。改革开放以后，人们才基本上告别了土窑洞，住上了砖瓦房。许多村庄新村旧村并存，一眼就能看明这个问题。

英雄地 —— 走近右玉播绿人

中华人民共和国成立初期，黄沙几淹古城墙（孙莱芙供图）

旧社会我们没有多少树，能盖房的人家是很少的。

解放初期，右玉的森林覆盖率仅为0.3%。这点树挡不住风沙，维护不了生态，所以刮旋风那是常事，旋风没根，顶到云层，那威力是相当惊人的。

举例来说，右玉城北的红旗口村处在风口。时至今日，这个村的房仍旧互不相连，中间空隙很大。为什么呢？因为房屋连在一起，黄风没有通道，后墙很快就被风沙埋了。过去红旗口村有两家人房屋挨在一起，每年都要上房铲土。

昔时的右玉，刮风叫"刮大黄风"，也叫"骆驼风"。一股一股的黄风接连不断，席卷着黄土，由东向西、从北到南像骆驼一样运送。开春时，风呜呜地响，路也被埋了；耕种时专门有人拿着笆箩、簸箕挡风，怕籽种刮走进不了墒沟；种下的山药被风刮出来了，刚长上的苗被刮出了根，苗来来回回在地上画圈；存留很少的树，树杈也经常被刮断。风大的时候，红旗口村的房皮都能扯起来。

旧时农村的孩子割草、搂柴，远远望见西山、北梁起了黄风，一团一团的在天上卷，就得赶紧背着柴草回家，要不回不来了。刮黄风的时候，狼多，大人不敢叫孩子出去。黑夜狼进村叼猪娃，人听见了喊，不敢出去。

旧社会狼多，狼吃人，也是因为野外缺少植被，野生动物非常稀少，使狼和人处于你死我活的敌对状态。

所以，这么多年的大黄风、水土流失，一是使右玉的田地覆盖了厚厚的黄土，二是在右玉盆地、油坊盆地、威远盆地等低凹地区形成了黄土的冲积带。

右玉是一个被黄土覆盖的丘陵山地。西部的土石山区，如丁家窑、杨千河、威坪一带，第四纪黄土覆盖在花岗片麻岩之上；北部和东北部黄土丘陵区，也为第四纪黄土覆盖。右玉的黄土地貌广为发育，类型繁多，风沙地貌为流动沙地、灌丛沙堆和低矮沙丘，黄土堆积地貌有黄土垣、黄土阶地等，黄土侵蚀地貌有黄土梁、黄土峁等。

有记录的大风日数最多年是1973年，有52天，直到1976年12月17日还出现了每秒23米的寒潮大风，飞沙走石，来势甚猛，还发生了人畜冻伤、冻死的现象。

旧时代，右玉城乡房屋窑洞的窗格都非常小，这样糊上麻纸才能比较结实。

每个村一般都有"压风石"，即把许多石头堆积在风大的梁顶。

右玉城东门外崇岗山上曾有风神庙，是生民对和风的祈求；城西雷公山上有慈云寺，是百姓对雨的渴望。

民国2年（1913），右玉县知事屠文彬向省府递交了《呈报右玉设立工厂种植树株请立案由》，并附《劝种树株浅说》。认为种树为右玉人民生计所刻不容缓者，拟由地方公款项下酌提钱600千，在北关城壕种树。他对种树的意义认识得非常到位，认为种树多则含蓄水气，易致甘霖；成材后砍旧植新，得价不少，为民间大大利源。

他还说道，草沟堡村民郑君培植的各种树株不下10万，并且该村由于树木多而收成更好，秋莜麦在别处每亩打二三斗而该处打至五六斗。他也特别提到右玉天气寒早暖迟，不易成活，并且容易遭到人与牛羊的践踏。他先在北城壕种树6000株，提倡、规劝百姓大力种树，并且希望口外12县人民一律仿办，从更宽的范围建设生态，促进经济。

但是，这些做法仅仅是小打小闹。旧时代民不聊生，一盘散沙。

右玉绿化赋

榭 瑄

时在三春，云呈五彩。古府朔平，历朝要塞。同胞眠于虎口，烽火起自狼台。也曾运佳以气顺，毕竟少欢而多哀。俱往矣，赖千里东风，扫万里阴霾。天晴也，看红艳艳一轮朝日，染绿油油一片林海。

敢问苍天：何以如此偏我，绿色溢群山，生态谱经典？大地对曰：知否天道酬勤，自强以不息，天行而自健！唯其万千民众拓荒于不毛，方树起三北绿化造林之旗帜；只因数任公仆挑战于风沙，才赢得国内生态建设之模范。

伟哉，右玉！

夫治州立县，生民为先；存政之要，当在官贤。向之右玉，民生维艰。冬长夏短，地瘠天寒。征伐有代，战乱经年。滚滚兮泥流，濯濯兮尘山。风驰沙走雾漫漫，雨落水狂恶浪翻。麦菽无收头撞地，饥寒相逼口呼天。

嗣共和开国，政张新弦，百废待举，万民摩拳。县委政府高瞻远瞩，丁壮老幼一往无前。集众志，汇群言；改乾坤，壮河山。不信春风引不回，敢教日月换新天。政策归心，人民奋战；党员带头，干部当先。适草适木，或乔或灌；因时因地，亦固亦迁。堵风魔于山口，治沙虐于荒滩。植沙柳以护河岸，建林网而保农田。迎风扬锄，洒血汗于荒土；傲霜挥锹，献忠勇于莽原。艰苦奋斗，有子规之诚；无私奉献，比精卫之坚。百折不挠，如夸父之追日；顽强拼搏，若愚公之移山。历五十载余，时移岁替，持之以恒无顾返；虽十七任迁，人更事迭，不改初衷又加鞭。

于是焉，岭树重遮千里目，苍河更绿两岸天。登高远眺，林涛翻卷；俯流濯足，清波涌泉。林网保田以幽幽，牧草护土而芊芊。稼禾欣荣于平畴，牛羊欢爱于旷野。

花草簇楼起,山水抱城眠。景回路转,通衢连起城乡村;柳暗花明,旅游推出农家园。蓝天白云,歌声传阡陌;晴空丽日,雁影照塞边。李洪河畔,花黄蝶飞,草鲜春雨后;中陵湖上,鱼跃鸭闲,波涌暖风前。兔走雉唱,辛堡梁岗万类竞烂漫;鸟鸣蜂忙,苍河净水不舍昼夜间。南山春临满眼翠,北地秋来遍地钱。

美哉,右玉!

看今朝:北疆大地上,红旗一杆,哗啦啦迎风飘响;湛蓝天空下,绿洲一片,浓郁郁溢彩流光。招四海好友光临游赏,邀八方嘉宾墨赐诗章。小憩齐乐,大计共商。凭谁道前人栽树,后人方乘凉?分明是立竿见影,今世便辉煌!

任重道远,前程在望;继往开来,后人更强。应知后浪胜前浪,绝非谬奖;当悟先生畏后生,毫不夸张。浩浩乎,青山不老,切盼春来碧海更卷千重绿;冉冉兮,大地有情,坚信风展红旗长飘万代香!

壮哉,右玉!

2010年7月,《中国作家》杂志社采访团在右玉县绿化丰碑前的合影(李扬摄影)

后 记

这部教材，从省级专刊推出到单行本出版，从刊物发行到专题报告，如同一片土地经过了从初耕到深耕的过程，是深耕而得的成果。这个过程，也为朔州党校人找到了一个最新定位：我们就是不断深耕的耕地人。我们耕作什么呢？耕作英雄文化的土地，耕种右玉精神的树木。

右玉大地覆盖了大片的树木，右玉人民气吞山河的种树，是耕，是战，是右玉人独有的耕战。右玉人的耕战创造了右玉精神，我们朔州党校人以自己的政治站位与教研责任，义不容辞地走上研究和传播右玉精神的道路，因此，我们的深耕是不可或缺的。

2017年后半年，我们成立右玉精神课题组，组织人员采写了以人物小传为主体、以绪论与专访为框架的22篇作品，是为翻起了第一犁土。这属于右玉土地的泥土清香大是感人，常务副校长李世唐同志掌犁在初，予以了初审后的肯定："我们朔州作为右玉精神的产生地，须是要尽到更多责任，要有更深的挖掘。"于是，书稿送到了太原南华门东四条，山西作协大力接耕，于2017年底由大型文学期刊《黄河》推出增刊，耕出第二犁。

刊出如花开，花香四溢。2018年以来，引起众多读者热烈反响。中共朔州市委常委、市委组织部部长、党校校长崔巍同志密切关注，给予肯定。中共太原市委常委、宣传部部长张璐同志与本课题组成员对话，表达了对"土地与树木"逻辑的注目。编委会先后应邀派人为太原市文宣系统学习团、山西文源讲坛、内蒙古清水河县委党校及驻朔大型国企作了专题报告与讲座。山西省委党校右玉精神研究中心主任孟永华、右玉县人大常委会原主任赵根虎等领导、专家，对朔州市委党校挖掘右玉精神的英雄文化属性，探源其人民性、历史性、文化性本质，在报告现场给予

后 记

了充分肯定。山西省委党校进修一部副主任郝首阳发表了听后感《山西文源讲坛：右玉精神这样听》一文。一年多的社会反响，是社会性的深耕第三犁。

鉴于选题本身的魅力及其成果影响，鉴于党校教材的补偿之需，在崔巍校长的大力支持下，党校决定正式出版此书，是为本选题的深耕第四犁。

鉴于出版前的反响和出版后的需要，本书出版时，书名有改变，篇章有修订，纲目有调整。选题名在《黄河》杂志出刊时为"英雄地——右玉人民绿化列传"，现更今名。篇章均有提升，其中《人民不远，庙堂不"高"——记小道沟村姚守业》一篇，作者再增兵，视角新调整，题文大改写。纲目的调整，因一系列反响中的主流声音是对本选题人民性、历史性、文化性"三性"的肯定，又因右玉县普遍呼声，故而增补了《历史不远，熔炉长熏——记右玉县政协原主席王德功》《文化不远，"玉林"永远——记右玉县文联主席郭虎》两篇，与"姚篇"共立新增的"三性篇"单元。

四犁入壤，深耕再深，选题组借力了众多人士的支持：感谢山西省作家协会及其党组书记兼主席杜学文、党组副书记兼副主席张锐锋、副主席兼《黄河》主编黄风等专家的支持，感谢山西省委党校王建军副校长和科研处王飞主任的指导，感谢山西人民出版社及秦继华、高雷等出版人的努力，感谢朔州市李林英雄文化研究会的协助，感谢深耕两年来的所有助力者。

教材面世之际，我们更期待学员们和读者们不吝指教，矫犁扶犁，众力攸归，进而耕深、耕远。

本书编辑组

2019 年 8 月 31 日